Posicionamiento en buscadores. ADGD211PO

Antonio Luís Cardador Cabello

ic editorial

Posicionamiento en buscadores. ADGD211PO
© Antonio Luís Cardador Cabello

1ª Edición

© IC Editorial, 2024

Editado por: IC Editorial
c/ Cueva de Viera, 2, Local 3
Centro Negocios CADI
29200 Antequera (Málaga)
Teléfono: 952 70 60 04
Fax: 952 84 55 03
Correo electrónico: iceditorial@iceditorial.com
Internet: www.iceditorial.com

ISBN: 978-84-1184-511-3
Depósito Legal: MA-2888-2024

Impresión: PODiPrint
Impreso en Andalucía – España

Nota de la editorial: IC Editorial pertenece a Innovación y Cualificación S. L.

Especialidad formativa

Se entiende por especialidad formativa la agrupación de contenidos, competencias profesionales y especificaciones técnicas que responde a un conjunto de actividades de trabajo enmarcadas en una fase del proceso de producción y con funciones afines.

Las especialidades formativas de Uso General, Formación Complementaria, Formación Modular y las especialidades formativas dirigidas a la obtención de certificados de profesionalidad se incluyen en el Fichero de Especialidades del Servicio Público de Empleo Estatal para su gestión en todo el territorio nacional por cualquier Administración competente.

Las especialidades complementarias, pertenecen todas a la Familia profesional de Formación Complementaria (FCO) y tienen la consideración de formación transversal en áreas que se consideran prioritarias tanto en el marco de la Estrategia Europea para el Empleo y del Sistema Nacional de Empleo como en las directrices establecidas por la Unión Europea. Se consideran áreas prioritarias las relativas a tecnologías de la información y la comunicación, la prevención de riesgos laborales, la sensibilización en medio ambiente, la promoción de la igualdad, la orientación profesional y aquellas otras que se establezcan por la Administración competente.

Las especialidades de Certificado de profesionalidad tienen una duración especificada en su normativa reguladora.

En el resultado de la búsqueda, se muestran las unidades de competencia, todos los módulos formativos con su duración y las unidades formativas del certificado correspondiente, con su duración. Las horas del certificado, exclusivo de las especialidades de certificado de profesionalidad, con alta igual o superior a 2008, son las horas totales más las horas del módulo de Prácticas Profesionales no Laborales.

➲ **Si la especialidad tiene unidades formativas,** las horas totales, presencial, distancia, teleformación serán igual a la suma de esas horas de las unidades formativas de los distintos módulos, sin que se repita ninguna Unidad formativa.

➲ **Si la especialidad no tiene unidades formativas,** las horas totales, presencial, distancia, teleformación serán igual a las sumas de esas horas de los módulos formativos, eliminando las horas de los módulos repetidos.

https://sede.sepe.gob.es/especialidadesformativas/RXBuscadorEFRED/BusquedaEspecialidades.do

(Fuente: Servicio Público de Empleo Estatal)

Índice

Unidad de Aprendizaje 4
Objetivos del posicionamiento

Unidad de Aprendizaje 5
Estrategia y metodología. Conclusiones y seguimiento

Presentación

En el presente título se analizará el concepto de posicionamiento SEO, siendo para ello fundamental conocer el funcionamiento de los buscadores de internet. Llevar a cabo este proceso de forma adecuada y constante en el tiempo es indispensable para que los usuarios puedan acceder a nuestro sitio de forma fácil y rápida, ya que, con un buen trabajo de posicionamiento, la web aparecerá en los primeros resultados de búsqueda.

Se tratarán tanto los factores externos como internos que influyen en el posicionamiento. En este sentido, los factores *On-Site* se pueden definir por el desarrollador de la página web, por otro lado, los factores *Off-Site* son aquellos que no se pueden controlar.

También se darán las pautas para elaborar y poner en práctica un proyecto de posicionamiento, se analizarán las técnicas de posicionamiento SEM y se realizará un análisis comparativo respecto al SEO.

En definitiva, a lo largo del presente título se responderá a preguntas del tipo: qué hay que hacer en el posicionamiento, por qué hacerlo, quién lo llevará a cabo, cómo se llevará a cabo, sobre qué material se trabajará o cuándo ponerlo en práctica.

El presente título viene acompañado de un **Material complementario** al que podrás acceder desde la página www.iceditorial.com. Este material aparece en la parte inferior de la ficha del libro ***Posicionamiento en buscadores,*** donde podrás encontrar un apartado denominado «Material complementario», compuesto por un archivo comprimido en el que se incluyen una serie de imágenes relacionadas con el contenido, presentadas en formato digital con el propósito de que el usuario pueda visualizarlas de forma óptima.

OBJETIVO GENERAL

Los objetivos generales del **ADGD211PO. Posicionamiento en buscadores,** son los siguientes:

- Adquirir los conocimientos, habilidades y estrategias necesarias para lograr posicionar su página web en las primeras posiciones.
- Adquirir nociones básicas sobre SEO, dando los primeros pasos en él.
- Establecer los distintos factores que integran el SEO *On-Site* para un buen posicionamiento en los buscadores.
- Establecer los distintos factores que integran el SEO *Off-Site* para un buen posicionamiento en los buscadores.
- Definir los objetivos a alcanzar con el posicionamiento, contemplando las estrategias necesarias para alcanzarlos.
- Realizar un proyecto de posicionamiento web, definiendo la metodología y estrategia a seguir.

Introducción

Contenido

Objetivos

El objetivo general de esta Unidad de Aprendizaje es:

→ Adquirir nociones básicas sobre SEO, dando los primeros pasos en él.

Los objetivos específicos de esta Unidad de Aprendizaje son:

→ Comprender los conceptos generales sobre SEO.
→ Conocer el funcionamiento de los buscadores, analizando cómo ven e identifican a los sitios webs.
→ Indexar correctamente un sitio web.
→ Reconocer el archivo "sitemap.xml" de los desarrollos webs.
→ Identificar problemas relacionados con la indexación de sitios webs.
→ Usar las herramientas necesarias para comprobar y mejorar la indexación y posicionamiento de un sitio web.
→ Valorar la importancia del posicionamiento de un negocio en los buscadores.
→ Identificar contenido de posicionamiento.
→ Usar el *PageRank,* valorando su utilidad.
→ Usar el *TrustRank,* valorando su utilidad.
→ Conocer el funcionamiento de *Google Search Console.*

1. Introducción

Con la aparición de las primeras páginas webs surgió rápidamente la idea de hacer negocio *online* a través de ellas. Ante la necesidad de poder localizar de forma más directa dichas páginas para tener acceso a sus contenidos surge el concepto **buscador.**

Pero los primeros buscadores que aparecieron en el mundo informático no tienen nada que ver con los actuales; del auge del comercio electrónico y la necesidad de que la gente pudiera encontrar nuestra web para acceder a ella surge el concepto de los buscadores modernos apoyados en **motores de búsqueda** o arañas para rastrear la red.

Con el paso del tiempo apareció la necesidad de que nuestra página estuviera bien posicionada dentro de los resultados de búsqueda de un buscador concreto, naciendo entonces el concepto **SEO.**

En esta unidad se analizará el concepto SEO y el funcionamiento de los buscadores, fundamentalmente el buscador de Google, pero sin dejar de lado otros buscadores. Para ello, nos basaremos en el caso de "SEO Consultores Madrid", una empresa con sede en Madrid dedicada al desarrollo de páginas web.

2. Origen y evolución

👉 **HILO CONDUCTOR**

"SEO Consultores Madrid" es una empresa con sede en Madrid dedicada al desarrollo de páginas webs, con el fin de que sus clientes puedan tener así presencia en internet.

Hace poco tiempo diseñaron una página web para unos grandes almacenes de Bilbao, pero el cliente se ha quejado porque al buscar los almacenes aparece una página web ajena a los mismos y en la que los usuarios comentan sus molestias con estos almacenes.

Puedes evitar situaciones como estas con un buen posicionamiento SEO, que se basa en la influencia de múltiples factores, como se verá detenidamente.

Con la aparición de las primeras páginas webs en torno en la década de los 90 surgió rápidamente la idea de hacer negocio *online* a través de las páginas webs. Ante la necesidad de poder localizar de forma más directa dichas páginas para tener acceso a sus contenidos surge el concepto **buscador.**

 ## DEFINICIÓN

Buscador

Es una página web en la que se puede consultar un listado de sitios que disponen de información sobre el tema de interés. Para realizar la consulta se basa en las palabras clave o términos introducidos para la búsqueda.

Los primeros buscadores que aparecieron en el mundo informático no tienen nada que ver con los actuales, es más, no importa el concepto de motor de búsqueda. Simplemente se dedicaban a buscar entre los recursos de internet información que coincidiera con las palabras que un usuario introducía en la caja de texto.

Obviamente, el volumen de internet no era el mismo de hoy (se habla de la mitad de la mitad de páginas) y costaba relativamente poco localizar dichas páginas. Pero con el auge del comercio electrónico y la necesidad de que la gente pudiera encontrar una determinada web para acceder a ella, surge el concepto de los buscadores modernos apoyados en **motores de búsqueda** o arañas para rastrear la red.

Con el paso del tiempo apareció la necesidad de que nuestra página estuviera bien posicionada dentro de los resultados de búsqueda de un buscador concreto, naciendo entonces el concepto de **SEO** (el cual hasta llegar a nuestros días ha sufrido muchas modificaciones respecto a sus inicios). Gracias a SEO es posible **optimar y aumentar la visibilidad de nuestro sitio web** en los resultados orgánicos de cualquier buscador.

El posicionamiento SEO es imprescindible para dar visibilidad a nuestro sitio web.

 **DEFINICIÓN**

SEO

SEO *(Search Engine Optimization)* se refiere al posicionamiento en buscadores, para que los usuarios puedan localizar rápidamente nuestros desarrollos webs.

Aunque existen muchos buscadores, nos centraremos en el buscador de *Google,* dado que es el **buscador de más relevancia.** Este ofrece dos tipos de resultados:

Resultados orgánicos	Resultados patrocinados
- Aquellos resultados que *Google* ordena en base a unos algoritmos y en base a unos contenidos y nos ofrece cuando hacemos una búsqueda.	- Que suelen ser pagados y aparecen en posiciones destacadas en una búsqueda.

Gracias al posicionamiento SEO vas a lograr que tu **sitio web aparezca bien posicionado** en los resultados de búsqueda de los buscadores, pero es más, puedes hacer que tu **desarrollo no coincida con ciertas búsquedas.**

Piensa, por ejemplo, en el caso de los almacenes cuya web ha sido diseñada por "SEO Consultores Madrid". ¿Sería lógico que cuando se buscaran estos almacenes apareciera una página web ajena a dichos almacenes?

Lo ideal es que si alguien busca a estos grandes almacenes dicha web no esté incluida en los resultados, cosa que se puede lograr con el **posicionamiento SEO.**

Por último, es importante apuntar que el posicionamiento web o SEO no es una técnica estática (que no varía a lo largo del tiempo), sino todo lo contrario, es una **técnica que constantemente está evolucionando** para obtener mejores experiencias con el usuario y mejoras en los resultados de búsqueda.

Dado que a nivel mundial uno de los buscadores webs más usados es el de *Google,* fundamentalmente vamos a centrarnos en él en el desarrollo de esta unidad, sin dejar de citar otras herramientas que también están a nuestra disposición para usarlas en el desarrollo SEO (ya sean libres o de pago).

 PARA SABER MÁS

Accede al siguiente enlace en el que podrás consultar otros buscadores existentes, alternativos a *Google:*

https://redirectoronline.com/adgd211po0101

3. Conceptos generales sobre SEO

☞ HILO CONDUCTOR

Cuando "SEO Consultores Madrid" despliega un desarrollo SEO, se basa fundamentalmente en una serie de factores como son: conceptos generales *(On-Page, Off-Page, White Hat y Black Hat)*, conceptos sobre apartados SEO *(Link Building, Keywords*, contenido y densidades) y métrica *(PageRank)* para lograr un buen posicionamiento de los grandes almacenes... ¿Qué habrá podido pasar en este caso para que el resultado no haya sido el esperado?

Gracias al control de una serie de factores: *On-Page, Off-Page, Black Hat, Link Building...* en algunos casos, por nuestra parte, y otros automáticamente por los motores de búsqueda del buscador, es posible posicionar cualquier página.

Un buen posicionamiento permitirá ascender en los resultados de búsqueda.

A continuación, puedes ver una serie de **conceptos básicos sobre posicionamiento SEO,** que han sido clasificados en tres tipos:

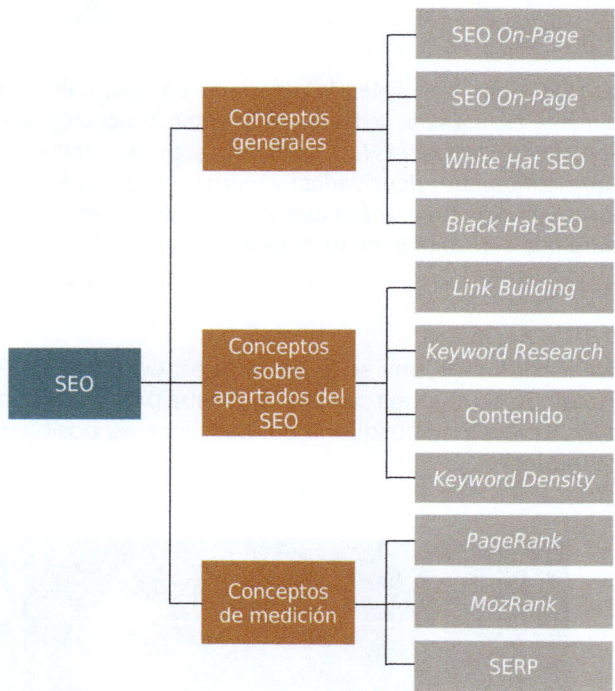

A continuación, se definirán cada uno de los conceptos anteriores:

- **SEO *On-Page:*** engloba los mecanismos necesarios para que el sitio web pueda optimizar su posicionamiento en los buscadores, con el fin de que los usuarios lo localicen (optimización de contenidos, arquitecturas internas...).
- **SEO *Off-Page:*** engloba los mecanismos necesarios para que se puedan realizar ciertas operaciones fuera del sitio web (*Link Building, guest-bloggin...*).
- ***White Hat SEO:*** engloba los mecanismos considerados por *Google* como buenas prácticas para SEO, es decir, si se usan no se aplicarán penalizaciones al sitio web.
- ***Black Hat SEO:*** engloba los mecanismos considerados por *Google* como malas prácticas para SEO, es decir, si se usan es posible que haya que enfrentarse a penalizaciones o inclusive ser expulsados del buscador.
- ***Link Building:*** es un proceso mediante el cual se van creando enlaces al sitio web para que el buscador interprete que otros sitios webs apoyan

al nuestro. El fin es ir subiendo posiciones en la lista de resultados de búsqueda del buscador.

- ⮥ ***Keyword research:*** este proceso permite a través de las palabras clave posicionar la web en el buscador. Si no está bien diseñado será imposible realizar un buen posicionamiento, pero si incluye palabras clave adecuadas se puede, inclusive, superar a otras páginas de la misma temática.
- ⮥ **Contenido:** se hace referencia al contenido escrito de un sitio web, el cual es leído por el robot del buscador. El contenido del sitio web es fundamental para poder realizar un buen posicionamiento.
- ⮥ ***Keyword density:*** se refiere a la cantidad de veces que se encuentra una palabra clave en un escrito o texto. El buscador de *Google* recomienda que esta cantidad esté situada entre el 1 % y el 4 % para no sufrir penalizaciones.
- ⮥ ***PageRank:*** algoritmo que permite medir la calidad de las páginas webs que forman un sitio web determinado. Actualmente está en desuso por parte del buscador de *Google.*
- ⮥ ***MozRank:*** algoritmo para medir que está dividido en dos, *Page Authority* (autoridad de cada página) y *Domain Authority* (autoridad del sitio web en general).
- ⮥ **SERP:** son las páginas que aparecen al hacer una búsqueda en un buscador, las cuales están ordenadas. Optimizar un sitio web permitirá ir escalando posiciones en las páginas de búsqueda.

 IMPORTANTE

Desde primera hora hay que tener en cuenta las consideraciones SEO del buscador si no se quiere correr el riesgo de tener penalizaciones y, por lo tanto, bajar puestos en los resultados de búsqueda.

Además de los **conceptos** anteriores deben tenerse presentes los siguientes:

Buscadores o motores de búsqueda	Algoritmos de búsqueda	Analítica SEO
- Sistemas informáticos dedicados a la búsqueda de archivos almacenados en los servidores gracias al uso de "arañas" que se encargan de recorrer internet de manera constante y automática para construir la base de datos (índice), en la cual se basarán los resultados de búsqueda de un determinado usuario de internet.	- Un algoritmo de búsqueda es un conjunto de instrucciones destinadas a localizar un elemento con unas características únicas dentro un grupo de datos, como por ejemplo, el código de cliente en un establecimiento.	- Normalmente un desarrollo SEO para un determinado sitio web es un proceso de duración en torno a los 6 y 12 meses. Una analítica SEO arroja una serie de datos sobre un determinado sitio web, siendo estos datos los indicadores para modificar o no la estrategia SEO, con el fin de obtener una buena posición en los resultados de búsqueda. Estas analíticas se pueden realizar mediante la herramienta que *Google* pone a nuestra disposición como webmaster llamada "Google Analytics".

3.1. ¿De qué hablamos cuando hablamos de posicionamiento?

Lograr que un desarrollo web obtenga un buen posicionamiento depende de una serie de factores que hay que tener en cuenta. Solamente basta con que no se tenga en cuenta a uno de ellos para no obtener buenos resultados en un posicionamiento.

Optimizar el texto consiste en tener en cuenta al usuario al que va dirigida la página. Es indispensable escribir el texto de nuestras páginas pensando, no de cara al buscador, sino de cara al usuario de las páginas. Además, es altamente recomendable introducir en estas páginas palabras clave para que los usuarios las relacionen con nuestro sitio web.

Además de este factor, hay que tener en cuenta otros como el posicionamiento de palabras clave, *metatags* y otros metadatos, *e-mail*, contenidos y popularidad.

 ACTIVIDAD COMPLEMENTARIA

1. Realiza una búsqueda en internet de "ferreterías" y observa los resultados que arroja el buscador. ¿Cuáles son las tres mejor posicionadas? ¿Cuáles son las tres peor posicionadas?

   Indica la cantidad de resultados obtenidos, identificando cuáles son los mejores y peores ítems posicionados y determina cuáles son los factores que cree que han influido en el posicionamiento.

A continuación, verás los **factores que influyen para obtener un buen posicionamiento** y, por tanto, en la aparición en los primeros resultados de búsqueda de los buscadores:

Optimizar el texto

Es indispensable escribir el texto de las páginas pensando, no de cara al buscador, sino de cara al usuario de las páginas. Además es altamente recomendable introducir en estas páginas palabras clave para que los usuarios las relacionen con el sitio web.

Posicionamiento de palabras clave

Es considerada como una variante de la optimización de texto. Para obtener las primeras posiciones en los resultados de búsqueda hay que ser cuidadosos a la hora de elegir las palabras clave con las que identificarse ante los usuarios.

Metatags y otros metadatos

Se trata de etiquetas pertenecientes al código HTML que los desarrollado-res o diseñadores webs deben incluir en cada página que compone el si-tio web a posicionar. Son sumamente importantes para el buscador, dado que a través de estas etiquetas realiza el proceso de indexación de páginas webs.

E-mail

Es indispensable para poder comunicarse con los usuarios del desarrollo web, y ya no solo comunicarse para poder ayudarles, sino para tener una base de datos de contactos y poder enviar circulares (más bien conocidas como *Newsletters*).

Contenidos

Es de vital importancia generar contenidos de valor y de calidad, dado que atraerán a más usuarios, pero no se debe dejar de lado el creciente mundo de las redes sociales. Un sitio web debe contar con conexión directa a las redes sociales, dado que eso indica que tiene presencia en las mismas.

Popularidad

Es obvio que a mayor popularidad, mayor escalada se irá haciendo en los resultados de búsqueda de un buscador. Para lograr esta popularidad se hará uso de los enlaces (entrantes y salientes), tiempo que permanecen los usuarios conectados en el desarrollo web, cantidad de páginas consulta-das... Además, si hay conexión con las redes sociales, la popularidad puede alcanzar un crecimiento sumamente exponencial.

SABÍAS QUE...

Los primeros resultados arrojados por *Google* cuando se hace una búsqueda se corresponden con los sitios más populares, es decir, los que son más visitados por los usuarios de internet (entre otros factores).

 ## ACTIVIDAD COMPLEMENTARIA

2. Realiza la misma búsqueda en internet de "ferreterías", pero esta vez acotando mucho más al sitio geográfico de residencia, por lo que deberás añadir las palabras clave que consideres oportunas y observar los resultados que arroja el buscador en esta ocasión. ¿Cuáles son las tres mejores posicionadas? ¿Cuáles son las tres peores posicionadas?

   Indica la cantidad de resultados obtenidos en esta ocasión, identificando cuáles son los mejores y peores ítems posicionados.

3.2. ¿Por qué *Google?*

A pesar de que en el mercado hay cientos de buscadores para poder localizar información precisa, *Google* destaca porque se ha convertido en el buscador preferido de los usuarios de internet, por eso nos centraremos fundamentalmente en él, pero sin dejar de lado al resto de buscadores.

Actualmente puedes disponer de multitud de **herramientas y *software* para realizar SEO** en tus sitios y páginas webs. Algunas de estas herramientas son las siguientes:

ScrapeBox	Soovle
Herramienta de pago que analiza las tareas relacionadas con SEO. Disponible para *Windows y MacOS* y algo compleja para usar.	Herramienta que agrupa las sugerencias que lanzan los motores de búsqueda más importantes cuando realizan búsquedas. Es gratuita y ayuda a ampliar las palabras clave.
Pingdom Tools	**Yandex Metrica**
Herramienta que muestra una lista con todos los elementos que son cargados al solicitar la página y que va a permitir ordenarlos según su tamaño, su velocidad de carga... Totalmente gratuita.	Herramienta totalmente gratuita, fácil de usar que puede ser paralela a *Google Analytics*, inclusive ofreciendo algunas características que no ofrece *Google*.

Las imágenes ampliadas se pueden ver en material complementario (ud1_3, ud1_4, ud1_5 y ud1_6).

Pero, si están disponibles todas estas herramientas gratis y de pago: ¿por qué usar para SEO a *Google*?

La respuesta es fácil: actualmente junto con *Facebook,* **Google** es una de las empresas **que más soluciones gratuitas ofrece a las personas**, entre las que destacan el correo electrónico *(Gmail),* el buscador *(Google Chrome)* y *YouTube*, lo que provoca que deba tenerse en cuenta cuando se trabaja **el posicionamiento SEO**.

En la siguiente imagen puedes ver la importancia de *Google* en las redes sociales:

3.049 millones de usuarios mensuales activos	**2.491 millones** de usuarios activos	**1.562 millones** de usuarios mensuales activos	**2.000 millones** de usuarios mensuales activos
319 millones de usuarios en todo el mundo	**2.000 millones** de usuarios mensuales activos	**450 millones** de usuarios mensuales activos	**211 millones** de usuarios mensuales activos

Aparte de lo anterior, *Google* ofrece una serie de **ventajas a nivel SEO** vistas desde varias perspectivas distintas:

- **Web:** *Google* ofrece resultados diferentes a un usuario que no está registrado frente a un usuario registrado. Esto es debido a la interacción de *Google* con otras compañías y sobre todo a que guarda nuestro contenido. Por lo tanto, si un usuario sin registrar hace una búsqueda de "lavadoras" frente a la misma búsqueda de otro usuario registrado, los resultados serán totalmente distintos (estando los resultados más personalizados para el usuario registrado).
- **Personalmente:** *Google* se ha convertido en una importante herramienta social a través de la cual podemos hacernos relevantes mediante el uso correcto de SEO. Hay que mirarlo como un beneficio a largo plazo, es decir, si hoy nos hacemos presentes en *Google* potenciando nuestra presencia, es probable que en un corto espacio de tiempo (en torno a 4-8 meses) *Google* nos ofrezca ventajas frente a la competencia directa nuestra.
- **Comunidad:** *Google* se integra con otras compañías con gran presencia en internet y eso hace muy atractiva esta red, dado que se puede llegar a muchos millones de personas con un esfuerzo mínimo. Además *Google* está en constante desarrollo para intentar que su comunidad crezca enormemente.

⊃ **Crecimiento:** aunque ya tiene un gran número de personas registradas, *Google* hace todo lo posible para destacarse continuamente de sus competidores más directos y sobre todo para ofrecer más interacciones a los usuarios ya registrados.

Haciendo un uso correcto de *Google* se puede hacer muy relevante el sitio web o la página a desarrollar. Unas breves **técnicas para exprimir al máximo *Google*** son las siguientes:

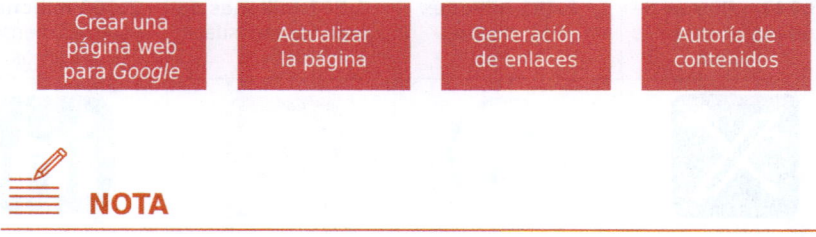

 **NOTA**

Actualmente se dispone de cientos de herramientas en internet (gratis y de pago) para trabajar con SEO, lo ideal, aparte de usar los productos que *Google* pone a nuestra disposición para tal fin, es usar otra herramienta para poder comparar resultados.

3.3. ¿Qué es SEO?

SEO *(Search Engine Optimization)* se refiere al posicionamiento en buscadores u **optimización de los motores de búsqueda con el fin de aumentar la visibilidad de nuestro sitio web** en los resultados orgánicos de los buscadores.

DEFINICIÓN

Resultados orgánicos
Son aquellos que no son pagados, al contrario que los SEM *(Search Engine Marketing)* que en función de lo que paguemos es lo que obtendremos, es decir, tener 1.000 visitas diarias costaría, por ejemplo, 10 € al mes.

Aunque los **motores de búsqueda** se basen en muchos factores a la hora de presentar a un usuario una lista de resultados, fundamentalmente se basa en dos aspectos importantes:

Autoridad

- Más comúnmente conocida como la "popularidad" de la página o sitio web. Mientras más aceptación tenga un sitio web por parte de los usuarios de internet más valioso es su contenido (la información que se almacena en el sitio web). Dicho en otras palabras, mientras más compartido sea nuestro sitio web por parte de los usuarios de internet más en cuenta lo tendrá el motor de búsqueda a la hora de presentar resultados de búsqueda a un usuario cualquiera.

Relevancia

- Referida a la relación que hay entre la página o el sitio web a buscar y la búsqueda que el usuario ha introducido en el buscador. En los primeros años de vida de SEO, la relevancia se basaba en la cantidad de veces que aparecía un término de búsqueda en la página o sitio web (por ejemplo, si un usuario de internet abre *Google* e introduce una búsqueda con el término "patata", la página que más veces contenga la palabra patata ocupará una mayor relevancia en los resultados de búsqueda frente a otra página que la contenga menos veces). Actualmente, y debido a la cantidad de modificaciones que sufren los algoritmos basados en SEO, se tienen en cuenta muchos más factores a cumplir para que las páginas ocupen una relevancia mayor o menor en los resultados de búsqueda.

SEO se divide en dos grandes **grupos** que son:

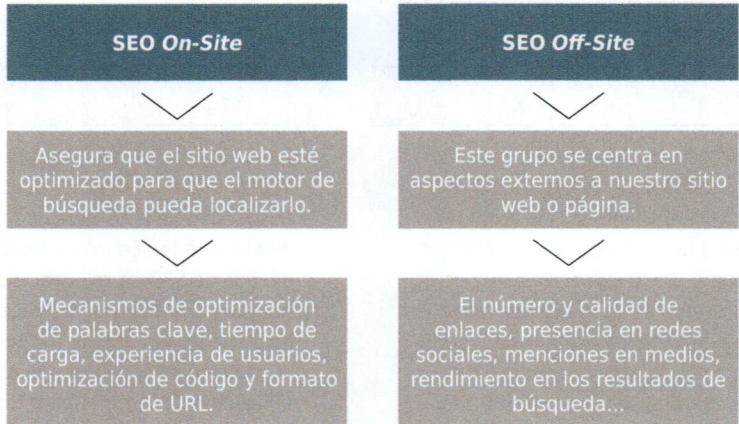

A su vez, dependiendo de si se cumple o no con las imposiciones del motor de búsqueda se pueden diferenciar dos **tipos de SEO:**

- **Black Hat SEO:** consiste en mejorar el rendimiento de un sitio o página web mediante técnicas poco éticas o que van en contra de las imposiciones generadas por el motor de búsqueda. Como ejemplo más destacado se puede citar el *spam* en foros y blogs. La práctica de *Black Hat SEO* puede beneficiar a muy corto plazo a un sitio web, pero por ello es probable que se sufran penalizaciones en los resultados de búsqueda (pudiendo incluso ser baneados de dichos resultados).
- **White Hat SEO:** consiste en mejorar el rendimiento de un sitio o página web mediante técnicas éticas o que van en la línea de las imposiciones marcadas por el motor de búsqueda. Realmente es todo lo contrario al *Black Hat SEO.*

Usando SEO en tu desarrollo web puedes hacer que el sitio vaya subiendo puestos en los resultados de búsqueda de *Google.*

RECUERDA

Siempre nos referimos a los resultados orgánicos, que son aquellos en los que no hay acuerdo económico para alcanzar los mejores puestos.

3.4. Sitio web. Consideraciones generales

☞ HILO CONDUCTOR

Para solucionar el problema de los grandes almacenes "SEO Consultores Madrid" ha revisado el código de la página web creada.

Ahora se disponen a realizar una serie de ajustes sobre él, con el fin de posicionarla mejor en los buscadores. Para ello, tocan el código correspondiente a la cabecera, contenido, columna lateral y pie de las páginas *.html.

A la hora de realizar un desarrollo web, bien sea una página personal o bien un sitio web corporativo, debes tener presente una serie de consideraciones para poder obtener un mejor rendimiento en cuanto a SEO.

En cualquier proyecto informático o de programación son de vital importancia las fases de **planificación** y **diseño,** intentando tener el diseño claro en cuanto a apartados, contenidos, secciones y menús para poder desarrollar con coherencia y usabilidad dicho sitio web.

Cualquier página debe contar con las siguientes **condiciones generales** en su definición:

- **Cabecera:** se corresponde con la **parte superior del desarrollo web,** normalmente suele incluir un logo, eslogan, *banner* principal o cualquier otra forma de identificar a la marca corporativa. Actualmente se están incluyendo otros componentes como pueden ser accesos directos a la presencia corporativa en redes sociales *(X, Instagram, Facebook...)*, uno o varios menús principales y los conocidos como **caminos de hormigas.**
- **Contenido:** los contenidos normalmente suelen estar divididos a su vez en **secciones y artículos,** siendo el contenido de una página totalmente distinto al contenido de otra página (aunque esté en el mismo desarrollo web).
- **Columna lateral:** normalmente en esta columna se van a encontrar los **elementos secundarios de la navegación** de un sitio web, *banners*, contenido complementario al sitio web, enlaces, cuadros de búsqueda, formularios de alta o suscripción...
- **Pie de página:** se corresponde con la **parte final** del documento y normalmente suele contener un breve *SITEMAP* del desarrollo, enlaces

de interés, enlaces a las redes sociales más importantes, contacto y *copyright* del desarrollo.

 DEFINICIÓN

Caminos de hormigas

En el mundo informático un camino de hormigas hace referencia a un método usado en estadística cuyo fin es dar solución a un determinado problema computacional; la solución se basa en el uso de los caminos, rutas o nodos más óptimos.

Todo lo anterior se puede llevar a cabo mediante **HTML,** un lenguaje de programación web básico, sencillo y actual. HTML permite trabajar con el **lenguaje semántico** (el encargado de dividirlo en las partes anteriormente comentadas) para poder facilitar a los motores de búsqueda la comprensión del desarrollo web y poder llevar así a cabo su trabajo de rastreo, indexación, etc.

 IMPORTANTE

La cabecera y el contenido principal tienen más relevancia que las columnas laterales y el pie de página.

Además hoy en día se sabe que se puede acceder a cualquier desarrollo web bien vía ordenador, *smartphone...* por lo que es obligatorio realizar un **diseño *responsive*.**

 DEFINICIÓN

Diseño *responsive*

Diseño mediante el cual se adapta el contenido del desarrollo web al tamaño de pantalla del dispositivo que está requiriendo su uso.

Por tanto, a la hora de realizar un diseño siempre **se partirá pensando en un desarrollo para móvil y luego un desarrollo para ordenadores** de escritorio o portátiles.

Es fácil justificar esta técnica de trabajo viéndolo desde el siguiente punto de vista: si se desarrolla primero para ordenador normalmente en la página de entrada al desarrollo habrá animaciones para hacer más atractivo el contenido del sitio web, dichas animaciones deben ser ocultadas cuando se accede al desarrollo desde un *smartphone,* para facilitar la navegabilidad y la usabilidad del sitio.

El usuario puede acceder a la web desde diferentes dispositivos, por lo que la experiencia debe ser positiva usando cualquiera de ellos.

A la hora de estructurar una web usando SEO de por medio se puede optar por desarrollar una de las siguientes **estructuras:**

  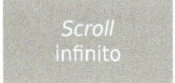 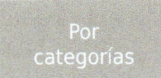

Lineal

Es la más usada y la que mayor probabilidad de encontrarse en internet tiene. Desde esta estructura hay que guiar al usuario a través de secciones y páginas para que acceda al contenido del sitio web. Actualmente, en vez de tener varias páginas, solo tiene una página en la que se parte o divide la información en bloques bien diferenciados unos de otros (para el posterior uso de SEO).

Estructura web lineal

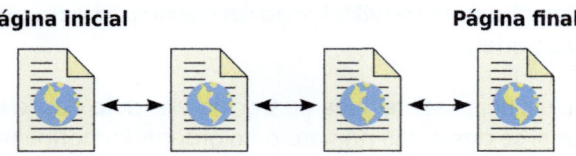

Página inicial ... **Página final**

Silo

Es la más usada, explotada y con mayor nivel de eficacia SEO. Para ello, esta estructura organiza los contenidos en diferentes secciones o categorías bien definidas, en las cuales se desarrolla el contenido de forma independiente al resto.

Estructura de silo

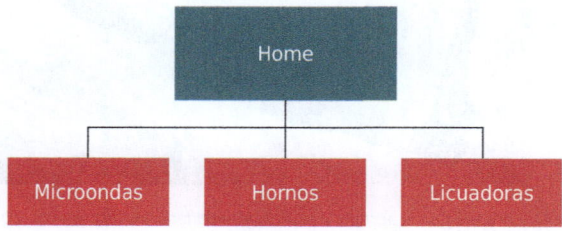

Scroll infinito

Es muy parecida a la lineal, salvo que el contenido dinámico se carga de manera automática cuando el usuario llega al final de la página, cargando luego el resto de contenidos disponibles. Esta configuración es la más usada por tiendas *online*.

Estructura *Scroll* infinito

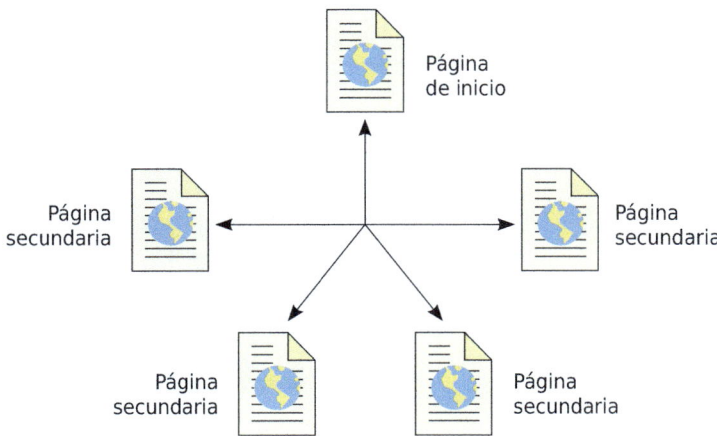

 PARA SABER MÁS

Visita el siguiente enlace en el que se explican 75 pasos a tener en cuenta cuando trabajamos con posicionamiento SEO y los buscadores:

<https://brunovd.com/75-pasos-para-seo-y-posicionamiento-en-buscadores/>.

Por categorías

Se trata de dividir el desarrollo del sitio web en torno a categorías, intentando que sean lo más generales posible. Hay que intentar, en la medida de lo posible, no sobrecargar las categorías principales (no más de 6). Una vez que estén claras las categorías se puede pasar a diseñar el menú principal (dado que serán las categorías definidas anteriormente).

Estructura por categorías

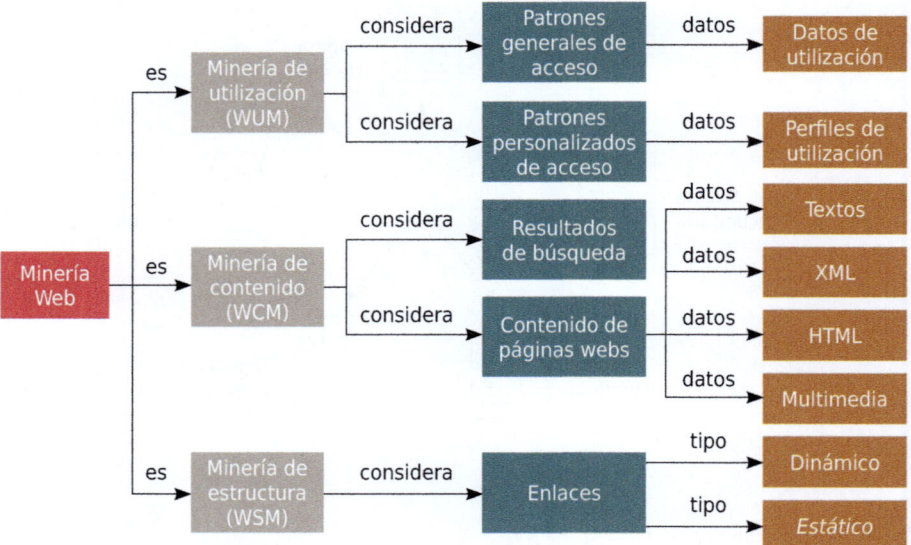

La imagen puede verse en material complementario (ud1_12).

IMPORTANTE

La estructura en silo es la más expandida en internet fundamentalmente por dos razones: de cara al usuario se produce una buena estructuración del sitio web y de cara al buscador se facilita su trabajo a la hora de rastrear e indexar nuestro desarrollo.

3.5. ¿Está nuestro sitio indexado?

La indexación es el **mecanismo mediante el cual se incluye el contenido del sitio web en el "índice de internet"** (usado por los buscadores para devolver una búsqueda determinada). Siempre que se hable del concepto indexación va a llevar implícito el concepto de **"palabras clave"** (los motores de búsqueda usarán las palabras clave de acceso a los sitios webs para mostrarlos en las búsquedas).

Sin la indexación, será casi imposible encontrar un determinado sitio web.

El primer paso, una vez creado tu sitio web, es **indexarlo al buscador de Google** para que sus usuarios puedan localizar y acceder a tu sitio web de forma rápida.

 IMPORTANTE

Si no se realiza el proceso de indexación, la única forma de que los usuarios puedan acceder a nuestro sitio web es escribiendo en la barra de direcciones de un navegador cualquiera la dirección web de nuestro sitio.

Cuando se realiza la indexación de un sitio web en *Google,* **no es un proceso que se produzca de forma inmediata,** en función del sitio web y de una serie de prerrequisitos se realizará en más o menos tiempo; además durante este proceso, *Google* usará unos robots para rastrear el contenido del sitio web y anotar información del mismo.

 **NOTA**

Los robots de *Google* se denominan *GoogleBots* y su misión es la de visitar, leer y añadir el nuevo contenido encontrado en nuestro sitio web a la base de datos de *Google.* Usan los enlaces para poder moverse por internet.

Asociado a los **GoogleBots,** aparece el concepto de **rastreo,** que es el proceso en el cual los *GoogleBots* van moviéndose de sitio en sitio web buscando información nueva para actualizar las bases de datos de *Google.*

Se puede definir formalmente la **indexación** como **el proceso en el cual los GoogleBots rastrean, analizan y agregan** (si hay calidad de contenido) la información del sitio web a la base de datos de *Google.*

Para poder indexar un contenido web en *Google* deben seguirse estos pasos:

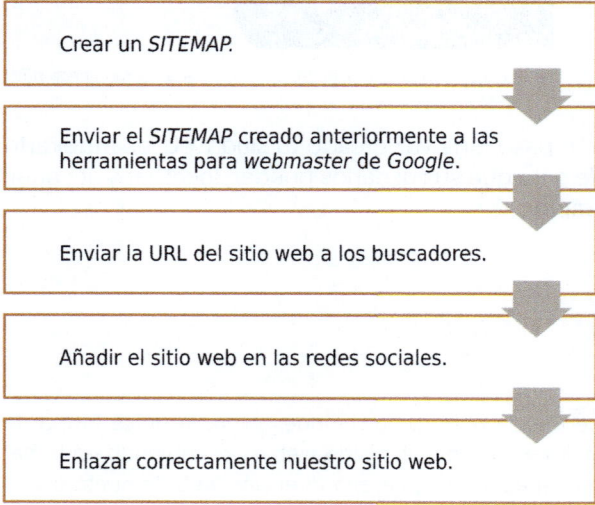

El *SITEMAP* es un **archivo xml que contiene las páginas de nuestro desarrollo web a modo de esquema,** para que el buscador pueda localizar de forma más rápida las páginas y de esta forma no se queda sin indexar alguna página. El *SITEMAP* indicará además la frecuencia con la que se debe actualizar la página, la importancia de la misma y la fecha de la última actualización.

 **EJEMPLO**

Un ejemplo de un archivo "sitemap.xml" puede ser el siguiente:

Continúa en página siguiente >>

<< Viene de página anterior

```
<?xml version='1.0' encoding='UTF-8'?>
<urlset>
  <url>
    <loc>http://www.undesarrollo.es</loc>
    <priority>1.0</priority>
    <changefreq>weekly</changefreq>
  </url>
  <url>
    <loc>http://www.undesarrollo.es/consultor-SEO/</loc>
    <priority>0.9</priority>
    <changefreq>weekly</changefreq>
  </url>
</urlset>
```

 **RECUERDA**

Hasta que no se indexa un desarrollo o sitio web, los buscadores no tienen constancia de que dicha web está presente en internet y, por lo tanto, no pueden ofertarla a los usuarios.

Como ves, el proceso de indexado es de vital importancia para el posicionamiento, y entre los pasos a dar para llevarlo a cabo se encuentra la creación del archivo *SITEMAP*, que contiene gran cantidad de información para el buscador en sus etiquetas.

Las etiquetas incluidas en el archivo "sitemap.xml" aportan la siguiente información:

- **Loc:** indica una URL determinada. El archivo contendrá tantas etiquetas *loc* como páginas **.html* tenga el desarrollo.
- **Priority:** grado de relevancia de la URL. Comprende valores desde 0.1 a 1.0, siendo el 1.0 el máximo y generalmente está reservado para el index principal del desarrollo web. El valor 0.9 generalmente se asocia con las secciones principales del desarrollo web.
- **Lastmod:** aunque no aparece en el código indica cuándo se realizó la última actualización, debe estar en formato YYYY-DD-MM.

⮂ **Changefreq:** indica la frecuencia de actualización y es totalmente erró-
neo ponerlo en actualización diaria (dado que lo más probable es sufrir
penalizaciones por parte del buscador). La opción recomendada es se-
manalmente.

Hay que tener en cuenta que un *SITEMAP* **no debe contener más de
50.000 etiquetas URL.** Sin embargo, no hay limitación alguna a la hora
de crear tantos *SITEMAP* como se necesiten y subirlos en ***Google Search
Console.***

DEFINICIÓN

Google Search Console

Es un servicio que ofrece *Google a los webmasters,* desde el cual se puede
optimizar la relevancia y visibilidad de una web, así como comprobar su indexación. Desde aquí puedes acceder a: <https://search.google.com/search-
console/about>.

Existen webs disponibles para generar automáticamente el archivo "site-
map.xml", una de ellas es esta:

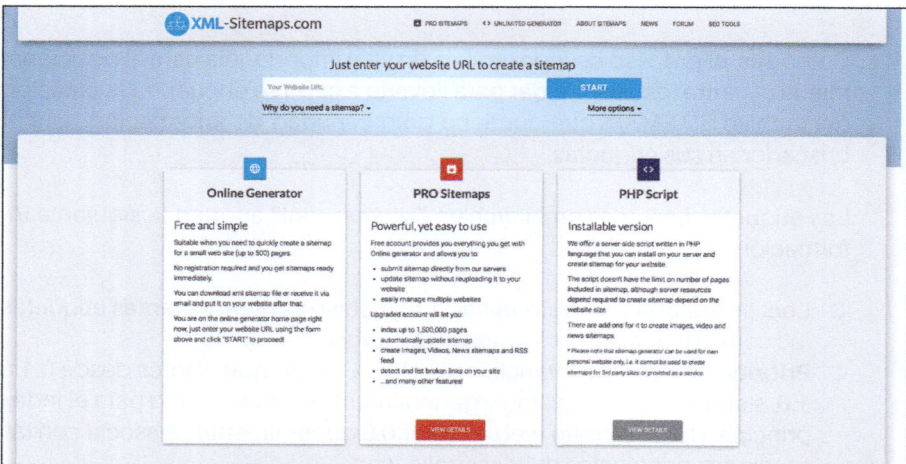

Sitio web para crear automáticamente el archivo "Sitemap.xml"

Observa la imagen anterior, bastaría simplemente con introducir los siguientes datos:

- ⮑ La **URL** del sitio web del que crear el archivo *SITEMAP*.
- ⮑ El orden de **frecuencia de actualización.**
- ⮑ La **fecha de modificación.**
- ⮑ Establecer (o no) una **prioridad.**

La única restricción que impone esta web es que solo se pueden indexar 500 páginas al archivo "sitemap.xml". Una vez establecidos los campos anteriores es tan fácil como pulsar en el botón **Start** y pasados unos minutos se obtendrá un enlace para descargar el archivo "sitemap.xml".

 PARA SABER MÁS

Accede al siguiente enlace para consultar la página indicada anteriormente para la generación de archivos *SITEMAP:*

https://redirectoronline.com/adgd211po0102

Para poder **comprobar si tu sitio web está correctamente indexado** o no, puedes hacerlo de dos formas distintas:

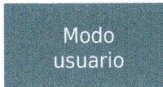
Modo usuario

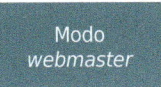
Modo *webmaster*

Modo usuario

Desde el modo usuario se puede conocer información del sitio web como las que se describe a continuación.

¿Qué versión de una página tiene Google indexada?

Cuando se hacen cambios en el sitio web no se indexan directamente a la base de datos de *Google;* para conocer la versión que *Google* tiene indexada se usa "cache:[nuestrio_sitio_web]" y mostrará información sobre la fecha y hora de la última indexación.

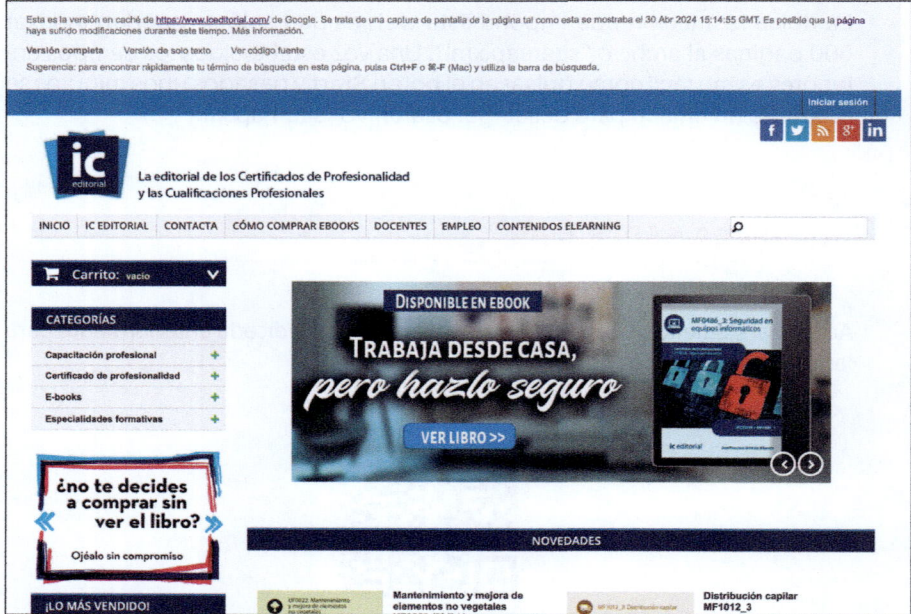

Versión disponible de las URL indexadas en IC Editorial

¿Cuántas páginas hay indexadas en nuestra web?

Para conocer esta información bastará con poner en el buscador de *Google* "site:[nuestro_sitio_web]" y proporcionará información de cuántas páginas tiene *Google* indexadas, las más importantes y el *ranking* de búsqueda.

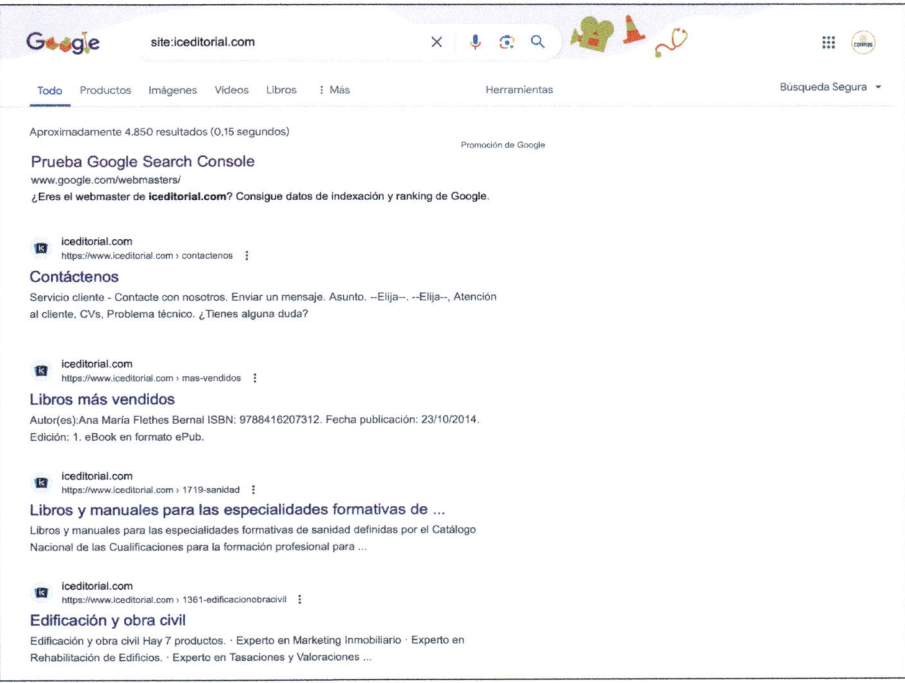

Cantidad de páginas indexadas de iceditorial.com

¿Cómo considera Google la importancia de las palabras clave para las páginas?

Hay una forma de saber qué página es para *Google* primordial para una palabra clave. Para ello, se puede usar la sintaxis site:[nuestro_sitio_web] [palabra_clave]. Por ejemplo, en la siguiente imagen se muestra a iceditorial.com con la palabra clave informática:

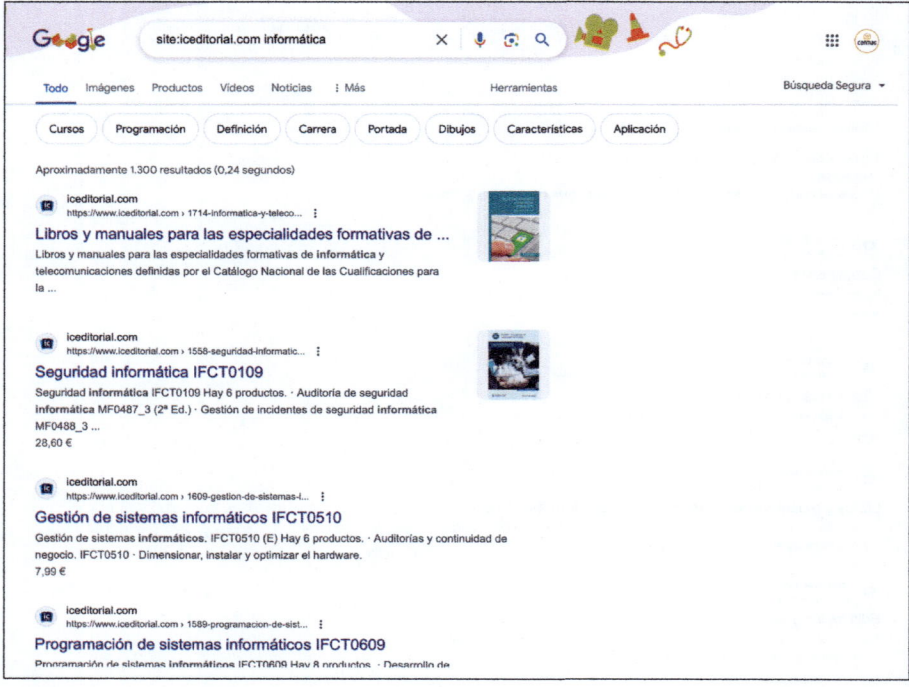

site: iceditorial.com informática

Modo *webmaster*

Lo ideal es registrar una cuenta en *Google Search Console.*

Una vez registrados, hay una opción etiquetada como "Estado de Indexación" donde se pueden ver los datos correspondientes a indexaciones de los últimos 12 meses.

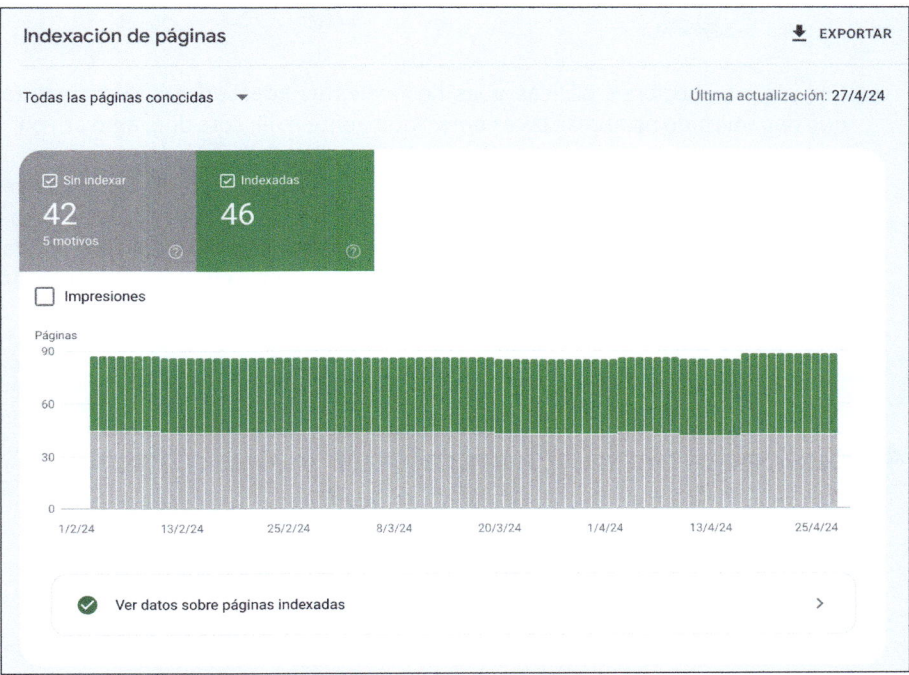

Estado de Indexación a través de Google Search Console

 ## RECUERDA

Disponemos de dos formas de saber si tenemos indexada una página o no, a través de la directiva "cache" usada directamente en el navegador, o bien a través de la herramienta que Google pone a nuestra disposición: *Google Search Console*.

TAREA 1

Antonio es el propietario de una tienda de zapatos, el cual hace tiempo contrató los servicios de una empresa para posicionamiento web. Últimamente ha notado que las ventas *online* han descendido enormemente.

Continúa en página siguiente >>

<< Viene de página anterior

Con algunas nociones básicas y las herramientas adecuadas ha descubierto que han utilizado palabras clave como "intel pentium III, core due, amd athlon".

En base a esto, identifica qué ha sucedido para que se produzca la situación actual, analizando la relación existente entre las palabras clave usadas y el posicionamiento en los buscadores. Asimismo, deberás indicar qué solución podría darse a esta situación. Para ello, debes tener en cuenta en todo momento los conceptos generales sobre SEO.

---

4. Buscadores: funcionamiento y algoritmos

☞ HILO CONDUCTOR

Cuando "SEO Consultores Madrid" pretende llevar a cabo una estrategia de posicionamiento web con alguno de sus clientes siempre pasa por una serie de mecanismos que son el rastreo, la indexación y publicación de las páginas *.html que componen el desarrollo a posicionar para que los buscadores tengan constancia de que dichas páginas existen en internet y los usuarios puedan acceder a ellas a través de las palabras clave.

En el caso de los almacenes de Bilbao, al buscarlos aparece una página web ajena a los mismos... ¿Será que el buscador no tiene constancia de que la página creada (la correcta) existe?

Cuando se abre un navegador y se accede a *Google* para realizar una búsqueda, al pulsar la tecla [enter], al instante se obtiene un listado o resultado de búsqueda con miles de ítems localizados.

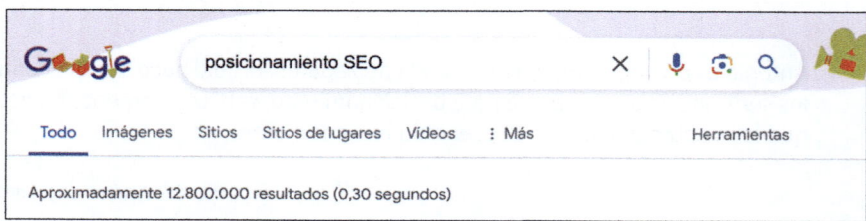

Estado de Indexación a través de Google Search Console

¿Te has parado a pensar en cómo el buscador localiza los resultados en función de las palabras introducidas para su búsqueda y en cómo ordena dichos resultados para mostrarlos por pantalla?

Fundamentalmente *Google* se basa en tres **mecanismos para proporcionar los resultados de búsqueda** a un usuario, que son los que se describen a continuación.

Rastreo

Mecanismo mediante el cual el robot de *Google* va buscando, descubriendo y actualizando las páginas al índice de la base de datos de *Google*. Este robot (también conocido con el nombre de araña) se basa en un proceso de rastreo mediante algoritmos: a través de *software* informático se decide qué sitios rastrear en un momento de tiempo dado, la frecuencia y el número de páginas a explorar en cada uno de los sitios webs a rastrear.

Todo rastreo en *Google* comienza con una lista de URL (las cuales se obtienen de procesos de rastreo anteriores en el tiempo) y se va ampliando mediante los datos que se localizan en los *SITEMAP* desarrollados por los *webmaster*. El robot o araña de *Google* irá visitando estas URL, detectando enlaces en las páginas y agregándolos o modificándolos en caso de que ya existieran en su índice. Hay que destacar que *Google* no recibe ningún tipo de compensación económica para rastrear un sitio antes que otro o inclusive para rastrear un sitio con mayor frecuencia que otro.

Indexación

El robot o araña de *Google* a medida que va rastreando las páginas genera un conjunto de información relativa a las palabras clave junto con la página en la que se localizan; además de rastrear etiquetas, atributos, contenidos clave, etiquetas "title" y atributos "alt".

La indexación de soportes interactivos y páginas dinámicas no está soportada por la indexación ni por el robot de *Google*.

Publicación

El usuario acaba de introducir una serie de palabras clave, las cuales *Google* ha analizado y ha procedido a generar una lista de resultados más relevantes para el usuario. La forma de presentar estos resultados no va en consonancia con algún parámetro introducido en la búsqueda, sino que es el resultado de valorar muchos parámetros de forma global.

Para ello, *Google* se basa en el algoritmo de *PageRank*. Este algoritmo se basa en la cantidad de enlaces que hay de las páginas de nuestro sitio web en otro sitio web (distinto al nuestro). Así, mientras más "referenciado" sea nuestro sitio web, mayor es la probabilidad de estar bien situados en esos resultados de búsqueda de *Google* (aunque como se verá más adelante dicha situación no depende únicamente de este factor).

4.1. Herramientas para saber si tu sitio está indexado y cómo lo está

Para saber si un sitio web está **indexado** y cómo lo está se puede utilizar la siguiente sintaxis: *cache:www.sitioweb.com.*

 **EJEMPLO**

Si haces la siguiente consulta para saber si la web iceditorial.com está indexada o no obtendrás la siguiente imagen:

cache:www.iceditorial.com

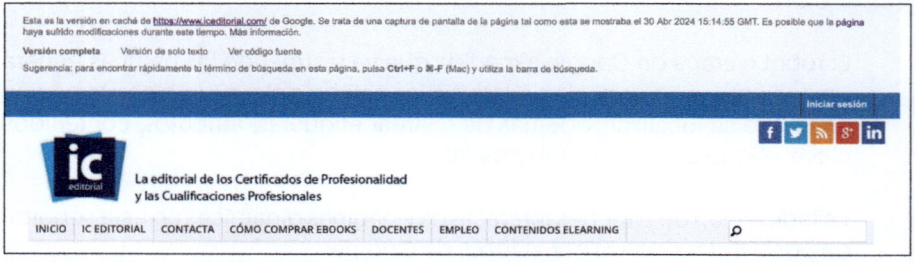

Estado de indexación de iceditorial.com (la imagen puede verse en material complementario ud1_19).

Tal y como puedes apreciar, en la ventana en gris se ofrece información acerca de la **indexación.**

Recuerda que esta información la puedes obtener también a través del *Google Search Console* accediendo en **Indexación > Páginas** (donde obtendrás un gráfico del resultado de indexación del sitio web).

Pero, ¿cómo asegurarse de que **Google** ha indexado el número correcto de páginas?

Para ello, se usará la siguiente sintaxis: *site:www.sitioweb.com* y devolverá una cifra aproximada de páginas del sitio web indexadas, el cual también puede ser consultado desde **Índice de Google** -> **Estado de indexación.**

Hecho esto, ya tienes el número de páginas que de antemano conoces y el que ha facilitado *Google;* y pueden darse tres situaciones posibles:

Igual

Si el número de páginas en ambos casos es muy próximo o similar implica que está todo correcto y en orden.

Google < Nuestro

Si el número de páginas proporcionado por *Google* es menor que el nuestro, implica que la indexación no se está realizando correctamente en las páginas del sitio web. Esta situación ocurre con frecuencia cuando los *bots* no pueden acceder a nuestras páginas. La solución sería revisar el archivo "robots.txt" y las metaetiquetas de las páginas webs. El archivo "robots.txt" podemos consultarlo accediendo a *Google Search Console* y dentro de los **Ajustes > robots.txt.** Sin embargo, la metaetiqueta "robots" se usa para ayudar a los motores de búsqueda a indexar las páginas. Se trata pues de comprobar que dentro de esta etiqueta no tengamos algún campo con este valor "noindex" (está indicando que no se indexe).

Google > Nuestro

Si el número de páginas proporcionado por *Google* es mayor, implica que hay contenido duplicado, es decir, el mismo contenido es compartido por más de una URL. El contenido duplicado puede venir dado por canonicalización,, parámetros URL, paginación o *Black Hat SEO*.

Canonicalización	Parámetros de URL	Paginación

- Se produce cuando la página de inicio tiene más de una URL de acceso (dominio.com, www. dominio.com, domio.com/index.html o bien www.dominio.com/index.html). Lo ideal sería indicar a *Google* cuál es la que tiene que indexar como principal. Adoptaremos tres posibles soluciones:
 	
  - Redireccionamiento en el servidor.
  - Indicar qué subdominio debe ser el principal.
  - Insertar una etiqueta "rel=canonical" a las que consideremos como principales.
	- Se suele producir en webs que van destinadas al comercio electrónico y es cuando muchos de los parámetros solo ordenan el contenido de la página. Para solucionar este aspecto podemos pasar por *Google Search Console* y en la opción **Rastreo -> Parámetros de URL** podemos establecer qué parámetros debe ignorar *Google* a la hora de indexar estas páginas.	- La mejor opción ante este problema, que se produce cuando un listado de productos o etiquetas y categorías tienen más de una página en las que pueden aparecer simulando contenido duplicado que no lo es, es usar las etiquetas "rel=next" y "rel=prev".

4.2. Cómo ve *Google* nuestra página

A día de hoy es muy fácil encontrarse con gente que da más importancia al diseño o aspecto de una web que a su indexación en algún buscador o a ver cómo el resto de usuarios de internet localiza su página web.

¿De qué sirve desarrollar un sitio web, por ejemplo, usando *Flash* y creando unos gráficos espectaculares si luego tu sitio web no puede ser localizado por nadie a través de internet?

A la hora de posicionar tu sitio web o página tienes que **dejar a un lado el aspecto o diseño** gráfico de la misma y centrarte más en ver al sitio web o página como lo haría el propio *Google*.

IMPORTANTE

Google no indexa bien los contenidos basados en gráficos.

Para ello, hay disponibles herramientas libres como por ejemplo puede ser <https://www.browseo.net/>, en la cual se introducirá la URL y se podrá **navegar por esa URL tal y como lo haría el motor de búsqueda** de un navegador.

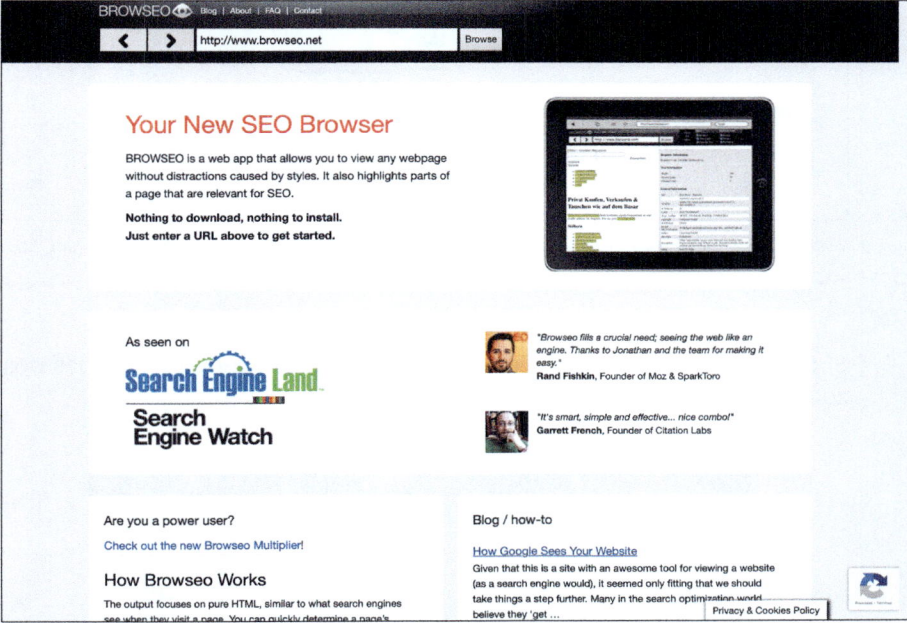

Página principal de SEO Browser

Introduciendo cualquier dirección de internet (URL) puedes ver cómo *Google* ve la página.

 **EJEMPLO**

Vas a obtener información acerca de <https://www.iceditorial.com>. Para ello, introduce la URL en el cuadro de la imagen y pulsa el botón. Obtendrás la siguiente imagen:

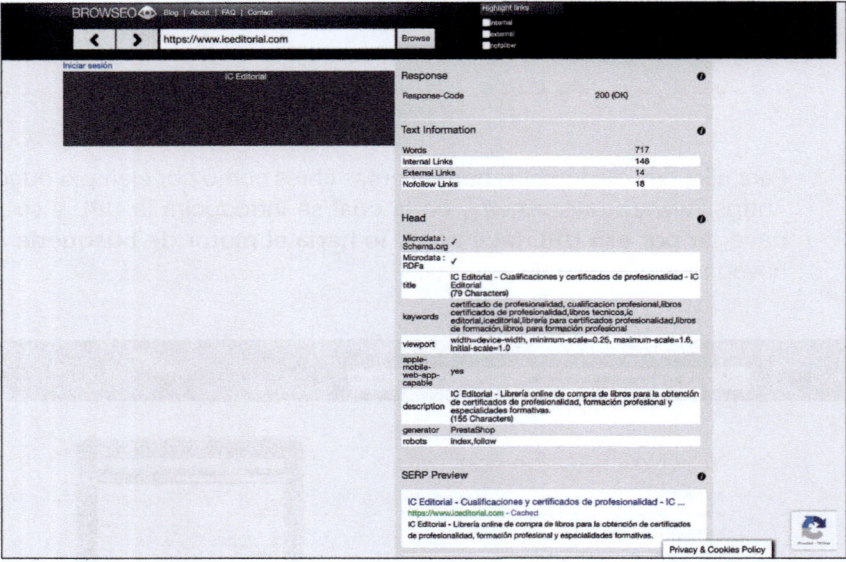

Vista de Google para <www.iceditorial.com> (la imagen puede verse en material complementario (ud1_21).

Si observas la imagen del ejemplo anterior puedes ver diferenciadas dos zonas:

Parte izquierda
- En esta parte están disponibles las páginas webs que conforman el menú por el cual *Google* va rastreando y navegando, con el fin de indexar las páginas a sus índices. Justamente debajo de esta información debe aparecer la página web sin estilos; en caso de que no aparezca implica que habrá que rediseñar la arquitectura web del desarrollo.Redireccionamiento en el servidor.

Continúa en página siguiente >>

<< Viene de página anterior

> **Parte derecha**
> - Esta parte es la que más información va a proporcionar, como por ejemplo la cantidad de palabras disponibles en la página. También analiza las etiquetas HTML metas, títulos y descripciones (dado que son fundamentales para un buen posicionamiento SEO). Los enlaces salientes de la página también están disponibles (poner muchos enlaces en el desarrollo web implica perder posicionamiento, así que en el término medio está la virtud). Más abajo están disponibles las categorías del sitio web.

 EJEMPLO

Si tenemos 400 palabras en la página y la web de nuestra competencia directa tiene 980, está claro que la competencia nos ganará en el posicionamiento SEO.

Otra forma de poder comprobar cómo ve *Google* a una página es seguir esta serie de **pasos:**

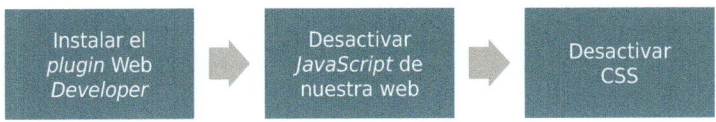

Instalar el *plugin* Web *Developer*

Se instalará el *plugin Web Developer,* por ejemplo, para *Google Chrome* o *Mozilla Firefox,* dependiendo del navegador a usar.

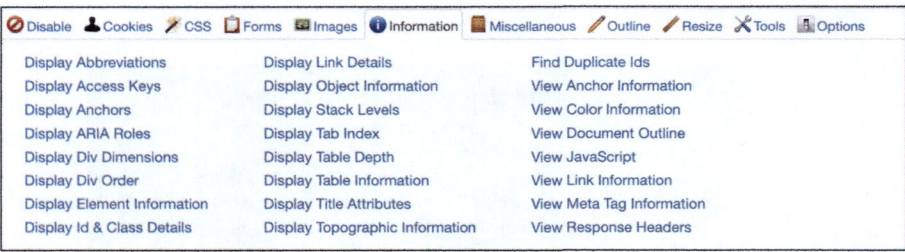

Plugin Web Developer instalado en Google Chrome

Desactivar *JavaScript* de nuestra web

Habrá que desactivar *Javascript* de nuestra web; dependerá del navegador a usar.

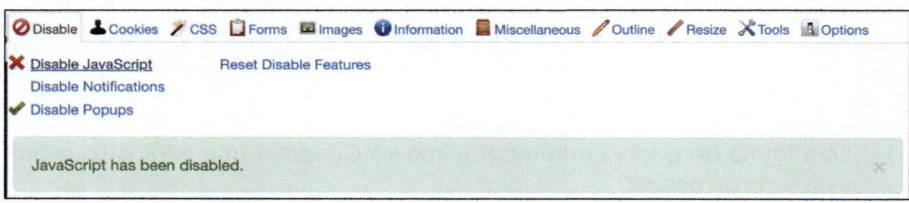

Desactivación de JavaScript en Chrome

Desactivar CSS

A la hora de desactivar CSS, dependerá igualmente del navegador a usar:

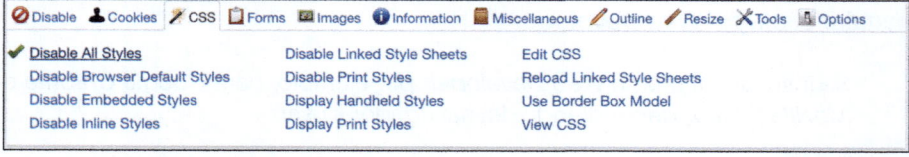

Desactivación de CSS en Chrome

Desactivación de CSS en Mozilla Firefox

Siguiendo estos tres pasos verás las páginas tal y como las ve *Google,* poniéndote en su propia piel.

 ## ACTIVIDAD COMPLEMENTARIA

3. Busca información en <https://www.browseo.net/> sobre las siguientes páginas de su elección:

   - Alguna página de un periódico digital.
   - Alguna página de una cadena de televisión.

   ¿Cómo crees que se encuentran estructuradas de cara al buscador? ¿Crees que es necesario algún cambio? Realiza una comparativa entre las webs y determina cuáles son los fallos más habituales.

4.3. Herramientas

 ## HILO CONDUCTOR

En "SEO Consultores Madrid" tienen que averiguar por qué no aparece la web de los almacenes en los resultados del buscador, para eso van a ayudarse de una de las herramientas destinadas a tal fin: *Google Search Console.*

Google ofrece un servicio totalmente gratuito para poder supervisar y mantener tu desarrollo web en los resultados de búsqueda de *Google.* Dicha herramienta se llama **Google Search Console** y se puede localizar en

<https://search.google.com/search-console/>. Esta herramienta está disponible tanto para equipos de sobremesa como para versiones móviles.

Página principal de Google Search Console

Gracias a **Google Search Console** se puede supervisar el desarrollo web, llevando a cabo multitud de acciones:

- Asegurarte de que *Google* accede a tu contenido.
- Enviar contenido nuevo para rastrearlo y quitar el contenido que no deseas que aparezca en los resultados de búsqueda.
- Crear y supervisar contenido.
- Realizar el mantenimiento del sitio web.
- Supervisar y resolver problemas relacionados con el sitio web.
- Conocer las consultas que han hecho aparecer a tu sitio en los resultados de búsqueda.
- Saber qué consulta ha redirigido más tráfico hacia tu sitio web respecto de otras consultas.
- Conocer la cantidad y qué sitios enlazan a tu sitio web.
- Asegurarte de que quien te visite a través del móvil puede ver correctamente el contenido.

APLICACIÓN PRÁCTICA

Dadas las siguientes opciones, indica qué opción es correcta respecto a las posibilidades que permite *Google Search Console.*

a. No hay forma de saber qué consultas han llevado a posicionar nuestro desarrollo o sitio web.
b. Solo podemos conocer la cantidad de consultas que han posicionado nuestro desarrollo o sitio web.
c. Podemos conocer las consultas que han posicionado nuestro desarrollo o sitio web.
d. No es posible saber qué consulta ha redirigido más tráfico hacia nuestro sitio web.

Solución

Gracias a *Google Search Console* podemos saber con qué consultas realizadas en su buscador se ha posicionado nuestro desarrollo o sitio web, pero además si estas consultas no están entre nuestra lista de palabras o frases clave, lo ideal es actualizar el posicionamiento SEO e incluirlas para recibir más tráfico orgánico.

¿Pero cuándo debes **administrar el sitio web** con *Google Search Console?*

Diariamente	Mensualmente	Cuando el contenido cambie
- En el caso de que se produzca alguna situación anómala, se recibirá un correo electrónico, indicando la situación exacta de lo que pasa.	- Es la más recomendada, visitar al menos una vez en el mes la web con el *Search Console* y asegurarse de que no hay errores y comprobar las caídas que se han sufrido.	- Que puede darse por dos situaciones, bien porque se añade nuevo contenido al sitio web o bien porque se añaden nuevas propiedades al sitio web. Durante la semana después de que se produzca el cambio de contenido sería recomendable acceder diariamente a *Search Console* y vigilar la actualización o la inserción de nuevas propiedades.

En la página de *Google Search Console* encontramos las **distintas herramientas agrupadas en:**

- **Descripción general:** dentro de esta sección *Google* nos muestra un resumen de las métricas y dimensiones que afectan al rendimiento de nuestro sitio.
- **Rendimiento:** aquí encontraremos métricas más específicas como los países desde los que nos visitan, las palabras por las que nuestro sitio aparece en los resultados de búsqueda, los tipos de dispositivos que utilizan los visitantes, etc.
- **Inspección de URL:** si queremos saber si una URL de nuestro sitio está indexada, o está visible para los motores de búsqueda será suficiente con introducirla en la barra de búsqueda y *Google* nos indicará el estado de la misma.
- **Indexación:** dentro de este apartado encontramos las opciones referidas al rastrero del contenido de nuestras páginas, siendo los apartados más destacados el mapa del sitio, utilizado por *Google* para conocer la estructura y la organización de los contenidos del sitio y la retirada de las URL que ya no estén disponibles y que muestran un mensaje de error a los visitantes cuando llegan desde los resultados de búsqueda.
- **Experiencia:** dentro de este apartado encontramos todas las opciones relacionadas con la experiencia del usuario y que son tenidas en cuenta por *Google* como el uso de los certificados de seguridad (apartado HTTPS), la experiencia del usuario en la página y la comprobación de los factores de posicionamiento *Off Site* dentro de las herramientas *Core Web Vitals*.
- **Mejoras:** informe que recoge las mejoras en la usabilidad y la experiencia del sitio que se pueden implementar.
- **Seguridad y acciones manuales:** es un apartado que debemos revisar de forma regular puesto que aquí se no informará si nuestro sitio tiene problemas de seguridad o ha sido penalizado de forma manual.
- **Enlaces:** apartado en el que se recogen cuáles son las páginas de nuestro sitio que reciben más enlaces, textos con los que se enlazan y páginas más enlazadas. Es conveniente revisarlas para evitar que nos enlacen páginas que no queremos que lo hagan.

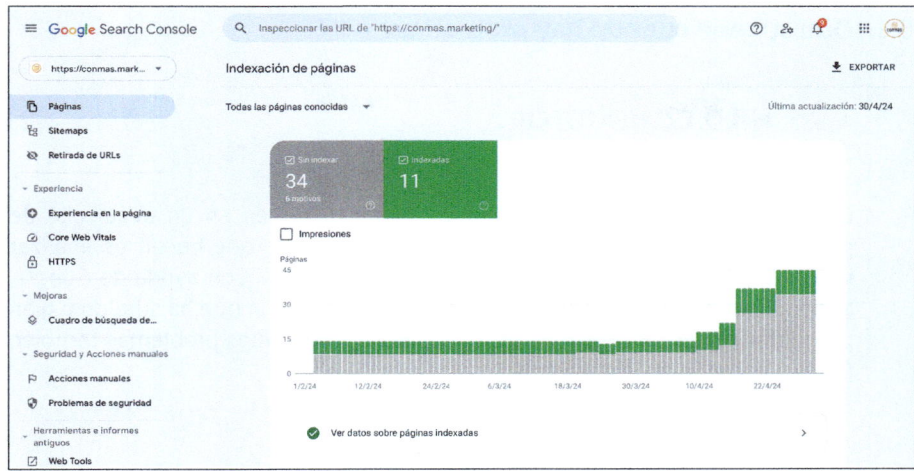

Página principal de Google Search Console

 CONSEJO

Google pone a nuestra disposición un conjunto de herramientas para poder trabajar con SEO, pero en internet podemos localizar cientos de herramientas (gratis y de pago) para el mismo fin. Lo ideal es usar al menos dos herramientas y comparar resultados.

 ACTIVIDAD COMPLEMENTARIA

5. Imagina que acabas de subir un desarrollo para indexarlo y al cabo de 24 horas lo buscas en *Google* y no lo encuentras. ¿Qué puedes hacer ante esta situación?

   Y si en vez de subir un desarrollo nuevo, has modificado un desarrollo ya existente en internet y al cabo de dos días lo buscas en *Google* y ves que no aparece, ¿qué medidas adoptaría?

5.1. Qué sucede cuando hay problemas

👉 HILO CONDUCTOR

Cuando en "SEO Consultores Madrid" están inmersos en un desarrollo de posicionamiento SEO y surgen problemas, lo primero que hacen es analizar los resultados de esos problemas para posteriormente, con ayuda de *Google*, poder consultar la documentación referente al problema que ha surgido o bien preguntar por ese problema a un experto de *Google*. ¡Los problemas también forman parte de las estrategias!

- -

Si estás trabajando con **Google Search Console** brinda la posibilidad de consultar cualquier problema que tenga la página a través de <https://support.google.com/webmasters>.

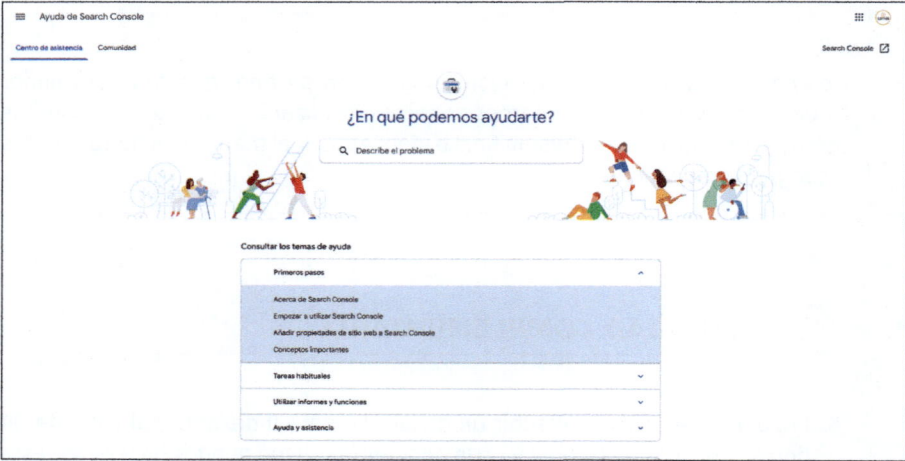

Página principal de ayuda de Google Search Console

Desde aquí puedes realizar varias acciones como:

Consultar la documentación	Preguntar a los expertos	Testear nuestro sitio web

- Seguramente el problema que tengamos haya sido experimentado por otro usuario o *webmaster,* consultando la documentación que *Google* pone a nuestra disposición encontraremos posibles soluciones a nuestro problema. La documentación de la cual se compone es:
 	
  - Centro de Ayuda de *Search Console.*
  - Directrices de calidad para el sitio web.
  - Ayuda para sitios webs que han sido pirateados.
	- En el caso de que no hayamos sido capaces de localizar en el apartado anterior una posible solución a nuestro problema, tenemos la opción de preguntar a los expertos a través de las siguientes opciones:
	
	  - Foro de ayuda para *webmaster.*
	  - Herramienta para solucionar problemas y errores más habituales de nuestro sitio web.
		- Se trata de un conjunto de rutinas preparadas por *Google* para que sean testeadas en nuestros sitios webs y nos proporcionen ayuda sobre lo que está dando problemas. Podemos testear el sitio web de tres formas distintas:
		
		  - Prueba de optimización para móviles.
		  - *PageSpeed Insights.*
		  - Herramienta de pruebas para datos estructurados.

5.2. *WebMaster tools*

Conocidas actualmente como **Google Search Console,** son una serie de herramientas gratuitas que ofrece *Google* y con las cuales puedes **optimizar, analizar y comprobar el estado en que se encuentra tu sitio web** en los resultados de búsqueda de *Google.* Gracias a estas herramientas vas a saber, entre otras, si tu sitio está indexado o no en el motor de búsqueda de *Google.*

Para acceder a *Google Search Console* debes visitar la dirección <https://search.google.com/search-console> e identificarte con una cuenta *Google,* tal y como se muestra en la siguiente imagen:

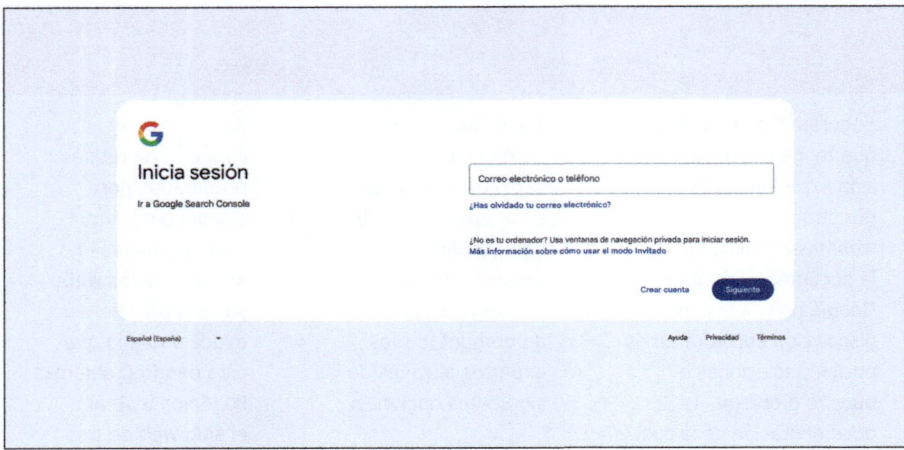

Acceso a Google Search Console

Una vez dentro accederás a la página principal que se muestra a continuación:

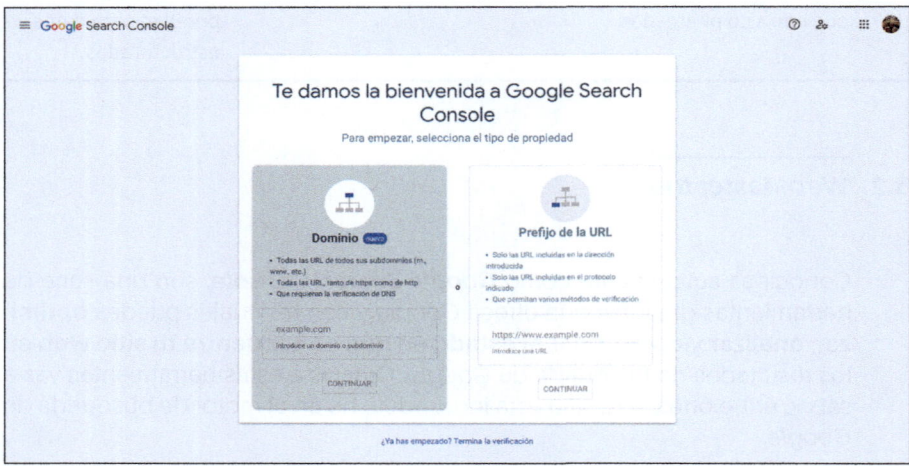

Acceso a la página principal de Google Search Console

En esta página principal debes seleccionar el tipo de propiedad que quieres asociar, un dominio completo o una página específica.

Suponiendo que queremos monitorizar el sitio web <http://www.mipaginaweb.es", para añadirlo a *Google Search Console* debemos introducir dicha información en el apartado dominio y pulsar sobre el botón **Continuar**. Una vez añadido el sitio web encontrarás la siguiente ventana:

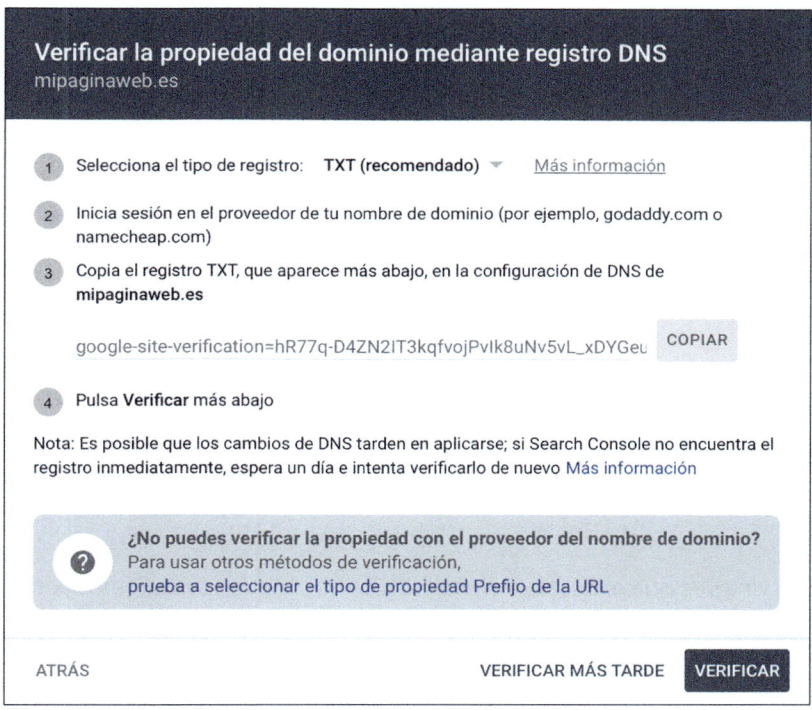

Verificación de la propiedad del dominio mediante registro DNS

En el caso que se desee verificar el dominio, podremos hacerlo incorporando un registro TXT o CNAME directamente a la configuración del mismo. En ambos casos debemos hacerlo con cuidado puesto que si no se realiza correctamente podemos provocar que nuestro dominio deje de estar visible en internet. En caso de que tengas dudas, haz uso de la asistencia de tu proveedor.

Si por el contrario lo que queremos es verificar una página específica, el método de verificación es más sencillo. Podremos **verificar la propiedad:**

- Descargando el archivo HTML que nos entrega *Search Console* y colocándolo en la raíz de nuestra web.
- Añadiendo una etiqueta HTML en la página principal de nuestro sitio web.
- Mediante la cuenta de *Google Analytics* en la que se van a recoger los datos.
- Usando una cuenta de *Google Tag Manager*.
- Asociando un registro TXT o CNAME en nuestro proveedor que apunte a *Google*.

 **PARA SABER MÁS**

Escanea el siguiente código QR y podrás observar, a modo de ejemplo, cada uno de los métodos alternativos citados.

https://redirectoronline.com/adgd211po0112

Una vez que el desarrollo web ha sido verificado ya podremos acceder a los datos recopilados por la herramienta:

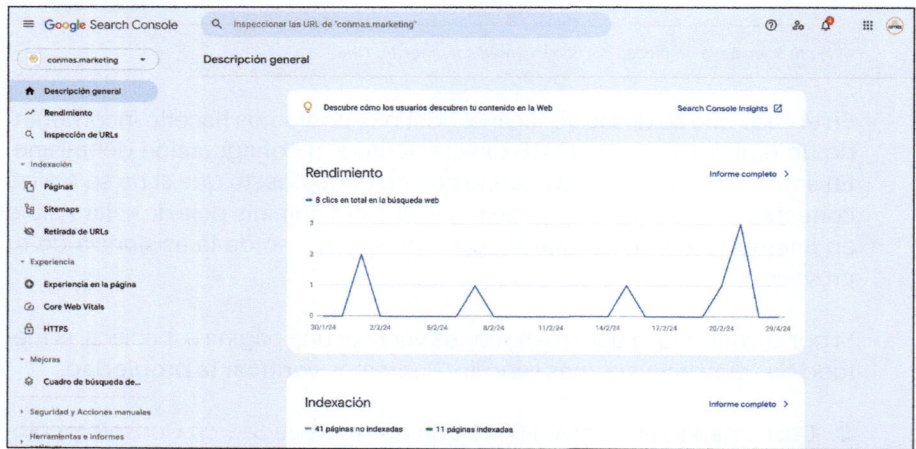

Acceso a los datos una vez verificada la propiedad por parte de Google Search Console del desarrollo web (la imagen puede verse en material complementario ud1_36).

En la imagen anterior tienes las siguientes opciones:

Descripción general
- Podrás visualizar un resumen acerca del rendimiento y la indexación del sitio web.

Indexación
- Dentro de este apartado se encuentran las opciones que debes controlar, como son las páginas indexadas, el estado del mapa del sitio y el apartado en el que se le solicita a *Google* que desindexe las páginas que has retirado de tu sitio para evitar que cuando un visitante acceda a la misma se encuentre una página de error.

Experiencia
- En este apartado se encuentran todos los aspectos relacionados con la experiencia del usuario al visitar tu página. El apartado más interesante es el que te permite evaluar cómo se comporta tu página usando las *Core Web Vitals* de *Google*.

Seguridad y acciones manuales
- Aquí debes comprobar de forma regular que tu sitio no ha recibido alguna penalización por parte del algoritmo de *Google*.

 **RECUERDA**

El *SITEMAP* es un archivo xml que contiene las páginas de nuestro desarrollo web, a modo de esquema para que el buscador pueda localizar de forma más rápida las páginas y de esta forma no se quede sin indexar página alguna.

El siguiente paso que vas a dar es el de **incluir el *SITEMAP* de tu sitio** para que *Google* tenga constancia de él y poder indexar las URL que están incluidas en el desarrollo web.

Una vez creado bastará con entrar en **Google Search Console,** dirigirse al apartado **Indexación > Sitemap** introducir la URL del mismo y pulsar sobre el botón **Enviar.** Una vez subido el SITEMAP, *Google* rastreará e indexará las URL de nuestro desarrollo web.

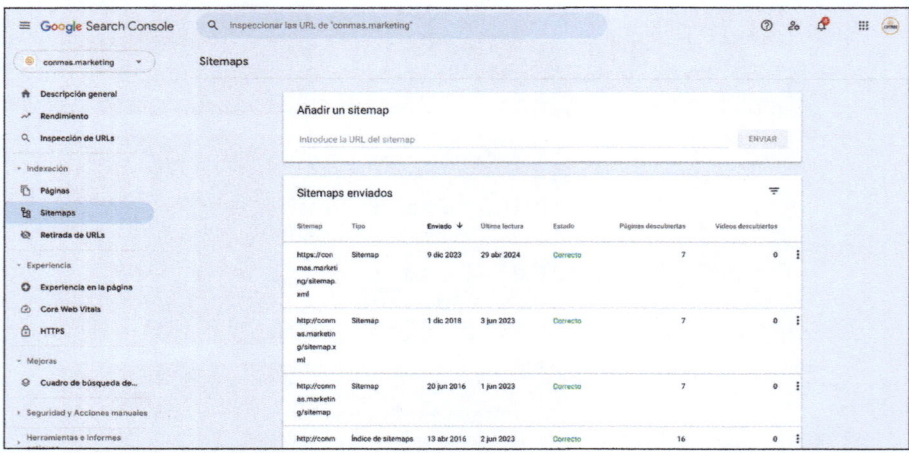

Rastreo e indexación de un sitio web (la imagen puede verse en material complementario ud1_37).

5.3. Algoritmo de *Google: PageRank I*

PageRank es una familia de **algoritmos registrados por *Google* que sirven para marcar de forma numérica la importancia de los sitios o páginas webs** indexadas mediante el motor de búsqueda de *Google*.

Los valores oscilan entre el 0 y el 10, siendo 0 el de menor importancia y 10 el de máxima relevancia. Gracias a esta puntuación numérica vas a poder determinar la relevancia de un determinado sitio web o página en los resultados de búsqueda.

En base a lo anterior se puede afirmar que el *PageRank* **mide la "autoridad"** de un sitio web. Para ello, se basa en la **cantidad y la calidad de los enlaces** que apuntan a este sitio web.

 **RECUERDA**

Además de la cantidad de enlaces, es importante la calidad de los mismos.

En la siguiente figura se muestra un conjunto de **páginas y enlaces:**

PageRank de distintos sitios web

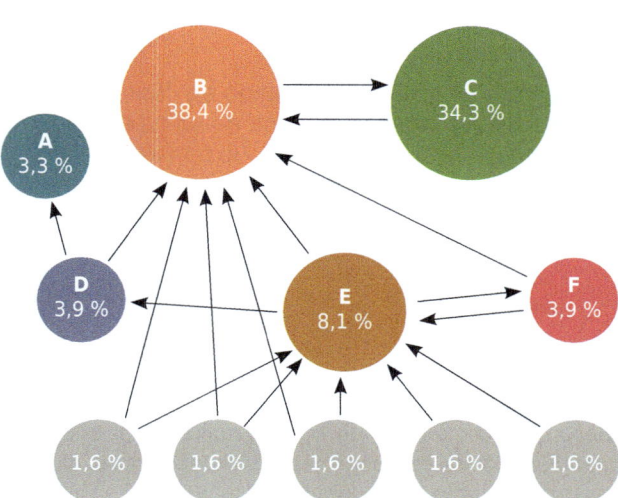

Google interpretará el enlace de B a C como un voto a tener en cuenta, pero no se basa únicamente en el voto. Observando la figura anterior vemos que a B le apuntan, entre otros, C y E; el peso de C en B no es el mismo que el de E en B, dado que C tiene un índice en % mucho mayor que E, con lo cual el voto de C a B pesará más que el de E a B (podemos afirmar que el sitio web C tiene mayor presencia en internet que el E, es por eso que el voto de E a B tenga menos valor).

Pero, ¿cómo se calcula el *PageRank*? Para ello, se usa la siguiente fórmula:

$$PR(A) = (1 - d) + d \sum_{i=1}^{n} \frac{PR(i)}{C(i)}$$

Donde:

- ➲ **PR(A)** se corresponde con el *PageRank* de la página o **sitio web A.**
- ➲ **d** es un **factor de amortiguación** cuyo valor está comprendido entre 0 y 1.
- ➲ **PR(i)** son los valores *PageRank* que tienen cada una de las páginas i que enlazan a **A.**
- ➲ **C(i)** es el número total de **enlaces salientes** de la página i (sean o no hacia A).

5.4. Algoritmo de *Google: PageRank y TrustRank II*

Hoy en día internet está sobresaturado en cuanto a información *spam,* lo cual supone un verdadero problema no solo para el motor de búsqueda de *Google,* sino para cualquier motor de búsqueda (esto es debido a la técnica de generar enlaces a la página principal para aumentar en *PageRank).*

 **DEFINICIÓN**

Spam
Es aquella información que no ha sido solicitada y que ha sido enviada, generalmente con fines de publicidad. Como característica general, el *spam* es enviado masivamente a los usuarios.

TrustRank es un sistema pensado para separar las páginas webs válidas de las consideradas *spam,* mediante revisiones de forma manual y de forma automática.

Se puede afirmar que *TrustRank* asegura la credibilidad y confianza de un sitio web respecto de *Google* a través de los enlaces que dirigen al sitio web. Para ello, *Google* va a hacer diferencia entre dos tipos de *links:*

Los válidos o *Good links*	Los no válidos o *Bad links*

Google asume de forma automática que una página que es anotada como "Good Links" (válida) generará enlaces a una página con *spam.*

TrustRank, en lugar de apoyarse en los enlaces como lo hacía *PageRank,* **valora la importancia de un determinado sitio web en función a una serie de páginas** que han sido consideradas importantes. Estas webs son conocidas como **"semillas",** las cuales a través de sus enlaces generarán un determinado valor (el cual se va a ir transmitiendo por la red).

◉ EJEMPLO

Si disponemos de una semilla **"S"**, esta semilla va a transmitir un valor 100 hacia todas las webs que las enlace. Estas webs enlazadas van a transmitir un valor 99 a todas las webs que enlacen, y estas últimas a su vez transmitirán un valor 98 a las webs a las que enlacen..., y así sucesivamente.

Pero, ¿cómo se establecen las **semillas** a usar? Pueden proceder de dos vías totalmente distintas:

Algoritmo	Grupo de trabajo
- Por medio de un algoritmo que determina qué webs son semilla y cuáles no. Normalmente suele basarse en webs gubernamentales y de ciertas universidades para generar la semilla.	- *Google* ha generado un grupo de trabajo a nivel mundial para que de forma manual evalúen (establezcan la semilla) el conjunto de webs más importantes del país (*Google* les denomina como evaluadores webs).

La medición en la que se basa *TrustRank* consta de los siguientes elementos:

➲ Antigüedad del sitio web: no suele otorgarse confianza a los sitios nuevos o de poca edad.
➲ Contenido original: se premia el contenido original frente al contenido copiado de otros sitios.
➲ Actualización del sitio web: se valora la actualización del sitio y sus páginas para captar tráfico al mismo.
➲ Número de páginas indexadas: se tendrá en cuenta la cantidad de páginas indexadas.
➲ Tráfico del sitio web: a más visitantes o más tráfico mayor puntuación *TrustRank*.
➲ Enlaces a la página: se tendrá en cuenta tanto la calidad de los enlaces como la cantidad.

Cuanto **más alto sea el valor de *TrustRank* mayor autoridad se está dando al sitio web,** por lo que mantener este valor o aumentarlo traerá beneficios a corto plazo, como el posicionamiento en los motores de búsqueda de los buscadores.

A continuación, vas a ver los **valores más significativos de *TrustRank:***

5.5. Algoritmo de Google: *PageRank* y *TrustRank* III

No es necesario usar la fórmula anterior para **saber cuál es el *PageRank* de una página.** En internet existen páginas web para obtener dicha información. Usaremos <https://www.wmtips.com/tools/pagerank-checker/>, cuya página principal se muestra a continuación:

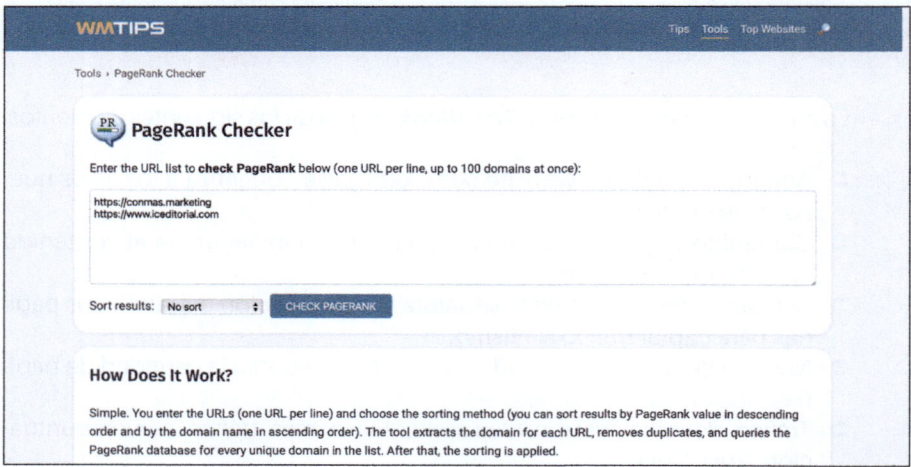

Página web para averiguar el PageRank de una web

Para calcular el *PageRank,* únicamente se deben incorporar las URL dentro de la ventana de la aplicación, sin olvidar que se debe incluir el protocolo que utilicen (http o https).

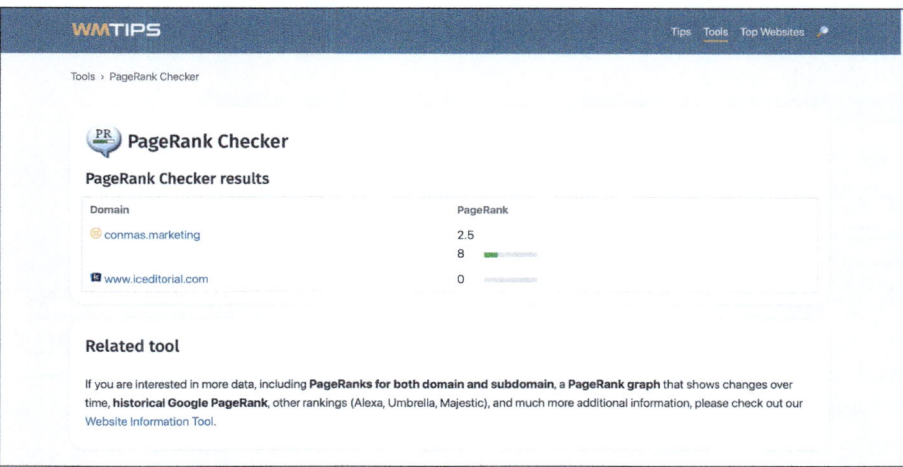

PageRank de las páginas analizadas usando PageRank Checker

 ## ACTIVIDAD COMPLEMENTARIA

---

5. Calcula el *PageRank* de las siguientes direcciones de su elección:

- Alguna página de un periódico digital.
- Alguna página de una cadena de televisión.

¿Cuál de ellas tiene un mayor *PageRank* y cuál menor? ¿Podrías localizar al menos tres páginas cuyo *PageRank* fuese 0? Analiza la información arrojada sobre las páginas buscadas, indicando qué significa cada uno de los resultados obtenidos.

- -

Desde <https://www.seomastering.com/trust-rank-checker.php> visible en la imagen de abajo puedes **obtener el *TrustRank*** asociado a un determinado sitio web:

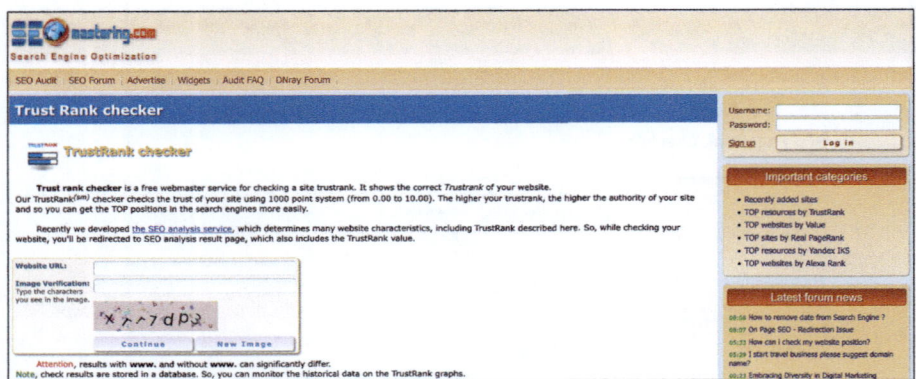

Web para obtener el TrustRank de un sitio o página web

Por ejemplo, si realizas el *TrustRank* a google.com se obtendría la siguiente **información sobre estadísticas:** geolocalización, dirección IP, nombre del *host,* servidores dns... tal y como puedes apreciar en la imagen siguiente:

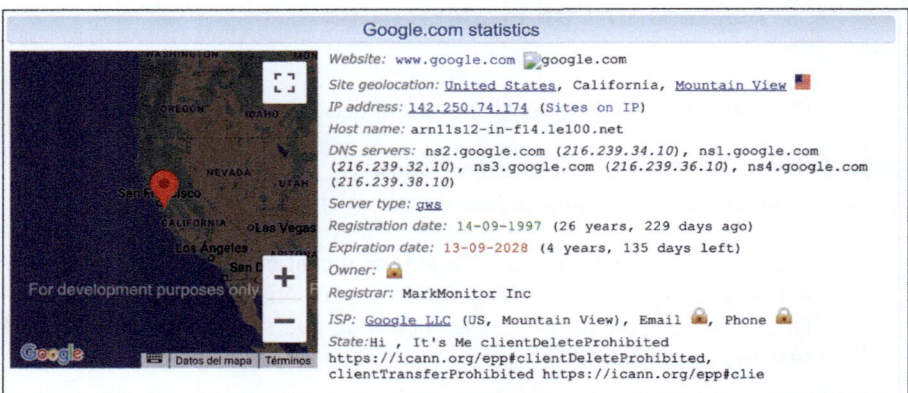

Información de las estadísticas de google.com (la imagen puede verse en material complementario ud1_41).

También se obtendría la siguiente **información sobre el sitio:** título, palabras clave, descripción... tal y como puedes apreciar en la imagen siguiente:

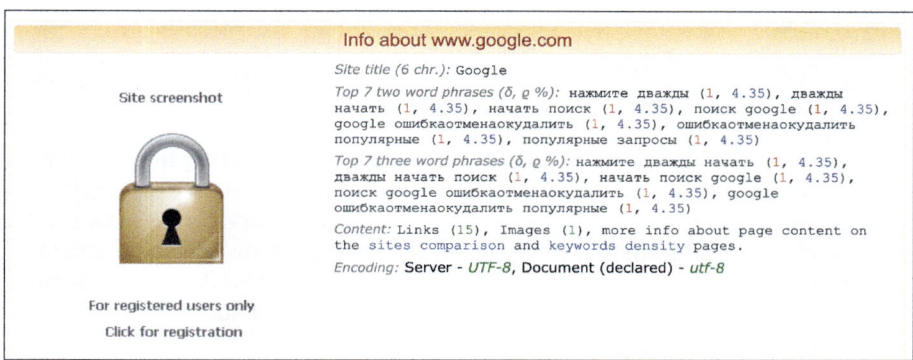

Información sobre el sitio google.com (la imagen puede verse en material complementario ud1_42).

La realización del *TrustRank* mostrará asimismo información sobre **la seguridad y los directorios** que se localizan en google.com como puedes ver en la siguiente imagen:

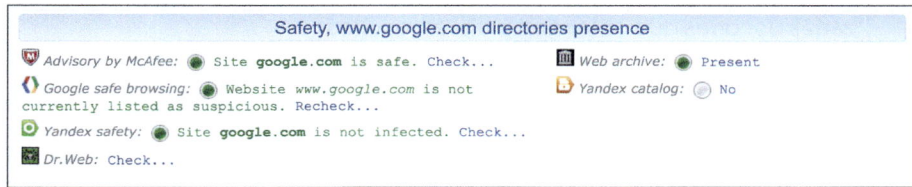

Seguridad y directorios de google.com (la imagen puede verse en material complementario ud1_43).

Por último, este algoritmo también permitirá ver su *PageRank* asociado a *Google TrustRank,* además de otras **valoraciones** tal y como se muestra en la imagen:

Puntuación de google.com

 **RECUERDA**

PageRank es una familia de algoritmos registrados por *Google* que sirven para marcar de forma numérica (con valores que oscilan entre el 0 y el 10, siendo 0 el de menor importancia y 10 el de máxima relevancia) la importancia de los sitios o páginas webs indexados mediante el motor de búsqueda de *Google*. *TrustRank* es un sistema pensado para separar las páginas webs válidas de las consideradas spam, mediante revisiones de forma manual y de forma automática.

TrustRank permite, por tanto, obtener gran cantidad de información, no solo sobre la página web propia, sino incluso de la **competencia.**

Realizando un *TrustRank* sobre el desarrollo en concreto de la competencia podemos ver las palabras o frases clave con las cuales logra su posicionamiento, y si son las mismas que la de nuestro desarrollo lo mejor es actualizarlas por otras que obtengan mejores resultados.

 ACTIVIDAD COMPLEMENTARIA

6. Obtén el *TrustRank* de las siguientes direcciones de su elección:

   • Alguna página de un periódico digital.
   • Alguna página de una cadena de televisión.

   ¿Cuál de ellas tiene un mayor *TrustRank* y cuál menor? ¿Cuál tiene más contenido? Analiza la información arrojada sobre las páginas buscadas, indicando qué significan cada uno de los resultados obtenidos.

 TAREA 2

Inés está consultando unos términos informáticos en la página web de *Wikipedia* para un proyecto que tiene que explicar en su trabajo. Realizando sus consultas

Continúa en página siguiente >>

<< Viene de página anterior

se le pasó por la cabeza conocer el valor de PageRank y TrustRank de dicha página web.

Para ello, realizó una consulta en el buscador y obtuvo las herramientas *software* necesarias para calcular y analizar los resultados obtenidos. ¡Cuál fue su sorpresa cuando vio dichos resultados…!

Calcula dichos resultados con las herramientas que consideres oportunas y explica esos resultados en función al sitio web.

 TAREA 3

Juan Carlos es el propietario de unos almacenes *online* y está pensando en desarrollar una página web con posicionamiento para poder comunicarse directamente con sus clientes. Es decir, los clientes si quieren comunicarse con Juan Carlos accederán a esta página y dejarán un mensaje que cuando Juan Carlos lea, contestará para dar solución al problema o queja.

En base a esto, deberás ayudar a Juan Carlos a realizar una página HTML, que recoja los datos del cliente (nombre, apellidos, *e-mail* y teléfono). Una vez creada la página HTML, deberás alojarla en algún *hosting* para posteriormente indexarla a través de *Google Search Console.*

Deberás confirmar que el desarrollo se ha indexado correctamente, y si no fuera el caso, deberás utilizar las herramientas necesarias para indexarlo y posteriormente, deberás consultar el archivo "sitemap.xml" que se ha generado.

Deberás utilizar alguna herramienta para comprobar cómo un buscador ve la página que ha desarrollado. Además, deberás comprobar el estado del desarrollo con la herramienta de *Google Search Console.*

----

7. Contenidos prácticos

☞ HILO CONDUCTOR

En "SEO Consultores Madrid" cuando trabajan un desarrollo web para un posicionamiento SEO saben lo importante que es dicho posicionamiento, ya que de la estrategia que se adopte dependerá en gran medida el éxito o no del mismo y que aparezca en las primeras posiciones de los resultados de los buscadores.

Por eso buscan siempre estrategias y optimizan las mismas para un mejor posicionamiento. En el caso de la web de los almacenes, habían cometido un pequeño error, pero gracias a las herramientas disponibles, han podido subsanarlo y ahora la web aparece bien posicionada en el buscador.

A continuación, vas a ver una lectura relacionada con el sistema SEO, que consiste en una serie de pasos para **obtener un sitio web optimizado para Google** y también se analizará la **importancia del posicionamiento** de un negocio en los buscadores generales mediante un ejemplo concreto.

7.1. Lectura relacionada con el sistema SEO

La información que se muestra a continuación se ha extraído del siguiente sitio web <https://developers.google.com/search/docs/fundamentals/seo-starter-guide>. Léela detenidamente e intenta sacar tus propias conclusiones.

Organiza tu sitio

Organiza los contenidos de forma lógica para ayudar los buscadores y usuarios a entender la estructura del sitio y la organización del contenido.

Utiliza URL descriptivas

Las URL pueden aparecer en los resultados de búsqueda por lo que los usuarios pueden utilizarlas para evaluar si es conveniente o no pinchar sobre ella.

Rutas de exploración

Google además de utilizar los datos estructurados también guarda las rutas en las que se encuentran los contenidos, por lo que es recomendable incluir palabras que sean útiles a los usuarios para que sepan dónde están dentro de la estructura de la web.

Agrupa temáticas en directorios

Utilizar carpetas para organizar el contenido ayuda a *Google* a establecer la frecuencia con la que debe pasar por tu sitio de acuerdo con los cambios que se produzcan en el sitio.

Evita el contenido duplicado

Tener contenido duplicado no es una buena idea. Si necesitas usar contenido duplicado acuérdate de establecer una URL canónica que les indique a los buscadores cual es el contenido original.

El sitio debe ser interesante y útil

Crear contenido que los usuarios encuentren atractivo y útil tiene una repercusión importante en los resultados de búsqueda. Redacta correctamente el texto y acompáñalo de imágenes y estructúralo usando encabezados, párrafos, secciones, etc.

El contenido debe ser original, no copiado, y debe demostrar que conoces la temática sobre la que estás escribiendo.

Piensa en tus lectores

Utiliza las palabras que entiendan y por las que quieres que te localicen.

Continúa en página siguiente >>

<< Viene de página anterior

Evita anuncios

No permitas que los anuncios tapen tu contenido o incomodes a los usuarios con ventanas emergentes, que provocarán que se marchen antes de leer el contenido o interactuar con tu sitio.

Incluye enlaces

Los enlaces son un recurso esencial para que se puedan descubrir las páginas y que aparezcan en los resultados de búsqueda. Los enlaces aportan valor al conectar a los usuarios con recursos que refuerzan el contenido.

No abuses de los enlaces y si no los necesitas no los incorpores.

Si permites que tu sitio publique contenidos de otras personas, no te olvides de añadirle a los enlaces la opción *nofollow* de esta manera evitarás que se enlace tu sitio con otros que quizás no te interesen.

Revisa las palabras del enlace

El texto del enlace es importante puesto que ayuda a identificar la página enlazada tanto a *Google* como a los usuarios.

Cuida los elementos visibles en los resultados de búsqueda

Cuida el título, la URL y la meta descripción de las páginas para hacerlos atractivos y que la persona que está buscando te elija antes que al resto de enlaces que aparecen en el resultado de búsqueda.

Incorpora imágenes y videos

Incluye imágenes y videos en tus publicaciones además de hacerlas más atractivas también pondrás en contexto a los visitantes.

Acuérdate de optimizarlas e incluir el atributo ALT para ayudar a las personas que tienen problemas de visión cuando utilizan un lector de contenidos.

ACTIVIDAD COMPLEMENTARIA

7. A partir del texto anterior, realiza un breve resumen de lo que no se debe hacer en SEO (prácticas negativas).

7.2. Análisis de la importancia del posicionamiento de un negocio en los buscadores generales

Obtener un buen posicionamiento en los resultados de búsqueda de los buscadores es de vital importancia para cualquier negocio existente en internet; obviamente esta importancia radica en que si eres visible y ofreces contenidos de calidad atraerás a los usuarios de internet hacia tu desarrollo. Estos usuarios pueden ser los futuros clientes de tu sitio web, de ahí la importancia de estar posicionado, y no solo posicionado sino revisar frecuentemente y actualizar ese posicionamiento para que cobre más fuerza.

Observa esta imagen en la que se puede ver todo el tráfico que ha generado un determinado desarrollo web desde el 30 de abril de 2023 hasta el 30 de abril de 2024. Se observa claramente cómo tiene picos de tráfico orgánico aunque el resto de las épocas este se mantiene estable.

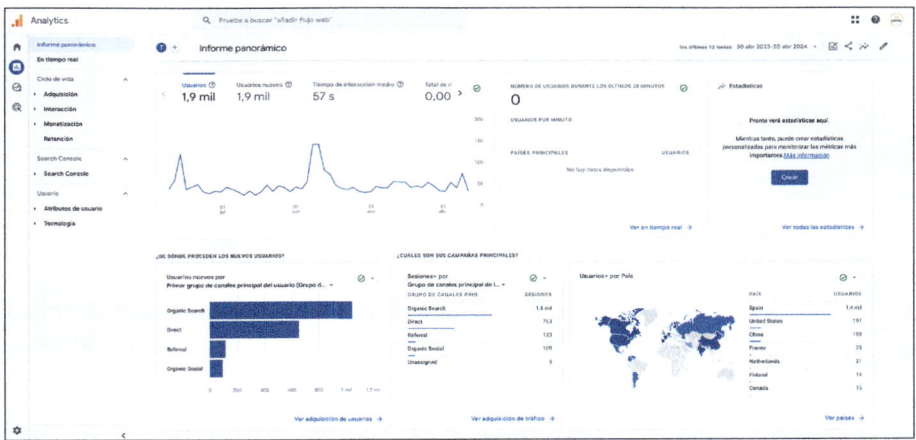

Imagen de Google Analytics para una página web (la imagen puede verse en material complementario ud1_45).

De la imagen anterior se puede obtener el siguiente análisis:

- La mayor parte del tráfico que recibe la página web es debido al tráfico orgánico (búsquedas en *Google),* seguido de los usuarios que introducen directamente la URL de la empresa en el buscador quedando en última posición los enlaces que tienen en las redes sociales.
- La mayoría de los usuarios visitan desde España seguidos a mucha distancia de los visitantes de Estado Unidos y China, lo que nos puede indicar que son los boots que se dedican a rastrear la página para los buscadores.
- Un dato importante es el tiempo de interacción medio de los usuarios con la página. En esta ocasión es de 57 segundos, tiempo que podemos considerar elevado puesto que es una página estática en la que únicamente se muestra información de la empresa.

Obviamente, si cada cierto tiempo no vas realizando **modificaciones** o **actualizaciones** sobre tu posicionamiento web, este caerá en desuso por parte de los usuarios de internet; en el caso de que se trate de una empresa esto implicará que los clientes ya no te dejan el beneficio económico a ti y sí a otros que están mejor posicionados, de ahí la vital importancia de tener un buen posicionamiento en el caso de que seas una empresa.

 RECUERDA

No solo hay que posicionarse correctamente en el buscador, sino que hay que realizar revisiones y actualizaciones cada cierto tiempo para mantener esos buenos resultados.

 TAREA 4

Mario tiene un negocio de venta de artículos de marroquinería que él mismo elabora de forma artesanal. Muchos de sus clientes ya le han preguntado por la posibilidad de hacer sus compras *online,* por lo que decidió crear una página web.

Tras crear dicha página con la ayuda de su primo, a pesar de las expectativas e interés previo que había, el negocio *online* no está funcionando como esperaban...

Continúa en página siguiente >>

<< Viene de página anterior

Ante esta situación, decide acudir a una empresa especializada en la creación de páginas webs, donde le comentan que el problema es que la indexación no se ha realizado correctamente, por eso los potenciales clientes no encuentran su página fácilmente.

En base a esto, identifica los problemas relacionados con la indexación de sitios webs que pueden estar produciéndose en este caso y valora la importancia de un buen posicionamiento del negocio de Mario en los buscadores.

---

8. Resumen

A través del **posicionamiento** se consigue que el sitio web pueda abarcar las **primeras posiciones de los resultados de búsqueda** de los motores de búsqueda de los buscadores. Recuerda que se habla de los resultados orgánicos, que son aquellos que no son de pago; también conocidos como naturales por otros autores.

Los usuarios de internet van a **localizar productos y servicios para consumirlos a través de los buscadores;** el buscador que con mayor frecuencia se usa es *Google.* Del resultado de búsquedas proporcionado por el buscador, raramente se consultan más allá del quinto resultado; por esta razón es de vital importancia intentar siempre aparecer posicionado en los primeros resultados de la búsqueda y actualizar el contenido para mantener dicho posicionamiento.

De todo lo anterior, se puede deducir que no bastaría con dar de alta una página en el buscador para que los usuarios de internet puedan localizar los productos o servicios (es más, si solo se da de alta la web en el buscador y se busca, lo más probable es que ni aparezca en los resultados de búsqueda proporcionados por *Google).*

El proceso de **indexación** es de vital importancia, a través del cual se hace visible el desarrollo web a los motores de búsqueda del buscador (que son los que van construyendo el índice de la red para saber dónde están las cosas). Para poder **indexar un contenido web en *Google*** hay que seguir los siguientes **pasos:**

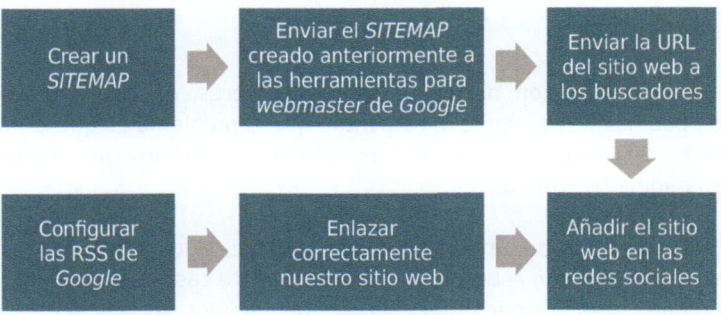

Una vez que está indexado el desarrollo web, es cuando se comienza con el **proceso de posicionamiento** para conseguir aparecer en las primeras posiciones de los resultados de búsqueda.

El proceso de posicionamiento no tiene fecha exacta de comienzo y de fin, en cada caso dependerá del desarrollo web (de lo fácil o complejo que sea), de la cantidad de competencia paralela que tenga, de la optimización del desarrollo web, de los servicios que se oferten... por lo que no es algo que dependa directamente de un factor, sino que intervienen muchos factores a la hora de obtener un buen posicionamiento; será algo que habrá que planificar a largo tiempo.

Lo más probable es que si se realiza un proceso de optimización "express" es porque se están usando **técnicas SEO que los buscadores consideran como no legales;** las cuales pueden tardar un tiempo en detectarse, pero una vez que son detectadas es totalmente seguro que se aplicará una sanción o penalización al desarrollo web (normalmente se suele optar por penalizaciones bajando posiciones en la lista de resultados de búsqueda, pero hay situaciones en las que pueden llegar a eliminar la web del buscador: banearla).

Ser baneados o expulsados de los motores de búsqueda de un buscador es el peor escenario que puede darse, dado que el desarrollo no podrá ser localizado por la cantidad de millones de usuarios de *Google)*. Por lo tanto, hay que prestar mucha atención a las **penalizaciones SEO,** si no se quieren perder millones de clientes en la red.

Ejercicios de autoevaluación
Unidad de Aprendizaje 1

1. Cuanto más alto sea el valor del *TrustRank*...

a. ... ninguna autoridad se está dando al sitio web, no influye en este aspecto.
b. ... la misma autoridad se está dando al sitio web, no influye en este aspecto.
c. ... menor autoridad se está dando al sitio web.
d. ... mayor autoridad se está dando al sitio web.

2. El valor de PageRank que indica "muy buena confianza" es:

a. *PageRank =>1*
b. *PageRank =>2*
c. *PageRank =>3*
d. *PageRank =>4*

3. ¿Entre qué tipos de links hace diferencias Google?

a. Válidos y *follow.*
b. Válidos y no válidos.
c. *Follow y nofollow.*
d. *Google* no hace diferencia entre los tipos de *links.*

4. En la fórmula para calcular el *PageRank* se usa un parámetro "d" que se corresponde con:

a. El factor de amortiguación.
b. El factor de amortización.
c. El factor de densidad de palabras clave.
d. El factor de autentificación.

5. ¿Qué métodos nos ofrece *Google* para validar el desarrollo web?

    a. Uno, el recomendado.
    b. Dos, el recomendado y los alternativos.
    c. Tres, el recomendado, los alternativos y los de seguridad.
    d. Únicamente el de seguridad.

6. Gracias a *Google Search Console* podemos...

    a. ... optimizar, analizar y comprobar el estado en el que se encuentra nuestro sitio web en los resultados de búsqueda de *Google.*
    b. ... solamente analizar el estado en el que se encuentra nuestro sitio web y otros sitios de la competencia.
    c. ... únicamente optimizar el desarrollo de nuestro sitio web.
    d. ... solamente comprobar el estado de nuestro sitio web.

7. Para obtener un buen posicionamiento en los resultados de búsqueda de *Google* es necesario que nuestro sitio web...

    a. ... pueda ser accesible desde cualquier lugar en el mundo.
    b. ... tenga los mejores y exclusivos contenidos que pueda tener una web.
    c. ... pueda ser rastreado e indexado correctamente.
    d. ... esté enlazado *(links)* únicamente por el buscador *Google*.

8. Hay que tener en cuenta que un SITEMAP no debe contener más de:

    a. 40.000 etiquetas URL.
    b. 50.000 etiquetas URL.
    c. 60.000 etiquetas URL.
    d. 70.000 etiquetas URL.

Factores *On-Site*

Contenido

1. Introducción
2. Factores que influyen en el posicionamiento
3. Elección de palabras clave
4. Factores "en la página". *On-Page*
5. Factores "en el servidor". *On-Server*
6. Creación de contenidos
7. Black Hat SEO: prácticas SEO penalizables
8. Contenidos prácticos
9. Resumen

Objetivos

El objetivo general de esta Unidad de Aprendizaje es:

→ Establecer los distintos factores que integran el SEO *On-Site* para un buen posicionamiento en los buscadores.

Los objetivos específicos de esta Unidad de Aprendizaje son:

→ Elaborar listas de palabras o frases clave de un posicionamiento SEO.
→ Identificar los factores *On-Page*.
→ Identificar los factores *On-Server*.
→ Elegir las etiquetas HTML, personalizándolas para posicionar mejor.
→ Reconocer las etiquetas visibles arrojadas en los resultados de búsqueda de los buscadores.
→ Comprender el uso de enlaces *follow* y *nofollow* para el posicionamiento SEO.
→ Identificar los enlaces internos y externos.
→ Crear contenido en base a la lista de palabras o frases clave.
→ Establecer una estructura válida y eficaz de desarrollo web.
→ Conocer las prácticas SEO penalizables.

1. Introducción

Lo primero que hace un **buscador** es arrojar un **listado o resultado de búsqueda ordenado** en base a un determinado algoritmo para mostrar los resultados ordenados (posicionados). El que estos resultados aparezcan ordenados de una forma u otra dependerá tanto de **factores internos como externos.**

A pesar de la cantidad de **factores** que influyen en un **posicionamiento,** por nuestra parte debemos tener bien optimizados los aspectos técnicos de nuestro sitio web para que los **motores de búsqueda** accedan e identifiquen de forma mucho más eficaz nuestro sitio web.

Un **contenido único, original, innovador y atrayente** es clave para un buen **posicionamiento SEO.** Por lo tanto, podemos decir que el contenido influye directamente a la hora de un posicionamiento en los resultados de búsqueda de los buscadores.

En esta unidad se analizarán los factores *On-Site,* que serán aquellos que podemos definir en el mismo momento que estamos realizando el desarrollo, o bien modificar cuando el desarrollo ya está creado o funcionando (mantenimiento o actualización).

Para ello, nos basaremos en el caso de "SEO Consultores Madrid", una empresa con sede en Madrid dedicada al desarrollo de páginas web.

2. Factores que influyen en el posicionamiento

 HILO CONDUCTOR

En "SEO Consultores Madrid" van a llevar a cabo un nuevo desarrollo para "El Corte Asiático", liderado por Lucas.

Cuando se plantea una estrategia de posicionamiento SEO para un determinado desarrollo (ya sea por crear o bien para actualizar) tienen claro que hay una serie de factores internos y externos que hay que configurar y explotar para lograr un buen posicionamiento para el cliente. En el caso de la web diseñada

Continúa en página siguiente >>

<< Viene de página anterior

para los grandes almacenes es vital, dado que mientras más visibilidad y mejor posicionamiento tenga mayor es la probabilidad de atraer a usuarios que se conviertan en posibles clientes.

Que los resultados de búsqueda arrojados por el buscador aparezcan ordenados de una forma u otra dependerá de ciertos factores, que pueden ser tanto internos como externos.

Factores externos	Factores internos
- Los factores externos (también conocidos con el nombre de SEO *Off-Site)* son aquellos que no se van a poder controlar. Estos factores van a señalar la autoridad de un sitio web (se puede conocer su confianza), el comportamiento de los usuarios, la calidad de los enlaces externos y las redes sociales.	- Los factores internos (también conocidos como SEO *On-Site)* son los relativos a un sitio web, es decir, aquellos que sí van a poder controlarse. Su misión principal será la de facilitar a los buscadores el acceso al sitio web. Se basan en torno a factores como la calidad del contenido, la arquitectura del sitio web y el código HTML.

A pesar de la cantidad de **factores que influyen en un posicionamiento,** hay que tener bien optimizados los aspectos técnicos de un sitio web para que los **motores de búsqueda** accedan e identifiquen de forma mucho más eficaz el sitio web. Es decir, hay que prestar atención a los factores internos o factores *On-Site.*

3. Elección de palabras clave

 HILO CONDUCTOR

"SEO Consultores Madrid" cada vez que se enfrenta a una estrategia de elección de las palabras o frases clave para el posicionamiento de un desarrollo, lo

Continúa en página siguiente >>

<< Viene de página anterior

primero que hace es usar una técnica llamada batería de ideas (que consiste en decir lo primero que se te viene a la cabeza cuando te dicen una determinada palabra) relacionada con la temática de la web, para después realizar un análisis de esas palabras o frases clave y ver el rendimiento que tienen en el buscador de *Google.*

Es de vital importancia para "SEO Consultores Madrid" escoger y comprobar palabras o frases clave para la web que quieren posicionar. Dedican buena parte del tiempo de desarrollo del posicionamiento a comprobar y/o actualizar esta lista para posicionar de forma correcta.

Se pueden entender las palabras clave como **preguntas que los usuarios de internet formulan** a los buscadores para poder obtener unas determinadas respuestas. Esta respuesta que dan los buscadores es **ofrecer las páginas más relevantes en los resultados de búsqueda.** Si se encajan las piezas, los usuarios van a localizar los sitios web usando palabras clave que darán a un motor de búsqueda para que este ofrezca los resultados.

DEFINICIÓN

Palabras clave *(Keywords)*
Las palabras clave, también conocidas con el nombre de *Keywords,* son aquellas que se escriben en la caja de texto de búsqueda de *Google,* o cualquier otro buscador, y mediante las cuales se obtiene un listado de resultados de búsqueda.

La importancia de saber **seleccionar qué palabras clave usar** y qué palabras clave no usar hace que se tenga un mejor o peor posicionamiento en los resultados de búsqueda. Actualmente se habla de **frases clave,** que no son nada más que una sucesión de palabras clave.

La elección o búsqueda de palabras y frases clave puede ser muy fácil o laboriosa de realizar, todo dependerá del tiempo que se quiera dedicar a este aspecto.

 **EJEMPLO**

Algunas palabras o frases clave son las siguientes:

* "pisos en Alicante"
* "alquiler apartamento en Málaga"
* "televisor Led 42 pulgadas"
* "Oscar Wilde"

Tal y como puedes analizar en el ejemplo anterior, no se limita a una sola palabra clave, sino que por lo general se trata de un conjunto de palabras clave que constituyen una frase clave; por eso, **limitar cualquier desarrollo web a una sola palabra clave es sinónimo de dejar de recibir miles de visitas** (derivado de un mal análisis de palabras clave y de esto deriva un mal posicionamiento en los resultados de búsqueda).

Imagina un desarrollo web a estreno que trata fundamentalmente con el comercio electrónico y que está dedicado a la venta de tecnología informática. Si por ejemplo se escoge como frase clave **"tienda informática"** se está cometiendo un grave error. Realiza una búsqueda en *Google* con la frase clave "tienda informática":

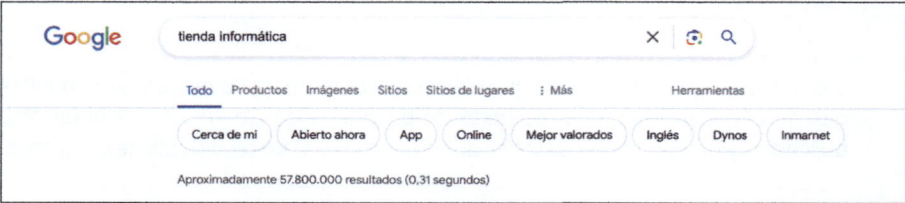

Búsqueda con la frase clave 'tienda informatica'

La imagen anterior ha arrojado un **resultado de 57.800.000 ítems,** e intentar un buen posicionamiento dentro de 57.800.000 resultados, la verdad es que es una misión bastante complicada (por no decir casi imposible). Así que, **dedicar el tiempo adecuado a un análisis correcto de palabras y frases clave** es de vital importancia en posicionamiento.

Imagina que vas a irte de vacaciones y lo vas a planear por internet, lo menos probable es que uses **"vacaciones"** como palabra clave. Es una palabra muy abierta, en el sentido de que no acota y obtendrás información de

[86]

muchos sitios distintos; lo más probable es que tengas previamente decidido el sitio.

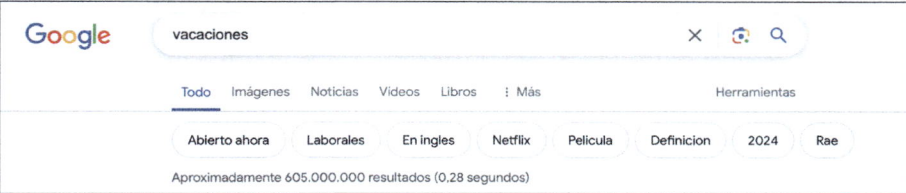

Resultados de búsqueda para 'vacaciones'

Por ejemplo, sería más lógico que buscaras algo como **"Vacaciones en Málaga";** pero seguro que hubieras afinado muchísimo más la búsqueda con **"Vacaciones y vuelos baratos Málaga".**

Si a todo lo anterior se suma el dato de que las vacaciones estarán acotadas a un mes o meses en el año, afinarías más con **"Vacaciones y vuelos baratos Málaga diciembre 2024".**

Por tanto, en parte, a la hora de analizar las palabras y frases clave hay que ponerse en la piel del usuario que hace la búsqueda y pensar en cómo la realizaría.

Resultados de búsqueda para 'Vacaciones y vuelos baratos Málaga diciembre 2024'

De lo contrario, al no realizar el análisis anterior, lo único que es probable es que tengas una serie de palabras o frases clave que no aporten tráfico (visitas de usuarios) a tu desarrollo web.

 **CONSEJO**

Debemos centrar nuestro esfuerzo en pensar en un tema concreto que vaya asociado a la temática de la web y no tratar de abarcarlo todo.

- -

Por tanto, la elección de frases clave se debe corresponder o estar en sintonía con el desarrollo web (tanto en sus objetivos como en su modelado de negocio). De forma general se puede afirmar que **cualquier desarrollo web va a tener un tema principal** (más o menos explotado por la competencia directa), el cual a medida que se vaya diseñando se irá ramificando para abarcar otros temas secundarios (similar a la estructura de un árbol genealógico).

La primera aproximación para obtener una lista de palabras o frases clave es la de coger un folio en blanco o un documento de texto e ir anotando cualquier cosa que se pase por la cabeza, pero que vaya en sintonía con el desarrollo web tratado. En principio no se descartará ninguna de las palabras o frases que se obtenga de esta **"batería de ideas"**. De alguna forma se puede decir que se están generando palabras o frases lo más genéricas posibles. También pueden ayudar familiares, amigos, compañeros de trabajo... para rellenar aún más esta lista genérica.

 APLICACIÓN PRÁCTICA

Jorge está realizando un desarrollo web para posicionar su página personal sobre el maltrato animal; ¿sabrías indicarle la mejor opción a llevar a cabo?

a. **Las palabras clave no tienen que basarse en la temática del desarrollo.**
b. **Es mejor usar palabras clave aleatorias para cualquier desarrollo.**
c. **Las palabras clave deben girar en base a la temática del desarrollo.**
d. **Lo mejor es no usar palabras clave.**

Solución

La elección de palabras clave es fundamental, porque además de usarse para posicionarse, el desarrollo a través de un buscador también se va a insertar de forma natural en los contenidos de las páginas webs para obtener más relevancia y autoridad de cara a los buscadores. Deben utilizarse aquellas relacionadas con la temática del desarrollo.

ACTIVIDAD COMPLEMENTARIA

8. Realiza una lista genérica de al menos 10 palabras clave y 10 frases principales en torno a una web cuyo tema principal trata sobre "Deportes de aventura extremos".

Es posible obtener información sobre las palabras o frases clave de la competencia si haces uso de la herramienta ***Google Trends,*** a la cual se puede acceder desde <https://www.google.com/trends/> y cuya página principal es la siguiente:

Página principal de Google Trends

Pulsando en el menú situado arriba a la izquierda de la pantalla y escogiendo la opción **Explorar,** obtendrás la siguiente pantalla desde la cual puedes analizar palabras o frases clave:

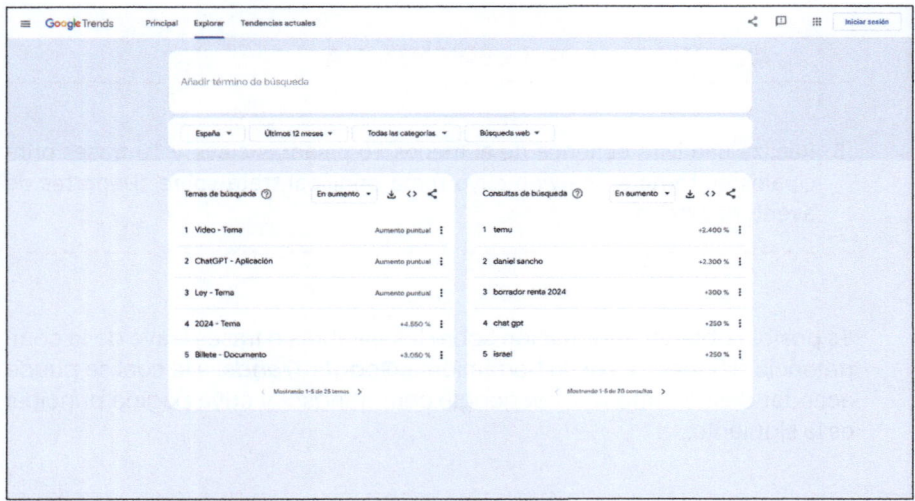

Exploración de palabras o frases clave en Google Trends

En el apartado **Añadir término de búsqueda** vas a introducir la siguiente frase clave **"tienda de mascotas"** y *Google Trends* responderá ofreciendo un **gráfico estadístico sobre la popularidad** o no del término de búsqueda introducido. En este caso se obtiene la siguiente imagen:

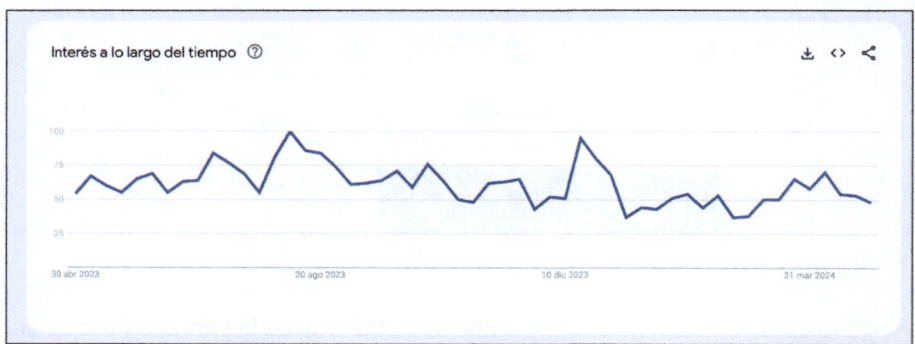

Interés a lo largo del tiempo de 'tienda de mascotas'

También ofrecerá un **mapa mundial** indicando dónde, la búsqueda introducida, tiene más popularidad tal y como se aprecia en la siguiente imagen:

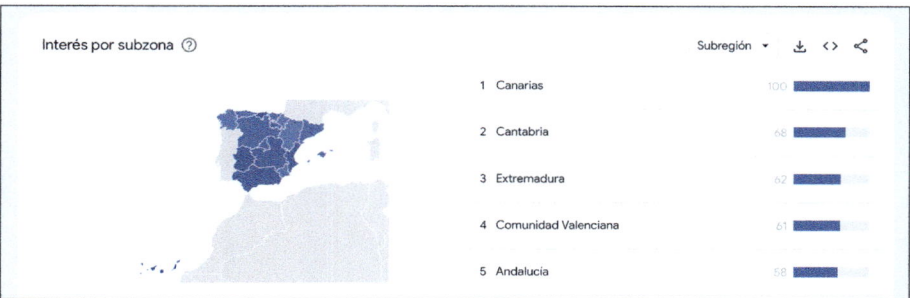

Interés por región de 'tienda de mascotas'

Por último, *Google Trends* también ofrecerá un listado con las consultas y temas que se **relacionan con el término de búsqueda** insertado, tal y como se ve en la siguiente imagen:

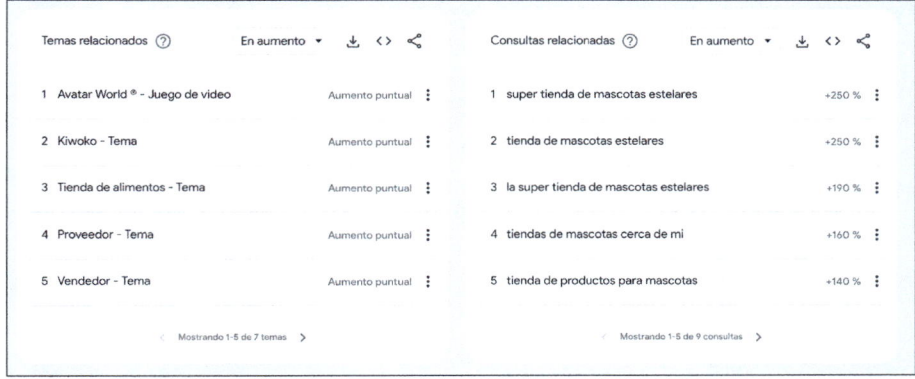

Consultas y temas relacionados para 'tienda de mascotas'

Además, si en la caja de texto introduces palabras clave separadas por coma, *Google Trends* ofrece una **comparativa de las dos palabras clave,** como se puede ver en la siguiente imagen:

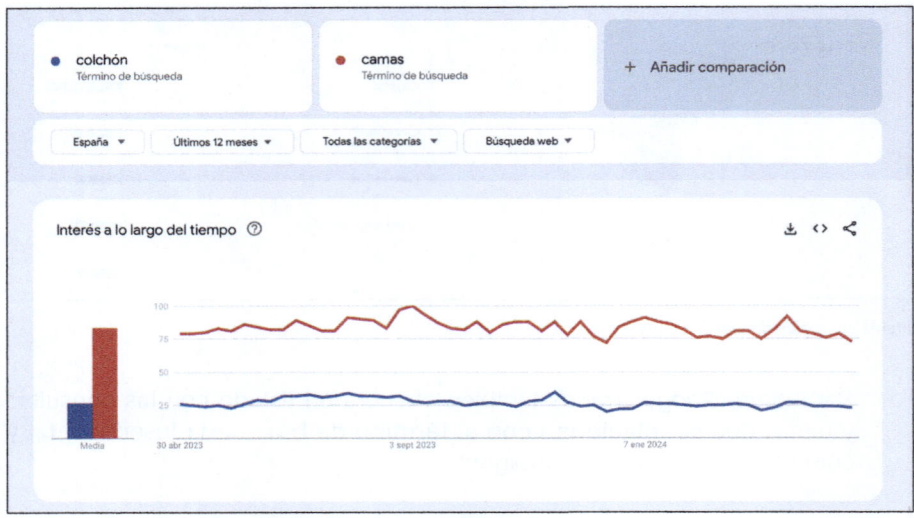

Comparación de palabras clave colchón y camas en Google Trends

 ACTIVIDAD COMPLEMENTARIA

9. Observa las siguientes palabras o frases clave y analiza los resultados producidos en su comprobación:

   - Programación web
   - Posicionamiento
   - *Google*

   En base a los resultados obtenidos, indica qué volumen hay de cada una, cuál es el número de resultados y la lista de coincidencias.

Otra herramienta con la que también puedes analizar las palabras o frases clave se encuentra en <https://es.semrush.com> y cuya página principal es:

Página principal de Semrush

Si en su caja de texto escribes **"tienda de mascotas",** obtendrás la siguiente información relevante (las imágenes pueden verse en material complementario ud2_11, ud2_12 y ud2_13):

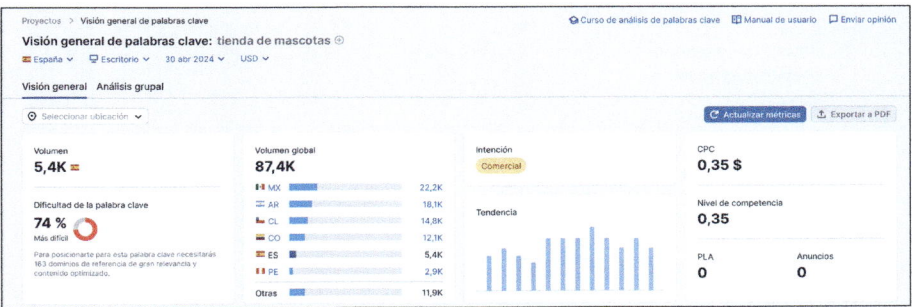

Resumen de la palabra clave

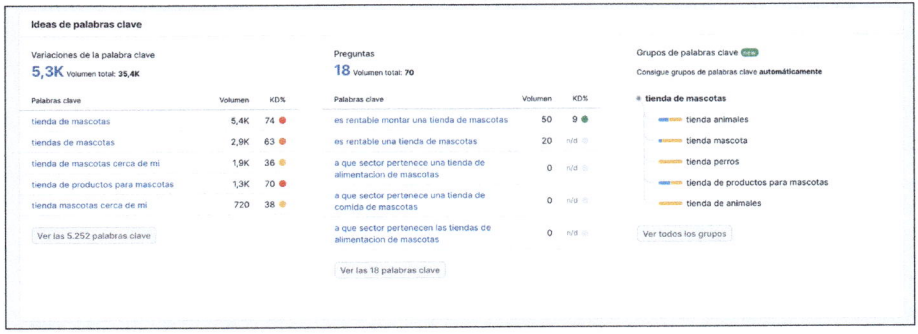

Ideas de palabras clave

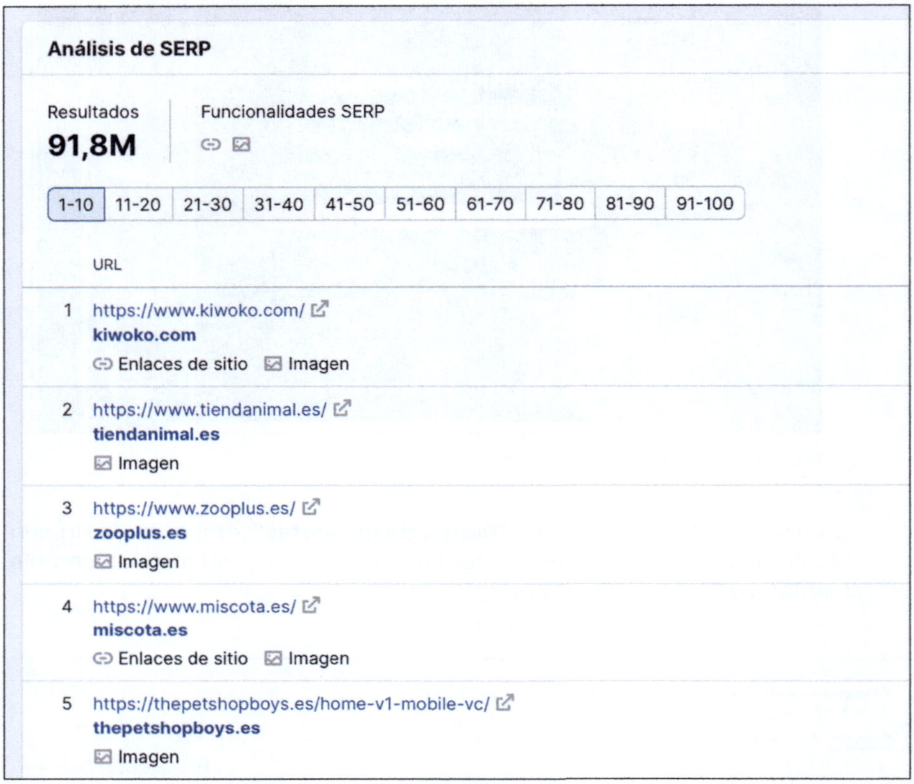

Análisis de SERP

Resultados | Funcionalidades SERP
91,8M | 🔗 🖼️

[1-10] 11-20 21-30 31-40 41-50 51-60 61-70 71-80 81-90 91-100

URL

1 https://www.kiwoko.com/ 🗗
kiwoko.com
🔗 Enlaces de sitio 🖼️ Imagen

2 https://www.tiendanimal.es/ 🗗
tiendanimal.es
🖼️ Imagen

3 https://www.zooplus.es/ 🗗
zooplus.es
🖼️ Imagen

4 https://www.miscota.es/ 🗗
miscota.es
🔗 Enlaces de sitio 🖼️ Imagen

5 https://thepetshopboys.es/home-v1-mobile-vc/ 🗗
thepetshopboys.es
🖼️ Imagen

Posición de las páginas según los resultados de búsqueda

 PARA SABER MÁS

Accede al siguiente enlace en el que podrás ver algunos consejos para la elección de palabras clave:

https://redirectoronline.com/adgd211po0201

Como ves, es posible analizar y obtener información sobre las palabras o frases clave.

Es fundamental **comprobar el rendimiento** de las palabras o frases clave seleccionadas para posicionar el desarrollo, dado que si las que se han escogido son poco usadas por los usuarios del buscador, entonces nunca podrán encontrar el sitio y, si ocurre justamente el extremo opuesto, que son muy usadas por los usuarios del buscador, el posicionarnos con ese conjunto de palabras clave será muy complicado.

 ACTIVIDAD COMPLEMENTARIA

4. Crea una lista de 5 palabras o frases clave mínimo, en torno a un desarrollo web basado en una tienda de electrodomésticos *online,* y otra lista con 5 palabras antónimas que haya escogido.

   Una vez creadas las listas, deberás comprobar mediante alguna herramienta el rendimiento de dichas palabras clave, así como de las palabras antónimas.

 TAREA 5

Mario ha llevado a cabo un desarrollo web para la compraventa de coches de segunda mano, además él mismo ha llevado a cabo una pequeña aproximación a un posicionamiento SEO para dicha web.

Para ello, Mario pensó en la siguiente lista de palabras clave:

- Coches segunda mano.
- Coches baratos segunda mano.

Pero tras varios meses consultando las herramientas para saber si recibe visitas o no, se da cuenta de que la mayoría de los usuarios *online* contactan desde fuera de España. ¿Qué actualizaciones debería realizar sobre su lista de palabras clave para poder recibir más visitas desde su zona geográfica (Madrid)?

Realiza las modificaciones necesarias en la lista de palabras clave de Mario para conseguir el objetivo deseado.

5. Factores "en la página". *On-Page*

En "SEO Consultores Madrid", una vez que lanzan un posicionamiento, lo primero que hacen es comprobar su rendimiento en los buscadores, dado que las cosas no funcionan bien siempre de primeras... ya les ocurrió con el posicionamiento de los grandes almacenes de Bilbao, pero no volverán a cometer ese error...

Así, si detectan que un posicionamiento web que han lanzado no obtiene el rendimiento necesario, procederán a modificar los factores en la página para intentar que el desarrollo o sitio web se posicione mucho mejor en el buscador.

Gracias a los factores "en la página" o más conocidos como *On-Page,* puedes **mejorar el posicionamiento** orgánico de tu desarrollo web mediante optimizaciones que puedes hacer en las páginas que componen al mismo. Por lo tanto, serás tú mismo el responsable de controlar el desarrollo para obtener una optimización correcta.

Mediante el uso de **SEO *On-Page*** puedes hacer que ***Google* indexe las páginas webs del desarrollo casi inmediatamente y puedes clasificarlas** a tu gusto. Es decir, el SEO *On-Page* facilita la tarea de *Google,* y conviene utilizarlo moderadamente; de lo contrario, si *Google* te clasifica como *spam* estás en un grave aprieto, dado que quitarse la etiqueta de *spam* frente a *Google* es un proceso complicado.

Dentro de los factores *On–Page* se pueden encontrar los siguientes:

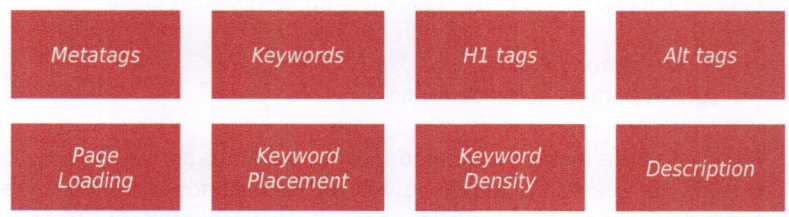

Así, el **SEO *On-Page*** se va a basar en el uso óptimo de:

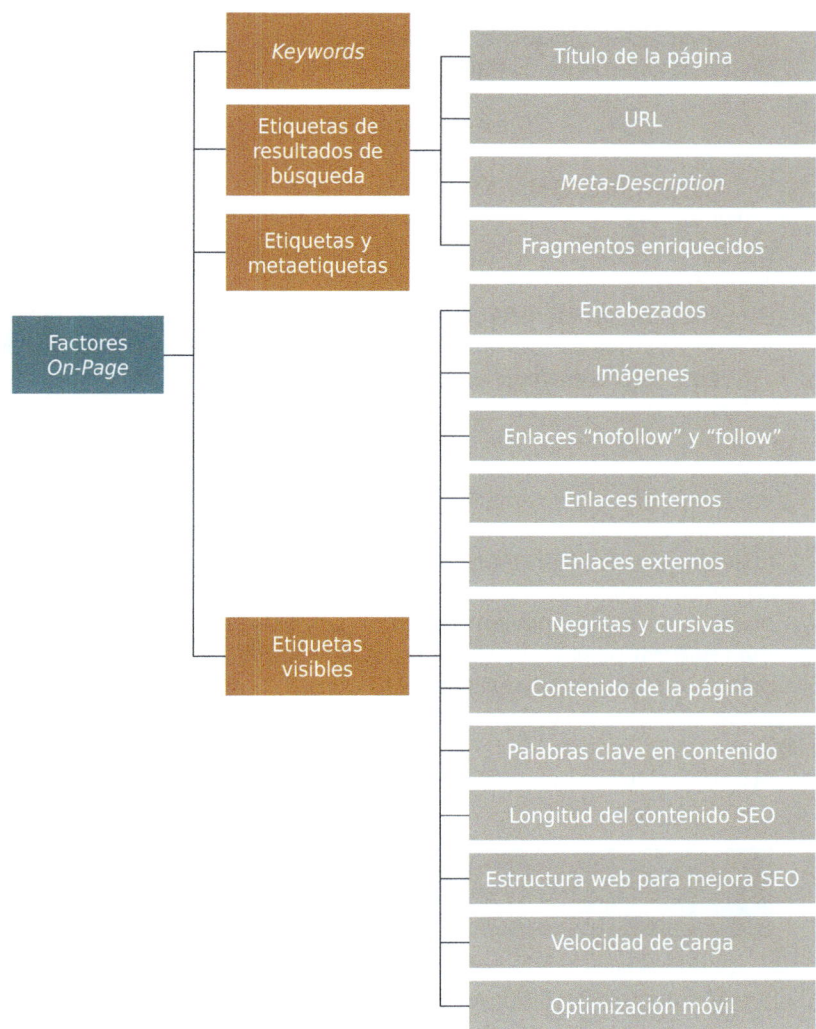

A continuación, se analizarán cada uno de estos factores.

5.1. *Keywords* (palabras clave)

Las palabras o frases clave son muy importantes, dado que son las que **se introducen en la caja de texto de los buscadores** por parte de los usuarios y estos responden con una lista de resultados de búsqueda posicionados mediante algún **algoritmo.** Mediante el uso de las palabras o frases clave se atraerá más o menos tráfico hacia el sitio web.

 **DEFINICIÓN**

Algoritmo
Es una secuencia ordenada de instrucciones que son ejecutadas en un ordenador para obtener una solución ante un problema informático. No se puede confundir algoritmo con lenguaje de programación.

Pero hay que hacer un uso moderado de las **palabras o frases clave;** además es muy recomendable que dichas palabras o frases clave aparezcan en los contenidos de las páginas (dado que con esta labor se facilita a los buscadores el conocimiento de la temática de la web). Su **uso debe ser lo más natural** posible, es decir, no es suficiente con hacer que aparezca la palabra o frase reservada; lo ideal es construir un texto en el que aparezcan y que además esté en concordancia con el desarrollo web.

Al trabajar con las palabras y frases clave debes tener en cuenta lo siguiente:

No saturar una página con las palabras o frases clave	Colocar palabras clave en los contenidos del desarrollo
- Si se hace durante poco tiempo, *Google* no se dará cuenta. Pero si se hace a largo plazo, el motor de búsqueda de *Google* (sus *bots)* estará continuamente analizando y rastreando la web, con lo cual es probable que note esa saturación y termine por aplicar penalizaciones. No hay que colocar las palabras o frases clave por todos los contenidos del desarrollo web, se puede adoptar otra solución.	- Hay que aprender a usar palabras equivalentes (sinónimos), que al fin y al cabo es como usar la palabra o frase clave pero sin usarla.

IMPORTANTE

No existe una fórmula ni ninguna regla para establecer el máximo o mínimo de palabras o frases clave a usar en un desarrollo web orientado a un buen posicionamiento.

5.2. Etiquetas

Una página web está construida a base de **etiquetas HTML,** las cuales al ser interpretadas mediante un navegador (como *Chrome, Mozilla Firefox* o *Microsoft Edge)* hacen que se vean las páginas webs como se ven al acceder a ellas.

El uso de etiquetas HTML permitirá obtener el diseño deseado, pero también configurar otros aspectos importantes para el posicionamiento.

DEFINICIÓN

Etiquetas HTML
HTML es un lenguaje de marcado que usa las etiquetas para componer las páginas HTML. Las etiquetas comienzan con el símbolo < y terminan con el símbolo >. Dependiendo de lo que queremos realizar en la página usaremos unas etiquetas u otras.

En la siguiente imagen se muestra la página web de iceditorial.com:

Página principal de iceditorial.com

Sin embargo, puedes ver el **código HTML** asociado a la página iceditorial. com, pulsando la tecla [**F12**] (tanto en *Chrome* como en *Firefox)* obtendrás el código HTML asociado a la página web (la imagen puede verse en material complementario ud2_16).

```
<!--[if lt IE 7]> <html class="no-js lt-ie9 lt-ie8 lt-ie7" lang="es-es"><![endif]-->
<!--[if IE 7]><html class="no-js lt-ie9 lt-ie8 ie7" lang="es-es"><![endif]-->
<!--[if IE 8]><html class="no-js lt-ie9 ie8" lang="es-es"><![endif]-->
<!--[if gt IE 8]><html class="no-js ie9" lang="es-es"><![endif]-->
<html lang="es-es">
    <head>

<script>(function(w,d,s,l,i){w[l]=w[l]||[];w[l].push({'gtm.start':
new Date().getTime(),event:'gtm.js'});var f=d.getElementsByTagName(s)[0],
j=d.createElement(s),dl=l!='dataLayer'?'&l='+l:'';j.async=true;j.src=
'https://www.googletagmanager.com/gtm.js?id='+i+dl;f.parentNode.insertBefore(j,f);
})(window,document,'script','dataLayer','GTM-5WBKPX0');</script>

        <meta charset="utf-8" />
        <title>IC Editorial - Cualificaciones y certificados de profesionalidad - IC Editorial</title>
        <meta name="description" content="IC Editorial - Librería online de compra de libros para la obtención de certificados de profesionalidad, formación profesional y especialidades formativas." />
        <meta name="keywords" content="certificado de profesionalidad, cualificacion profesional, libros certificados de profesionalidad, libros tecnicos, ic editorial, iceditorial, librería para certificado
profesionalidad, libros de formación, libros para formación profesional" />
        <meta name="generator" content="PrestaShop" />
        <meta name="robots" content="index,follow" />
        <meta name="viewport" content="width=device-width, minimum-scale=0.25, maximum-scale=1.6, initial-scale=1.0" />
        <meta name="apple-mobile-web-app-capable" content="yes" />
        <link rel="icon" type="image/vnd.microsoft.icon" href="/img/favicon-1.ico?1562650076" />
        <link rel="shortcut icon" type="image/x-icon" href="/img/favicon-1.ico?1562650076" />
        <link rel="stylesheet" href="/themes/iceditorial_1_6/css/global.css" type="text/css" media="all" />

        <link rel="stylesheet" href="/themes/iceditorial_1_6/css/autoload/highdpi.css" type="text/css" media="all" />

        <link rel="stylesheet" href="/themes/iceditorial_1_6/css/autoload/responsive-tables.css" type="text/css" media="all" />

        <link rel="stylesheet" href="/themes/iceditorial_1_6/css/autoload/uniform.default.css" type="text/css" media="all" />

        <link rel="stylesheet" href="/themes/iceditorial_1_6/css/product_list.css" type="text/css" media="all" />

        <link rel="stylesheet" href="/themes/iceditorial_1_6/css/modules/blockcart/blockcart.css" type="text/css" media="all" />

        <link rel="stylesheet" href="/js/jquery/plugins/bxslider/jquery.bxslider.css" type="text/css" media="all" />

        <link rel="stylesheet" href="/themes/iceditorial_1_6/css/modules/blockcurrencies/blockcurrencies.css" type="text/css" media="all" />

        <link rel="stylesheet" href="/modules/blockfacebook/css/blockfacebook.css" type="text/css" media="all" />

        <link rel="stylesheet" href="/themes/iceditorial_1_6/css/modules/blocklanguages/blocklanguages.css" type="text/css" media="all" />
```

Código HTML de iceditorial.com

En la imagen anterior se observa cómo la información se va estructurando en base a etiquetas de **código HTML.** La mayoría de buscadores utilizan algunas de las etiquetas del **código HTML** para calcular la relevancia que tiene la página a la hora de situarla en los resultados de búsqueda ofrecidos por el buscador.

Conociendo qué **etiquetas** son las que considera *Google* relevantes para la optimización del desarrollo web, puedes modificar el posicionamiento de tus páginas. A continuación, verás cada una de estas etiquetas.

PARA SABER MÁS

Accede al siguiente enlace para consultar las etiquetas disponibles en HTML:

https://redirectoronline.com/adgd211po0202

Etiquetas visibles en los resultados de búsqueda

Cuando un usuario realiza una **búsqueda** en un buscador, este contesta con una lista de resultados posicionados en base a una serie de factores. Si analiza esta lista de resultados puedes ver que se compone de ítems con la siguiente información:

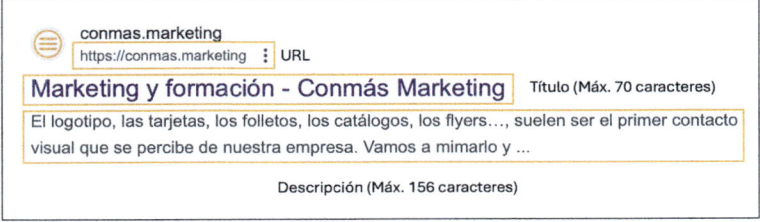

Etiquetas visibles de los resultados de búsqueda

Es fundamental tener claro estos conceptos, dado que son la forma en la que aparecemos en los resultados de búsqueda de cualquier buscador y, sobre todo, porque *Google* analiza dos de ellos para realizar el posicionamiento de la página en cuestión.

 **EJEMPLO**

Observa un ítem del resultado de búsqueda ofrecido por *Google* al introducir en el buscador "tienda de mascotas":

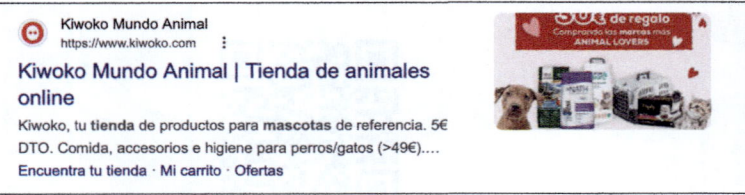

Búsqueda en Google de 'tienda de mascotas'

En este resultado se identifican los elementos vistos del siguiente modo:

- "Kiwoko Mundo Animal | Tienda de animales *online*" equivale al título.
- "https://www.kiwoko.com/" equivale a la dirección URL.
- "Kiwoko, tu tienda de productos para mascotas de referencia. 5€ DTO. Comida, accesorios e higiene para perros/gatos (>49€)". equivale a la Meta Descripción.

 ACTIVIDAD COMPLEMENTARIA

11. Realiza una búsqueda de la frase clave "tienda de disfraces" y analiza los resultados para un ítem en particular, con el fin de realizar una comparativa entre los resultados analizados e intentar determinar si han influido o no los elementos de dichos ítems en su posicionamiento y, en su caso, cómo lo han hecho.

Título de la página

El título de una página está encerrado entre las etiquetas **<title>** y **</title>** que se puede localizar a su vez dentro de las etiquetas **<head>** y **</head>** en el documento **HTML.** Por ejemplo, en el código de iceditorial se localiza a **<head>** en la siguiente imagen (puede verse en material complementario ud2_19):

Vista del <head> y <title> de iceditorial.com

En el caso de iceditorial.com su título se corresponde con "IC Editorial - Cualificaciones y certificados de profesionalidad - IC Editorial".

El título de una página web es uno de los factores más relevantes para una buena optimización SEO *On-Page.* Es gracias al título por lo que se puede **identificar la temática de la página web,** siendo este dato de total relevancia para *Google*.

Imagina que eres una editorial que vende libros por internet y para atraer clientes o tráfico a tu sitio web, en tu "index.html" principal en el título, incluyes **"libros gratis".** Estás cometiendo un error muy grave si lo miras desde dos puntos de vista distintos:

> **Punto de vista del usuario del buscador**
> - El usuario, obviamente atraído por el título de libros gratis, no tardará mucho tiempo en ver que no se ofrecen libros gratis y que son de venta, creando desconfianza hacia el desarrollo web y por lo tanto perjudicándolo a corto-largo plazo.

Continúa en página siguiente >>

<< Viene de página anterior

> **Punto de vista de *Google***
> - Durante un espacio de tiempo (no es posible definir cuánto, porque dependerá de los *bots* de *Google)* la web estará disponible, pero cuando *Google* proceda a su análisis se dará cuenta de que el título no se corresponde con el contenido de la página y lo más probable es que se sufra una penalización SEO, con todas sus consecuencias.

Algunas sugerencias a tener en cuenta a la hora de **elaborar los títulos** pueden ser:

- **Título único:** que sea único para cada página. No caer en el error de poner el mismo título en todas las páginas que componen el desarrollo o sitio web.
- **Palabra o frase clave relevante:** insertar la palabra clave con más relevancia del sitio web en el título (insistiendo siempre en la naturalidad).
- **Cuidado con las longitudes:** hay que tener en cuenta que cuando se realiza una búsqueda en *Google* hay títulos que aparecen con "(...)" en los resultados de búsqueda posicionados. Estéticamente no queda muy bien y esto se debe a que se han usado más de 65 caracteres para construir el título. Por lo tanto, si se quiere evitar que al título se le anexe "(...)" se debe intentar que su longitud no sea mayor a 65 caracteres.

 CONSEJO

Crea títulos divertidos y atractivos, dentro de las limitaciones que impone *Google*.

- -

Dirección URL

La dirección URL de un sitio web, aunque a priori no parezca importante, es de vital importancia para obtener datos. Por ejemplo, imagina que tu desarrollo o sitio web es un restaurante de comida italiana en el cual se pueden hacer pedidos *online* de diversas comidas italianas y cuyo nombre es **"La mamma mia"**.

IMPORTANTE

Si haces una búsqueda por internet sobre "La mamma mia restaurante italiano" y obtienes una dirección URL del tipo "undominio.com/promo-765", lo más normal es que no accedas a ella porque no hay correspondencia lógica entre la dirección URL y el título. *Google* también analiza estas concordancias.

Tal y como puedes ver a continuación en la imagen, se observa una **correspondencia entre el título y la URL** del sitio web <iceditorial.com>.

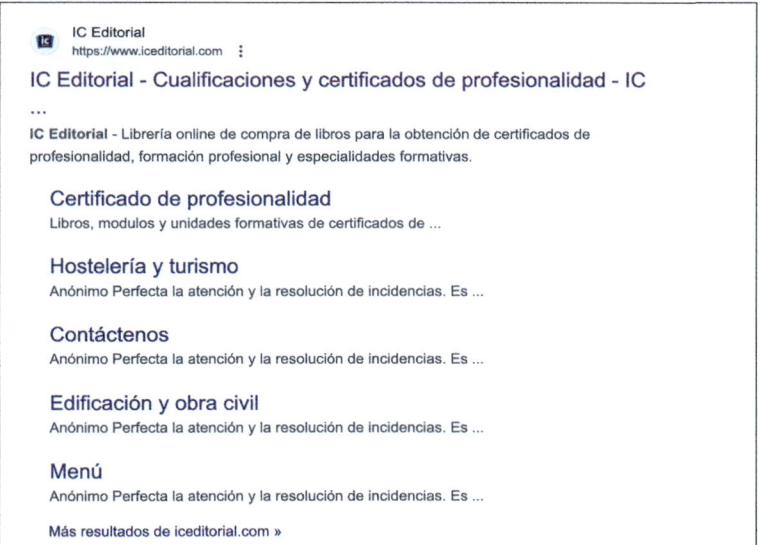

Resultado de búsqueda de iceditorial en Google

Debes seguir una serie de **pautas a la hora de trabajar con las URL** de tu sitio web:

1. Debe haber concordancia lógica entre la URL de la página y el contenido de la misma.
2. Puedes incluir una palabra clave principal (recuerda no saturar de palabras clave).
3. Evitar usar números en las direcciones URL (dentro de las posibilidades).
4. Evitar el uso de caracteres especiales (acentuados, ñ, ç...).
5. Evitar el uso de parámetros en las direcciones URL.

6. La extensión del archivo del URL no es necesario incluirla dado que no afecta en absoluto al posicionamiento.
7. No dejar espacios en blanco, usar en su lugar "-" o "_" (de cara a *Google* le es indiferente uno u otro).

Meta-Descripción

La etiqueta **<meta name="description" .../>** muestra un **resumen sobre el sitio web** de cara a los usuarios en los resultados de búsqueda posicionados. En el caso de iceditorial se puede localizar en su página principal la siguiente Meta-Descripción:

```
▼ <title>
   IC Editorial – Cualificaciones y certificados de profesionalidad – IC Editorial
  </title>
  <meta name="description" content="IC Editorial – Librería online de compra de libros
  para la o…onalidad, formación profesional y especialidades formativas.">
  <meta name="keywords" content="certificado de profesionalidad, cualificacion
  profesional,li…alidad,libros de formación,libros para formación profesional">
```

Vista de la Meta-Description de iceditorial.com (la imagen se puede ver en material complementario ud2_21).

Por tanto, a la hora de escoger una **Meta-Descripción** para tu sitio web debes hacerla pensando en el usuario que te visite, hacerla atractiva para ganar su clic y, por tanto, su visita al sitio web. *Google* no suele tener muy en cuenta las etiquetas **Meta-Descripción** para su posicionamiento en buscadores.

Algunos consejos a la hora de elaborar estas etiquetas son:

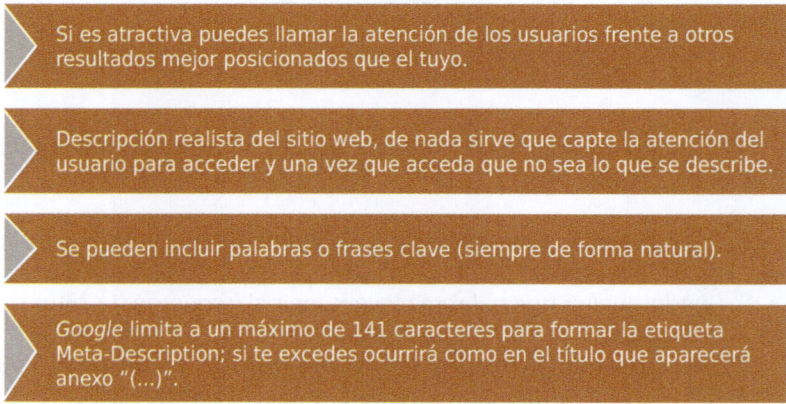

Si es atractiva puedes llamar la atención de los usuarios frente a otros resultados mejor posicionados que el tuyo.

Descripción realista del sitio web, de nada sirve que capte la atención del usuario para acceder y una vez que acceda que no sea lo que se describe.

Se pueden incluir palabras o frases clave (siempre de forma natural).

Google limita a un máximo de 141 caracteres para formar la etiqueta Meta-Description; si te excedes ocurrirá como en el título que aparecerá anexo "(...)".

Continúa en página siguiente >>

<< Viene de página anterior

Intentar usar una meta-description distinta para cada página que compone el sitio web.

SABÍAS QUE...

Algunas veces *Google* no muestra en los resultados de búsqueda posicionados la etiqueta Meta-Description y muestra parte del texto que hay contenido en la página. Cuando esto suceda, lo más recomendable es cambiarla por la que *Google* ha arrojado en los resultados de búsqueda y forzar el indexado de la misma.

Rich Snippets (fragmentos enriquecidos)

Los fragmentos enriquecidos no dejan de ser un ítem más en la lista de resultados de búsqueda posicionados de un buscador, pero **incluyen unos elementos nuevos** respecto del resto que suelen ser:

Imagen
- En concordancia con el resto de elementos (título, *Meta-Description* y URL).

Valoración o puntuación
- Normalmente informa sobre valoraciones realizadas por los usuarios de internet. Ofrece una puntuación de 1 a 5, indica la cantidad de votos emitidos y cuándo se realizó el último voto.

Puedes observarlos en la siguiente imagen:

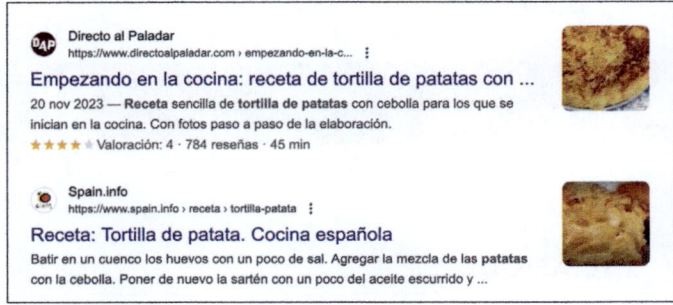

Resultado de búsqueda con fragmento enriquecido

Puedes encontrarte con **fragmentos enriquecidos** en base a:

| Personas | Opiniones | Productos | Recetas | Eventos |

| Empresas y organizaciones | Negocios locales | Música | Vídeo | Apps |

Crear un fragmento enriquecido es muy fácil y sirve para destacarse en las búsquedas. Utilizando la herramienta *JSON-LD Schema Generator* es muy simple generar el código y copiarlo en tus documentos **HTML** para su uso por parte de *Google*.

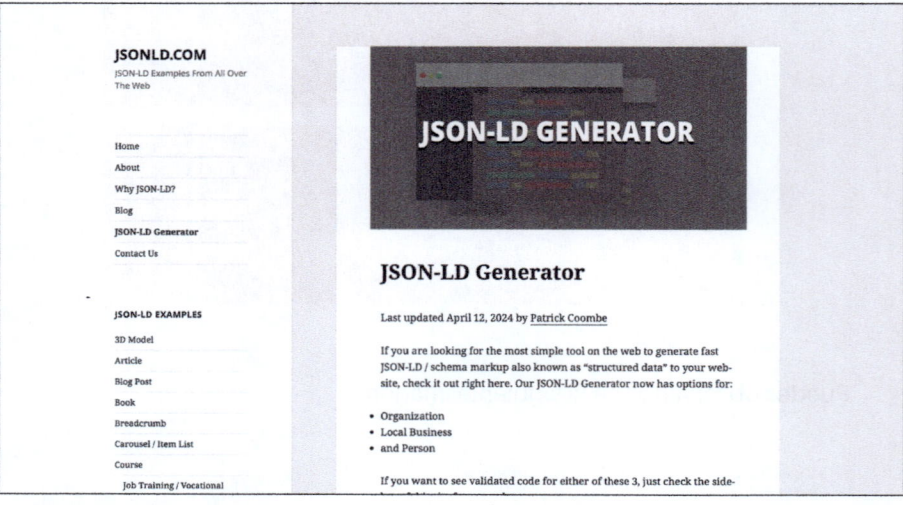

JSON-LD Schema Generator

Además *Google* tiene disponible una página para poder comprobarlos desde la misma web o bien el código generado anteriormente: <https://developers.google.com/search/docs/appearance/structured-data>.

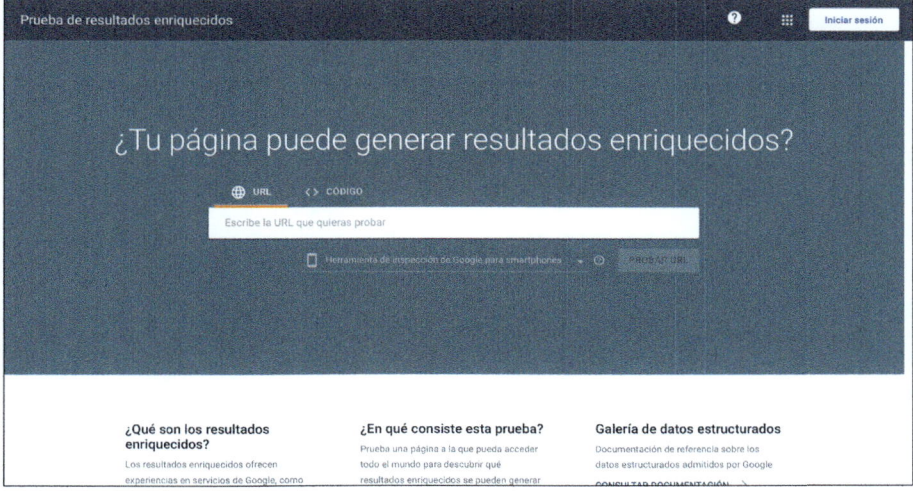

Prueba para un fragmento enriquecido de Google

 ACTIVIDAD COMPLEMENTARIA

12. Con ayuda de *JSON-LD Schema Generator* crea un fragmento personalizado para crear un fragmento enriquecido sobre una persona para posteriormente comprobarlo a través de la web que *Google* pone a nuestra disposición. Indica las ventajas que ofrecen estos fragmentos, con el fin de determinar la utilidad de incluir este tipo de información.

A la hora de **posicionarse con fragmentos enriquecidos** de por medio, debes tener en cuenta los siguientes aspectos:

- ● **Legalidad:** hay que ser legales con *Google* y no marcar contenidos que no son lo que se dice. Esta práctica a corto plazo trae visitantes, pero conllevará penalización por parte de *Google* a largo plazo.
- ● **Visibilidad:** el fragmento enriquecido por obligación tiene que estar visible para los usuarios de las búsquedas (si no se hace así es muy probable que *Google* clasifique la página como *spam).*

⊃ **Datos estructurados:** usar la herramienta de *Google* de datos estructurados para asegurarse de que los códigos que se usan no contienen ningún tipo de error o advertencia.

⊃ **Revisiones:** revisar asiduamente *Google Search Console* para ver las estadísticas con los datos estructurados.

A continuación, verás mediante una imagen un **ejemplo de datos estructurados** utilizando la herramienta de prueba de datos enriquecidos de *Google:*

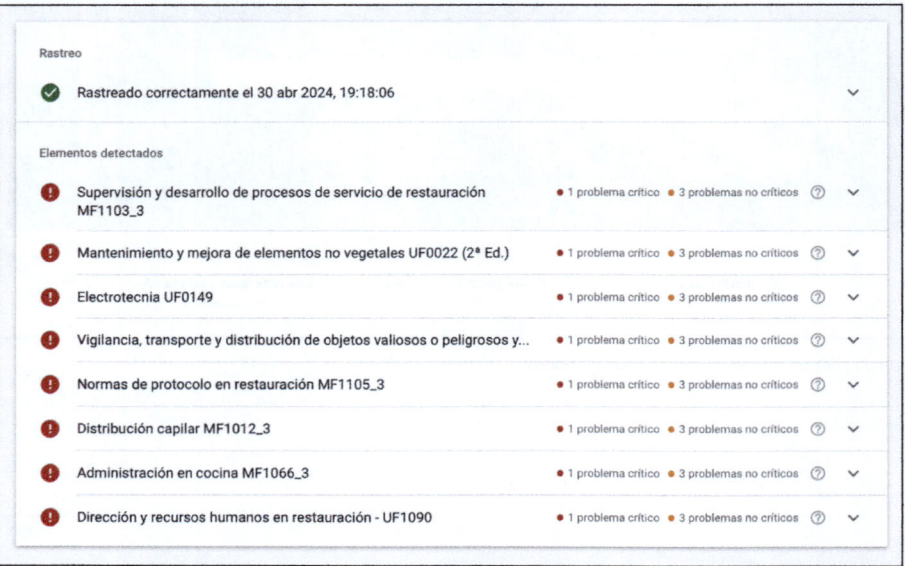

Resultado de la prueba realizada sobre la página de iceditorial analizando los datos estructurados usando la herramienta de prueba de Google

Como has visto, las etiquetas de *Google* para los resultados de la búsqueda (título, descripción, URL) son las mismas para todos, siempre que se trate en un entorno orgánico (de no pago).

En el caso de que se trate de SEM *(Search Engine Marketing)* habrá otras opciones para hacerse más visibles sobre los resultados orgánicos, **incluyendo en la etiqueta Meta-Description palabras clave de forma natural.** Si la lista de palabras clave es correcta, posicionará de forma más rápida si incluye dichas palabras clave en las etiquetas correspondientes HTML, como el title, meta description..., así como en el contenido que genere para la página web en cuestión.

Meta Keywords

Estas etiquetas han sido consideradas por el posicionamiento SEO como muy relevantes, pero actualmente **no afectan a la hora de realizar un posicionamiento SEO.** Se incluyen dentro de este apartado fundamentalmente porque se pueden ver en la parte del <**head**>.

IMPORTANTE

Observa la sintaxis para utilizar esta etiqueta HTML:

```
<meta name="keywords" content="keyword1,
      keyword2, keyword3..."/>
```

Observando el código anterior se ve cómo en el atributo **"content"** se incluyen las palabras o frases clave que se van a utilizar para la página en concreto que contiene la **etiqueta meta-Keywords.** Aunque es considerada a la hora de posicionamiento SEO, no es una de las fundamentales a tener en cuenta por los buscadores.

Un **atributo** sirve para poder definir el comportamiento o la forma de presentar el texto asociado a la etiqueta HTML en la que se coloca. El atributo **"content"** sirve para indicar el valor de la información que está asociado al atributo name (indica el tipo de información) dentro de las etiquetas "meta" (utilizadas para añadir información sobre la página) en el HTML.

Los buscadores acceden a la información contenida sobre la página en las etiquetas <**meta**>, para localizar coincidencias con las búsquedas que realizan los usuarios.

Siempre que se genera la lista de palabras lo siguiente que hay que hacer es estudiar la relevancia de esas palabras clave, para ver su rendimiento en el buscador.

Si una palabra por ejemplo tiene un rendimiento del 99,9 % está claro que irá por delante de una que tenga un 55,6 %, más que nada porque la primera posiciona mucho mejor que la segunda. Por lo tanto, deberá tenerse esto en cuenta para incluirlas, en el orden correcto, dentro de "content".

ACTIVIDAD COMPLEMENTARIA

13. Desarrolla una lista con cinco sinónimos de la palabra clave "pelota" y crea una etiqueta *meta-Keywords.*
14. Localiza la etiqueta *meta-keywords* de tres direcciones web de tu elección y mira tu lista de palabras o frases clave.

Etiquetas visibles en el contenido de la página

Cualquier buscador, independientemente del que uses, va a **rastrear no solo las páginas, sino el contenido de las mismas** buscando cierta información para poder trabajar con ella y, en base a eso, posicionarte en sus resultados de búsqueda. Dentro de esas **etiquetas** se van a analizar las siguientes:

- ◑ Encabezados
- ◑ Imágenes
- ◑ Enlaces "follow" y "nofollow"
- ◑ Enlaces internos
- ◑ Enlaces externos
- ◑ Negritas y cursivas
- ◑ Contenido de la página
- ◑ Palabras en contenido
- ◑ Longitud SEO
- ◑ Estructura web
- ◑ Velocidad de carga
- ◑ Optimización móvil

Encabezado de 1° nivel (h1)

Las etiquetas que trabajan con los **encabezados son muy importantes para los buscadores,** ya que a través de ellas informa a los usuarios de su buscador y a los visitantes del sitio del contenido de las páginas y de la temática de las mismas. Gracias a los encabezados se va a poder dar una estructura a la información.

NOTA

Todos los navegadores soportan encabezados de 6 niveles (h1, h2, h3, h4, h5 y h6) aunque lo más normal a la hora de trabajar es usar los tres o cuatro primeros (los correspondientes a h1, h2, h3 y h4).

De todos los encabezados que existen, *Google* lo tiene clasificado como el más importante y recomienda que sea único para cada página (es decir, que no esté duplicado). Recordar que el título también debía ser único en cada página y se recomienda que no esté duplicado, pero **no se debe confundir encabezado con título.**

IMPORTANTE

Observa la sintaxis del encabezado <h1>:

```
<h1> Esto es un encabezado de primer nivel </h1>
```

Normalmente se usará el encabezado de primer nivel (h1) para desarrollar un poco más el contenido del título. Aunque en internet puedes localizar muchos sitios en los que el **título y el encabezado de primer nivel son exactamente iguales,** lo mejor es que sean parecidos y no exactos, dado que *Google* puede calificar esto como una **sobreoptimización no natural** y penalizarnos por ello. Un **ejemplo de un h1 y un título** puede ser el siguiente:

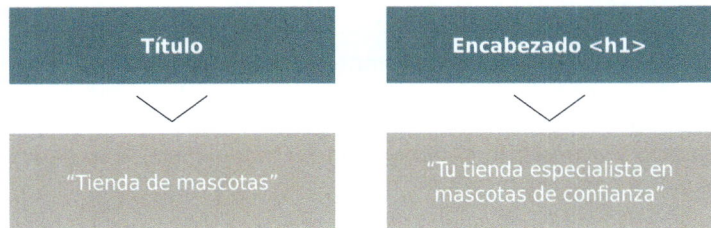

Algunos **consejos a tener en cuenta** al usar los encabezados de primer nivel (h1) son los siguientes:

> Intentar resumir en el encabezado h1 el contenido de la página (de la forma más natural posible).

> A la hora de situarlo en el código HTML de la página en la que va incrustado debe estar lo más arriba del todo posible y antes del comienzo del contenido de la página (para facilitar su vista a los usuarios y a los buscadores cuando lo rastreen).

> Evitar en la medida de lo posible que sea exactamente el contenido del título, puede contener el título pero no exacto (y con naturalidad).

> Es ideal para incluir palabras o frases clave secundarias (de forma natural).

> Un solo encabezado de primer nivel (h1) por página.

 **RECUERDA**

De entre todos los encabezados disponibles en código HTML, el más importante para *Google* a la hora de posicionar es "<h1>".

Encabezados secundarios (h2, h3, h4, h5 y h6)

Aunque **no influyen directamente en el posicionamiento** de los resultados de búsqueda de un buscador, sí es verdad que ayudan mucho a **estructurar contenidos,** derivándose de esto una **mejor experiencia para el usuario** y ayuda a la comprensión de la temática de la página donde se usan por parte del buscador.

A la hora de usarlos debes tener en cuenta lo siguiente:

Utilizarlos para dividir el contenido de una página en secciones

No es bueno incluir palabras o frases clave, a menos que no se pueda evitar su uso (recordar que los encabezados secundarios no son usados para el posicionamiento).

Su uso tiene que estar justificado.

Imágenes

Al igual que el texto que se encuentra en los contenidos de las páginas, las imágenes también **son analizadas por los buscadores** y se tienen en cuenta a la hora de realizar el posicionamiento de la página que incluye la imagen. Aparte es bueno usar las imágenes en las páginas webs por dos motivos fundamentales:

- ⮩ Ayudan a descansar la vista de los usuarios
- ⮩ Captan la atención del usuario de forma rápida

Lo más recomendable al insertar una imagen es **elegir para cada archivo de imagen un nombre descriptivo** y adecuado para la página donde va a ser insertado (como siempre, con la mayor naturalidad posible).

 **IMPORTANTE**

Observa la sintaxis para utilizar esta etiqueta HTML:

```
<img src="//midominio.com/img/nombre_del_archivo.jpg"
          alt="Descripción de la imagen"/>.
```

Del código anterior de la imagen, observa el nombre del archivo (**"src"**) y la descripción (**"alt"**).

Aunque el nombre de los archivos de la imagen no se ve en el navegador, *Google* llega a leerlos y los utiliza junto con la descripción de los mismos ("alt"), para ver si tienen relación con el contenido de la página.

Algunas **consideraciones** a tener en cuenta con el uso de imágenes son las siguientes:

1. Puedes incluir palabras o frases clave en el nombre del archivo.
2. El nombre del archivo de la imagen debe estar en sintonía con la página que lo va a contener.
3. Has de asegurar que *Google* puede tener acceso a las imágenes.
4. Optimizar el tamaño (a mayor tamaño mayor tiempo para cargar la página y esto puede afectar a la calificación o posicionamiento SEO y, sobre todo, malhumorar a los usuarios).
5. Generar un SITEMAP único y exclusivo para las imágenes del desarrollo web.
6. Dado que *Google* analiza el texto que hay alrededor de la imagen (bien arriba, bien abajo o bien a los lados) es recomendable introducir en este texto palabras o frases clave que puedan ser enlazadas con la imagen.

 CONSEJO

Para reducir el peso de las imágenes que se utilizan en un desarrollo web, puedes usar alguno de los siguientes programas: *TinyJPG o Compressor.io.*

Enlaces "nofollow" y "follow"

Las palabras "nofollow" y "follow" son **atributos que se pueden encontrar dentro de un enlace** (interno o externo). Si no expresamos nada en este atributo, los buscadores toman **por defecto "follow"**.

Cuando das a este atributo el valor de **"follow",** lo que estás indicando es que **este enlace tiene que ser rastreado e indexado** (en el caso de que sea necesario) por los motores de búsqueda de los buscadores.

En el caso contrario, si **no se rastrea ni se indexa,** es cuando se usa el valor "nofollow" en el atributo.

IMPORTANTE

Observa la sintaxis para utilizar este atributo en las etiquetas HTML:

```
<a href="https://www.miweb.com" target="_blank" nofollow>
                    Mi web </a>
```

Normalmente se usará el valor del atributo "nofollow" en las siguientes situaciones o escenarios:

Uso 1
- Cuando no queramos transmitir autoridad o relevancia a la página a la que enlazamos (por los motivos que fuere).

Uso 2
- Para que *Google* o cualquier otro buscador no indexe la página que contiene el enlace.

Uso 3
- Para indicar que es un enlace de afiliación (cumpliendo así con lo indicado en las directrices de *webmaster* desarrolladas por *Google).*

DEFINICIÓN

Enlace de afiliación
Se corresponde con una URL única cuyo principal objetivo es redirigir el tráfico web (visitantes) desde nuestra web a otras webs comerciales.

Enlaces internos

Los enlaces internos son aquellos que **apuntan directamente a páginas que se encuentran dentro del propio desarrollo o sitio** web. Este tipo de enlaces influye directamente en el posicionamiento de las páginas en los resultados de búsqueda.

IMPORTANTE

Observa la sintaxis para utilizar esta etiqueta HTML:

```
<a href="https://midominio.com/otrapaginaweb/" title="Un
enlace a otra página de nuestra web"> Visita nuestra pági-
na de contenidos novedosos</a>
```

Además, como puedes establecerlos tú mismo desde el **código HTML** de la página, podrás **"jugar"** con ellos para obtener un mayor posicionamiento.

Los enlaces ayudan en el posicionamiento, aportando dos **ventajas:**

Transfieren autoridad de unas páginas a otras dentro del desarrollo	Refuerzan la relevancia de la temática que contienen

Si en tu desarrollo dispones de una página que destaca del resto por tener una gran autoridad (porque ha sido enlazada en otras páginas o bien mencionada) es la que deberás usar para apuntar a otras páginas internas y mejorar su posicionamiento.

Cuando *Google* visita una página, **lee su contenido,** lo **indexa** (en caso necesario) y a continuación comienza con el **seguimiento de los enlaces** que apuntan hacia otras páginas (en el caso de que los hubiera).

A la hora de trabajar con los **enlaces internos** debes seguir estas indicaciones:

> Enlazar las páginas webs del desarrollo mediante palabras o frases clave

Continúa en página siguiente >>

<< Viene de página anterior

> Enlazar a las páginas que te interese mejorar su posicionamiento

> Si usas menús, debes tener en cuenta que el menú principal debe tener acceso a todas las páginas que conforman el desarrollo

> Asimismo, si nos basamos en menús, todas las páginas deben incluir al menú principal para poder acceder a él rápidamente

---

Enlaces externos

Los enlaces externos son aquellos enlaces que **apuntan a otras páginas** que no están dentro del desarrollo o sitio web.

IMPORTANTE

Observa la sintaxis para utilizar esta etiqueta HTML:

```
<a href="https://www.google.es" title="Página de Google">
                    Acceso a Google</a>
```

Puedes incluir los enlaces externos que quieras y gracias a ellos vas a obtener una serie de **beneficios** como son:

- ➲ Dar valor añadido a los usuarios, podemos redireccionarlos a un sitio u otro para complementar nuestro desarrollo (creando así confianza con los usuarios).
- ➲ Dar mayor significado a la temática y autoridad sobre el tema que contiene la página, dado que los enlaces irán en consecuencia con el contenido.
- ➲ Demostrar ante *Google* que son personas físicas las que manejan el desarrollo y no robots o *bots*.

Negritas y cursivas

Se corresponde con el **formateado del texto,** siendo las opciones más destacadas del mismo la negrita (<strong>) y la cursiva (<em>).

IMPORTANTE

Observa la sintaxis para utilizar negrita en HTML:

```
<strong> Este texto va íntegro en negrita. </strong>
```

Y la sintaxis para utilizar cursiva en HTML:

```
<em> Este texto va íntegro en cursiva. </em>
```

Google no rastrea la página web en busca de negritas o cursivas para favorecer o empeorar el posicionamiento de una página, es más, **no se va a obtener posicionamiento** ninguno se usen o no negritas y/o cursivas.

Donde sí pueden jugar un papel relevante para el posicionamiento es en el siguiente escenario: gracias al uso de negritas y cursivas se **puede captar la atención de los usuarios** del sitio web y usar esto para **resaltar contenido o palabras/frases clave;** de esta forma los usuarios asimilan mejor los contenidos a compartir, con lo cual afectaría directamente al posicionamiento.

ACTIVIDAD COMPLEMENTARIA

15. Reflexiona sobre las opciones de formateado del texto y determina qué otras posibilidades existen, además de la negrita y cursiva, y su utilidad para el posicionamiento.

Contenido de la página

Hay que anotar que el **contenido de calidad** que se genera para una determinada página web, por sí solo, por mucha calidad que tenga no va a posicionar la página en los primeros ítems del listado del buscador. Que influye, siendo casi uno de los elementos clave para el posicionamiento de la página es totalmente correcto, pero **por sí solo no posiciona.**

 **IMPORTANTE**

No vale de nada un contenido de calidad 10, cuando el resto de elementos a usar para un buen posicionamiento no están configurados como es debido.

Siempre que se habla de contenido hay que tener presente que este será el que sea **consumido por los usuarios o visitantes,** mientras mejor impresión tengan del mismo mayor compartición harán y por lo tanto mejor posicionamiento a largo plazo se conseguirá.

Mayor calidad del contenido	Mayor compartición	Mejor posicionamiento

Los **motores de búsqueda** del buscador analizan el contenido de las páginas webs para poder hacerse una idea de la **conexión que hay entre todos los elementos.**

Aparte, al contenido se le puede **dotar de palabras o frases clave,** las cuales se han tomado previamente en un **análisis previo,** insertándolas de la forma más natural posible (dado que si es forzado y no va acorde al contenido podemos sufrir penalizaciones SEO).

Todos los elementos de una página web deben ir acordes a la temática de la que trata esta.

Cuando se diseña una página web, muchas veces se cae en el **error de copiar el contenido de otra página,** al pensar que los usuarios o visitantes no se darán cuenta...; pero se comete un error muy grave, a largo plazo el buscador *Google* se dará cuenta de que hay contenido copiado, revisará cuál fue indexado primero y penalizará al que realizó la copia, con lo cual se sufrirá una **penalización por SEO.**

IMPORTANTE

El contenido generado ha de ser siempre de calidad y ser todo lo natural posible.

Densidad de keywords

Hay autores que al hablar de posicionamiento SEO recomiendan que nuestras palabras o frases clave o secundarias tienen que aparecer "X" veces en el texto o en enlaces... también que el porcentaje de las palabras o frases clave tiene que ser X % respecto del 100 % de la página... Hace años sí eran aplicables estas técnicas a la hora de controlar una densidad de palabras clave; hoy en día **no hay una regla o fórmula para saber la cantidad de palabras** a insertar.

👁 EJEMPLO

Si nos premian al Nobel (da igual qué categoría) y debemos pronunciar un discurso, es de suponer que nos lo preparamos antes y será un discurso educado, natural, rico y variado para intentar contentar al público que lo escuche. Y sin embargo, quizás ni nombremos el trabajo por el que hemos sido premiados...

El ejemplo anterior sirve para que a la hora de crear contenido sea como ese: **contenido educado, natural, rico** y **variado.** Y una vez creado ese contenido se intentará jugar para insertar las palabras o frases clave, sin tener en cuenta en absoluto la densidad de estas palabras o frases clave.

Palabras clave en el contenido

Una vez creado el contenido, se puede modificar intentando que con toda naturalidad aparezcan las **palabras o frases clave del desarrollo.** Pero puedes ir más allá, además de usar las palabras o frases clave puedes **utilizar sinónimos** de las mismas.

¿Por qué usar sinónimos si Google posiciona en base a palabras o frases clave?

Google, además de **posicionar en base a palabras o frases clave, también lo hace en base a los sinónimos** de estas. Por esta razón es bueno siempre, además de incluir las palabras clave, relacionarlas con los sinónimos más probables de las mismas.

Si optimizas correctamente el contenido de una página en base a palabras o frases clave y sinónimos, de cara a un medio-largo plazo, *Google* te recompensará en el posicionamiento (dado que en cierto modo facilita la comprensión de la página para *Google),* pero si usas sinónimos a lo loco, lo más probable es que *Google* no sea capaz de comprender la página y penalice el posicionamiento.

Para un mejor posicionamiento, se pueden utilizar palabras clave y sinónimos, pero hay que hacerlo con cuidado y de forma natural o pueden tener un efecto no deseado

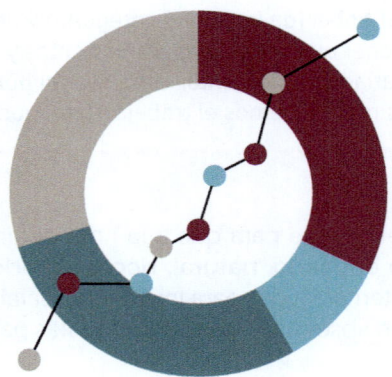

Longitud del contenido SEO

Es de total lógica que un **contenido denso va a posicionar mejor que un contenido breve,** ya que en un contenido breve se va a poder jugar poco con las palabras o frases clave y sus sinónimos.

Pero esta regla **no siempre se cumple:** imagina que tienes un contenido muy denso el cual no tiene relación con tu sitio web; dado que el contenido es visitado por los usuarios, *Google* terminará viendo que los usuarios no visitan ese contenido y bajará su posicionamiento.

 **RECUERDA**

Las malas prácticas en cuanto a SEO pueden aumentar las visitas al principio, pero a la larga los usuarios acabarán descontentos y *Google* se dará cuenta, aplicando penalizaciones.

- -

Algunos consejos para trabajar la longitud del contenido en SEO son los siguientes:

Escoger una palabra o frase clave para cada página del desarrollo y en torno a ella desarrollar los contenidos para que encaje todo de forma natural.

El contenido debe ser único, se conseguirá el posicionamiento de forma más rápida frente a un contenido que es demasiado visto en internet.

Hay que incluir como mínimo una imagen bien optimizada y descrita correctamente (recuerda el uso de etiquetas como "Alt" y "Title").

SABÍAS QUE...

En ciertas ocasiones es totalmente correcto incluir algún vídeo que haya ubicado en nuestro dominio del desarrollo: *Google* está encantado con el contenido multimedia, pero como todo, en su justa medida.

TAREA 6

Lucía ha llevado a cabo un desarrollo web consistente en una página principal en la que se pueden ver imágenes de cachorros junto a un botón para reservar dicho cachorro en la perrera.

Ante la falta de usuarios físicos deciden realizar una campaña de posicionamiento en los buscadores para atraer clientes *online* y poder dar salida a la cantidad de mascotas que hay en las instalaciones. ¿Cómo deberá actuar Lucía para posicionar correctamente?

En base a esto, identifica los factores *On-Page* que influirán en el posicionamiento y construir las etiquetas HTML de la página principal para posicionar correctamente, además establezca los atributos correspondientes para definir las etiquetas. Para ello, puedes elaborar una lista de palabras clave (dos elementos) a partir de las cuales crear las etiquetas HTML.

Estructura del desarrollo o sitio web

Una buena **estructura** del desarrollo o sitio web va a influir directamente sobre los siguientes **factores:**

● De cara al buscador (posicionamiento).
● Usuarios del desarrollo.

 **RECUERDA**

Se pueden desarrollar diferentes tipos de estructuras: lineal, silo, *scroll* infinito, por categorías.

Lo mejor a la hora de plantear un desarrollo web es optar por una **estructura en forma de silo** (es la más usada, explotada y con mayor nivel de eficacia SEO).

Para ello, esta estructura organiza los contenidos en diferentes secciones o categorías bien definidas, en las cuales se desarrolla el contenido de forma independiente al resto. Además **los buscadores analizan mejor este tipo de desarrollos** basados en esta estructura.

Estructura en silo de un desarrollo web

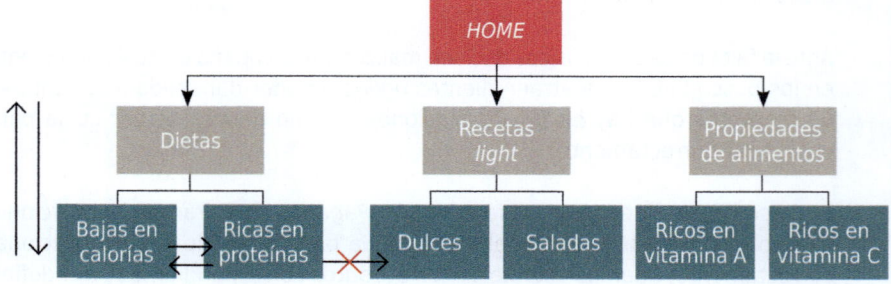

Algunas consideraciones respecto de la estructura del desarrollo o sitio web son:

La sencillez es la clave principal junto con la conexión de la estructura del sitio *(Google* accederá más rápido y también indexará de forma más rápida y fácil).

Si usas la estructura de silo puedes profundizar en ella tanto como quieras o necesites.

Intentar no abusar de usar la mayor cantidad de palabras o frases clave ni en contenido ni en URL (en este último caso pueden penalizar por *spam).*

Velocidad de carga

La rapidez con la que las páginas de un desarrollo son abiertas por el navegador se convierte en un **factor clave muy importante** a tener en cuenta por los siguientes motivos:

Lentitud	Paciencia
- Una página que sea cargada por el navegador de manera demasiado lenta puede ser que baje posicionamiento en los resultados de búsqueda *(Google* cuida mucho la eficiencia de cara a los usuarios).	- La paciencia esperando algo que no termina de cargar es cada vez menor; si se puede hacer lo mismo de forma más rápida siempre se optará por esta opción.

Velar por el tiempo de carga de las páginas es primordial, dado que si se exceden en el mismo, el buscador dará sus **primeros ítems de resultados de búsqueda a las páginas que carguen más rápidamente.**

En internet hay miles de herramientas para poder medir las métricas (tiempos de carga), entre ellas se encuentra **GTMetrix,** cuya web principal es <https://gtmetrix.com/>.

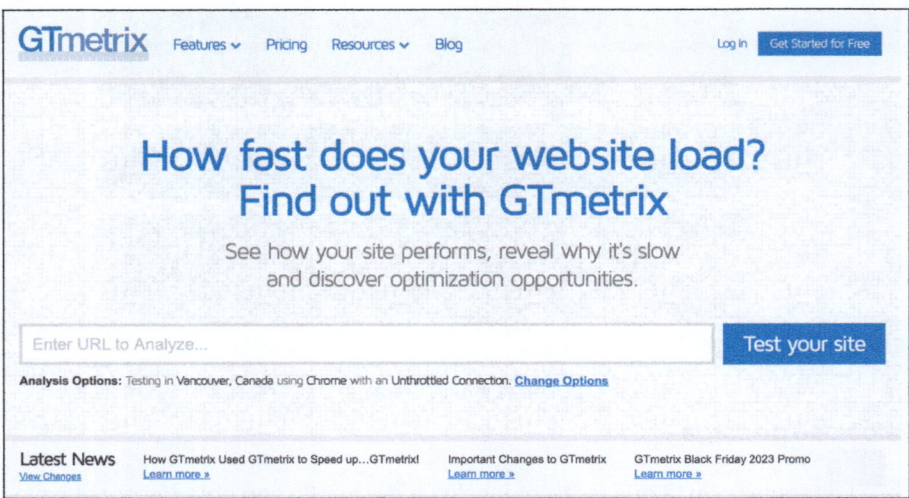

Página principal de GTMetrix.com

Introduce "https://www.iceditorial.com" en la caja de texto etiquetada como **"Enter URL to Analyze",** pulsa el botón **Test Your Site** y aguarda unos instantes a que escanee el desarrollo web. Obtendrás lo siguiente:

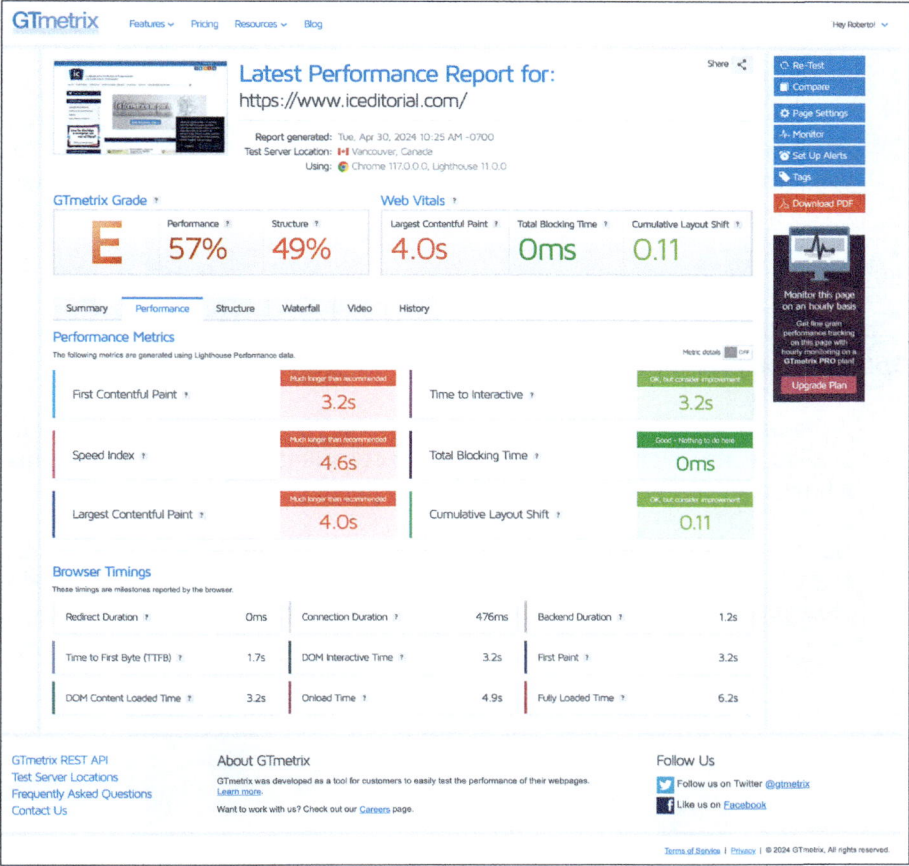

Métrica de <https://www.iceditorial.com>

Por tanto, a la hora de tener en cuenta la velocidad de carga debes sopesar:

- ⮐ Optimizar las imágenes para reducir al máximo tiempos.
- ⮐ Un servicio de *hosting* que ofrezca buenos tiempos, no dejarse llevar por uno cualquiera.

RECUERDA

Además de las consideraciones respecto al posicionamiento en **Google,** los usuarios tienen poca paciencia y si una página tarda mucho en cargar, acudirán a otra que lo haga más rápidamente.

Optimización para móviles

A día de hoy, casi todas las personas disponen de un *smartphone* o tienen acceso a uno de ellos para poder realizar consultas o para realizar compras a través del mismo.

Dado que se ha convertido en un dispositivo al que se recurre para casi todo, hay que tener en cuenta cuando se diseña o modifica un desarrollo web que los usuarios de *smartphone* son clientes potenciales hoy en día.

Muchos usuarios acceden a internet desde su teléfono móvil, por lo que es importante realizar un diseño responsive. (© Fotografía: MK photograp55 / Shutterstock.com)

Por tanto, es fundamental diseñar y comprobar que el sitio web está optimizado para que pueda **visualizarse y realizar su función orgánica cuando sea consultado por dispositivos *smartphone*.**

SABÍAS QUE...

La optimización de un sitio web para tecnología móvil era considerada como un plus de la arquitectura web hasta hace escasos años.

Google tiene disponible una herramienta gratuita para comprobar el rendimiento que tiene el desarrollo web cuando se visita desde un dispositivo móvil.

Para poder usar esta herramienta debes visitar: <https://pagespeed.web. dev>.

Comprobación del rendimiento del desarrollo web para dispositivos móviles

Si en el cuadro de texto introduces **"https://www.iceditorial.com"** se obtienen los siguientes resultados:

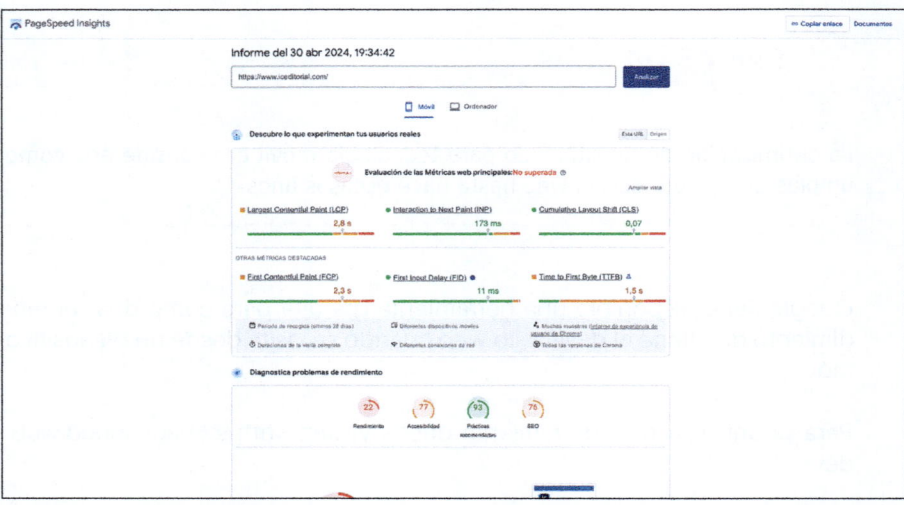

Comprobación del rendimiento que tiene el sitio <https://www.iceditorial.com/> cuando se visita desde un dispositivo móvil.

 PARA SABER MÁS

Accede al siguiente enlace para consultar un artículo en el que se analizan los ajustes necesarios para realizar el llamado SEO local:

https://redirectoronline.com/adgd211po0203

 TAREA 7

En el desarrollo llevado a cabo para la adopción de cachorros, Lucía ha detectado que los usuarios *online* no son demasiados. Por ello, ha pensado en modificar

Continúa en página siguiente >>

<< Viene de página anterior

los factores correspondientes a las imágenes de los cachorros. ¿Qué factores deberá tener en cuenta?

Deberás indicar qué factores hay que considerar y las modificaciones que debe realizar Lucía para intentar posicionar mejor en los buscadores a través de las imágenes del desarrollo.

Además, deberás proponer un sistema de enlaces internos y externos al desarrollo para optimizar el posicionamiento web, realizando al menos un par de enlaces internos y otro par de enlaces externos:

- Uno a *Wikipedia* por si el usuario quiere buscar algo.
- Otro a *Google,* al cual no quiere pasarle autoridad.

---

6. Factores "en el servidor". *On-Server*

☞ HILO CONDUCTOR

"SEO Consultores Madrid" al desarrollar tiene muy en cuenta los factores en el servidor *(On-Server),* dado que saben que son muy útiles para posicionar.

Por eso para el nuevo desarrollo de "El Corte Asiático" han optado por reservar un dominio llamado "elcorteasiatico.es" y, como esperan obtener una influencia masiva de usuarios, lo han alojado en su propio *hosting* para no sufrir caídas o intentos de *hackeo* por parte de otros usuarios.

Este tipo de factores no pueden ser considerados como internos a pesar de que pueden ser modificados por nosotros mismos. Dentro de los factores disponibles en el **On-Server** se encuentran los siguientes:

Los relativos al servidor	Los relativos al nombre del dominio
- El *hosting* donde se encuentre alojado el desarrollo o sitio web debe ser de alta calidad; si se escoge uno normal en el que las caídas son frecuentes o está continuamente en mantenimiento, impactará de forma negativa en el posicionamiento, dado que los motores de búsqueda no van a poder localizar el desarrollo o sitio web. - Paralelamente, las velocidades a la hora de cargar la página donde estén alojadas deben controlarse porque será un factor SEO importante para *Google,* premiará las páginas con menos tiempo de carga frente a las que tengan más peso en su tiempo de carga.	- Hay que tener cuidado con los dominios y con las direcciones URL al redireccionar, sobre todo cuando en la URL se pasan parámetros. - El nombre de dominio es fundamental, no solo porque identifica el proyecto con la marca, sino porque también cuenta para posicionamiento SEO.

 DEFINICIÓN

Servidor
Máquina donde se encuentra alojado un desarrollo y al que los usuarios acceden para visitar el sitio web.

El **SEO *On-Server*** se basa en la optimización de los siguientes factores:

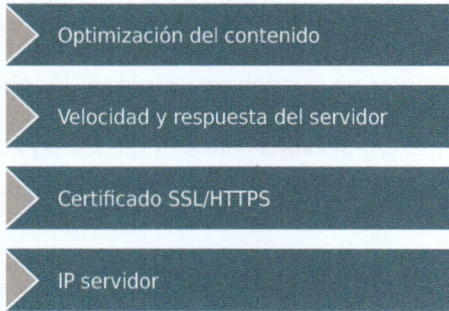

Optimización del contenido

Velocidad y respuesta del servidor

Certificado SSL/HTTPS

IP servidor

A continuación, se analizará cada uno de estos factores.

6.1. Optimización del nombre del dominio

El nombre del dominio es mediante el que los usuarios pueden localizar un desarrollo o sitio web para poder visitarlo y realizar las operaciones acordes. Es fundamental no solo porque **identifica el proyecto con la marca,** sino porque también cuenta para **posicionamiento SEO.**

Además, no es lo mismo posicionar un dominio *.es* para España que para Estados Unidos, más conocido esto como **posicionamiento local.**

Las personas buscan información sobre los negocios o servicios que tienen más cercanos.

 **DEFINICIÓN**

Posicionamiento local
Es aquel que se limita a una zona geográfica concreta. Por ejemplo, en una clínica dental en Burgos, obviamente la mayoría de clientes físicos procederán de Burgos o cercanías.

Los **factores *On-Server* que deben tenerse en cuenta** a la hora de optimizar un dominio son los siguientes:

- **Longitud del dominio:** lo más importante es que se trate de un dominio que para el usuario sea fácil de recordar y que tenga sentido con el desarrollo o sitio web al que va a identificar. *Google* recomienda que no se sobrepasen los 14 caracteres de nombre de dominio (habrá casos en los que se pueda cumplir, pero habrá casos en los que se apostará por el nombre de la marca que identifica a la web y no podrá cumplirse esa recomendación).
- ***Branding* y palabras clave:** por *branding* se entiende el proceso mediante el cual se hace referencia y se construye una marca. Es totalmente comprensible que un *branding* se encuentre dentro de una URL, así como también pueden formar parte de la URL palabras o frases clave que haya en el desarrollo o sitio web, siempre con naturalidad.
- **Adquisición del dominio:** a la hora de comprar el dominio, lo ideal o recomendable es hacerlo por espacios de tiempo en torno a los 5 años o superiores. Dado que la compra de un dominio no es un esfuerzo económico muy grande, lo mejor es mantenerlo en el tiempo y evitar posibles problemas futuros de dominio (actualización).
- **Caracteres especiales o específicos:** los nombres del dominio, por consideración, deben estar libres de caracteres especiales y sobre todo de caracteres específicos, por ejemplo el carácter "Ç" se recomienda no usarlo.
- **Subdominios:** si el dominio es muy amplio se recomienda dividirlo en subdominios, dado que de cara al usuario se organizarán mejor los contenidos del mismo y de cara al posicionamiento no se pierde autoridad.

IMPORTANTE

El nombre del dominio y nuestro desarrollo o sitio web deben estar en sintonía, que uno describa al otro y viceversa.

6.2. Velocidad y respuesta del servidor

A la hora de escoger un ***hosting,*** hay que ser muy cuidadoso en que sea un *hosting* de calidad y no cualquier *hosting* disponible en internet.

Es de lógica que el desarrollo y el *hosting* que lo aloja deben estar en sintonía.

Por ejemplo, imagina un desarrollo dedicado a la compraventa de caballos que está alojado en un *hosting* "tuscursosgratis.com"; como se aprecia desarrollo y *hosting* no están en armonía y *Google* se puede confundir y pensar que tratamos de engañarle procediendo entonces a penalizar el desarrollo.

También resulta necesario garantizar siempre que tu *hosting* tenga el mayor tiempo posible disponible tu desarrollo o sitio web, es decir, que **no sufra caídas con frecuencia.** Si tu *hosting* se cae con frecuencia, tus páginas no estarán disponibles para los usuarios o los visitantes que te localicen a través de los buscadores. Por tanto, los *hosting* gratuitos no son una buena solución para un desarrollo o sitio web con posicionamiento SEO.

A las caídas del *hosting* hay que añadir el **tiempo promedio que tarda en cargar** el desarrollo, más conocido en el mundo SEO como **velocidad de carga.** Se puede afirmar que la velocidad de carga de una página dependerá de dos factores:

Desarrolladores del sitio web	*Hosting* elegido
- Tener el código depurado y optimizado es una tarea que corre de nuestra parte o del grupo de desarrolladores del sitio web. Hay una regla de oro en el desarrollo web: todo lo que no es necesario en una página lo recomendable es eliminarlo. - Hay que tener especial cuidado con el tratamiento de las imágenes, dado que si pesan mucho originarán menor velocidad de carga de la página (y a la larga, penalizaciones SEO). Así mismo con el resto de archivos que conforman un desarrollo web también deben estar optimizados lo o máximo posible (CSS, *Javascript, flash...).*	- Dependiendo del *hosting* elegido para el desarrollo, se tendrán unos tiempos mejores o peores. Antes de registrarse un *hosting,* lo mejor es leer todos los servicios y tiempos que brinda.

Google tiene disponible una herramienta llamada ***PageSpeed Insights,*** que permite **analizar el rendimiento web** del desarrollo.

Puedes acceder a ella desde la dirección: <https://pagespeed.web.dev>.

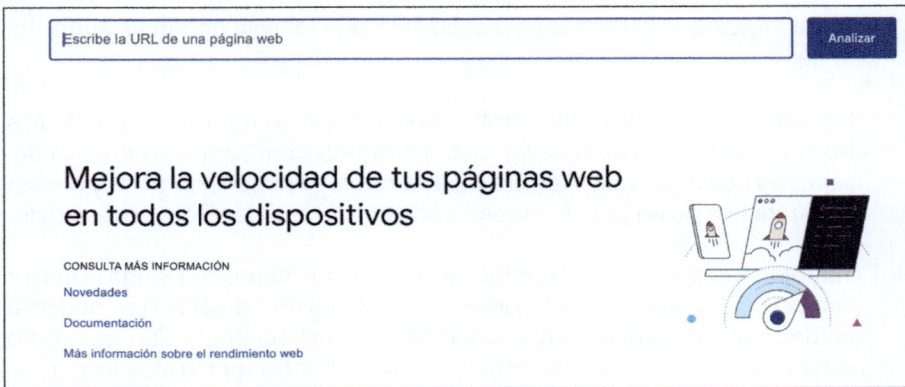

PageSpeed Insights de Google

Con esta herramienta se va a analizar la web **https://www.iceditorial.com** para obtener los siguientes resultados:

Análisis del sitio https://www.iceditorial.com

De este **análisis** se desprende lo siguiente:

- ⮩ La estabilidad visual de los contenidos de la web *(Cumulative Layout Shift)* es insuficiente, por lo que se debe corregir este aspecto.
- ⮩ El tiempo de respuesta del servidor (TTFB) es elevado, *Google* recomienda tiempos menores a 0,5 segundos.
- ⮩ El tiempo que tarda desde que se carga la página hasta que se puede interactuar con ella es correcto (42 ms).

ACTIVIDAD COMPLEMENTARIA

16. Busca información sobre la velocidad de carga idónea y la velocidad mínima tolerable y accede a diferentes páginas webs para comprobar los casos que pueden darse.

6.3. Certificado SSL/HTTPS

El **protocolo HTTPS** *(Hypertext Transfer Protocol Secure* o Protocolo Seguro de Transferencia de Hipertexto) es un factor SEO a tener en cuenta para *Google* y cualquier buscador de internet. Gracias a este **protocolo seguro** se habla de conceptos como **seguridad** *online* **y autentificación de la identidad.** Este protocolo es en el que se basan entidades bancarias, tiendas *online* y cualquier servicio que en general requiera el envío de datos personales y/o contraseñas.

HTTPS **usa un cifrado de datos basado en SSL/TLS para crear el canal cifrado** (por el cual viajarán los datos y que depende directamente del servidor remoto y del navegador usado por el cliente). De este modo, al viajar los datos por un canal cifrado se evitan los ataques para interceptar la transferencia de datos.

DEFINICIÓN

Certificado SSL
Es un documento digital único, el cual garantiza una conexión o vinculación entre una persona o entidad con su clave pública contenida.

Normalmente, incluye información del tipo nombre, dirección, correo electrónico, organización y una clave pública; además del periodo de validez del mismo, número de serie, nombre de la autoridad que lo certifica...

IMPORTANTE

En el protocolo HTTP las URL comienzan con "http://..." y se usa el puerto 80 para establecer las conexiones, frente al protocolo HTTPS en el cual las URL comienzan por "https://..." y usan como puerto para establecer las conexiones el 443.

- -

Lo que se obtiene al usar **certificados SSL** en un sitio web es:

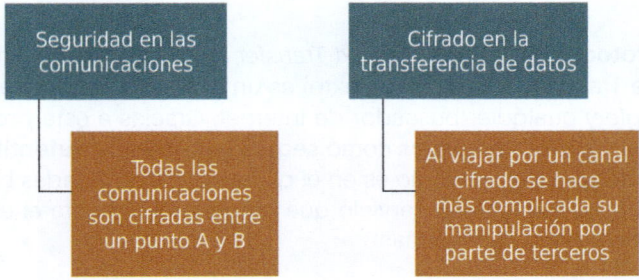

Por tanto, si quieres optimizar tu posicionamiento debes pensar en usar el **protocolo de seguridad SSL,** dado que **aumenta directamente la confianza de los usuarios** en un sitio web protegido y, a su vez, te beneficiará en el posicionamiento del buscador a largo plazo.

RECUERDA

Usar protocolos cifrados en las comunicaciones aumenta de forma considerable la confianza de los usuarios en el sitio web, sobre todo a la hora de ofrecer sus datos personales.

- -

6.4. IP en el servidor

La IP es un conjunto de números agrupados de manera lógica y jerárquica que sirven para **identificar un determinado equipo conectado a una red,** basada en el protocolo IP *(Internet Protocol,* Protocolo de Internet).

Es otro factor para tener en cuenta a la hora de los posicionamientos. Hay que recordar que los **buscadores favorecen los resultados locales,** es lo que se conoce como **posicionamiento local.**

 EJEMPLO

Si tu desarrollo o sitio web está enfocado a una zona geográfica concreta como puede ser España, lo ideal es que la dirección IP del *hosting* esté contenida en dicha zona geográfica. Así, en este caso la IP del *hosting* debería estar en territorio español.

De la misma forma que puede ser favorable una IP para el posicionamiento SEO en el buscador **puede ser perjudicial,** inclusive con penalización SEO.

 EJEMPLO

Si escoges un *hosting* cuya IP es compartida por uno o muchos desarrollos webs, es probable que influya en el posicionamiento SEO de forma negativa.

 TAREA 8

Juan y Marina acaban de licenciarse en Periodismo y han emprendido la idea de crear un blog para publicar sus artículos y poder llegar a los usuarios de internet. La parte correspondiente a la estructura y desarrollo web la tienen bastante clara, pero el tema de dónde alojarán ese desarrollo no lo tienen tan claro.

Continúa en página siguiente >>

<< Viene de página anterior

Marina ha pensado en convertir el ordenador de su casa en un servidor (con las herramientas correspondientes) y que por el día esté encendido mientras que por la noche, a partir de las 00:00 h y hasta las 8:00 h esté desconectado.

En función de esto, ¿qué factores *On-Server* jugarían en contra de Juan y Marina a la hora del posicionamiento del blog periodístico? Identifica dichos factores, razonando cómo influiría cada uno de ellos en su posicionamiento.

---

7. Creación de contenidos

☞ HILO CONDUCTOR

Carla lleva menos de un mes trabajando en "SEO Consultores Madrid" y está participando en el proyecto de "El Corte Asiático".

Ha propuesto recurrir a uno de los proyectos creados por ellos anteriormente, pero Lucas le ha indicado que nunca recurren a otros proyectos, ya que si en el proyecto de los grandes almacenes recurriesen al contenido creado para otra empresa, entonces este contenido ya no sería original y por tanto les costaría mucho trabajo posicionarlo correctamente.

A la hora de redactar **contenido de calidad** que posicione para SEO, debes tener presente una serie de conceptos:

- **Originalidad:** a la hora de crear contenido de calidad debes olvidar el concepto de copiar y pegar. Lo mejor para crear contenido rico y de calidad cuando se habla de un determinado tema es buscar información en varios sitios webs, leer y analizar dicha información para finalmente crear desde 0 y en base a lo aprendido tu propio tema.
- **Grupo al que nos dirigimos:** hay que tener claro al sector de usuarios al que va dirigido el contenido. No es lo mismo un texto para usuarios de entre 5 a 15 años que para usuarios de 50 a 60 años (por ejemplo, es imposible usar tecnicismos para el primer sector de usuarios).
- **Relevancia:** obviamente si el contenido creado es de calidad y no cortado y pegado es ya de por sí un contenido relevante, adornarlo con otro tipo de elementos como pueden ser el formato en el que se presenta

puede ayudar a obtener mucha más relevancia e interés por parte de los usuarios en el contenido.

- ⮑ **Palabras/frases clave:** las palabras clave deben aparecer como texto en el contenido, pero aparte se aconseja que aparezcan lo más al principio posible del texto del contenido. Algunos autores suelen aconsejar que aparezcan dentro de las 100 primeras palabras para ayudar al posicionamiento. Hay que insistir siempre en la naturalidad con la que deben aparecer las palabras/frases clave en el texto del contenido.
- ⮑ **Sinónimos:** hay que hacer uso de los sinónimos en el contenido para poder referenciar en el texto las palabras o frases clave sin hacer uso de ellas. Gracias a los sinónimos se obtiene un texto de contenido más rico y por tanto más posicionable. *Google* es capaz de reconocer sinónimos de una palabra clave, localizarlos en los contenidos y premiarlos.
- ⮑ **Longitud:** ni demasiada, ni poca, un término medio. Un buen contenido en texto puede ser aquel que supere las 200 palabras. Pero, ¿de qué sirve un texto de 1.700 palabras si no hay coherencia entre él? Como siempre la naturalidad, la coherencia y la conexión del texto del contenido es un factor clave a tener en cuenta en el posicionamiento SEO, dado que *Google* como motor de búsqueda es capaz de detectarlo.
- ⮑ **Ortografía:** a simple vista no hay nada peor que un contenido o texto con errores gramaticales, de sintaxis o bien de ortografía. Si para cualquiera es molesto, *Google* no va a ser menos y penaliza al contenido que esté mal escrito.
- ⮑ **Diferenciar contenidos:** cada contenido debe tener su texto acorde y, a ser posible, único. No puede darse el caso de tener una web dedicada a las mascotas y que en la página de perros se hable de canarios. No tiene sentido alguno y además *Google* detecta estos contenidos erróneos y los penaliza.

 **EJEMPLO**

A continuación, verás un ejemplo aplicado a una agencia web extraído de su web: <https://conmas.marketing>.

Título
Marketing y formación – Conmás Marketing

Meta Description
APRENDE - Te formamos en todo lo que necesites

Continúa en página siguiente >>

<< Viene de página anterior

MARCA LA DIFERENCIA – Te ayudamos a diferenciarte de la competencia

RELÁJATE - Cuidamos de tu imagen digital

Keyword (lista)

Marketing digital, *marketing,* posicionamiento SEO, SEO, SEM, redes sociales, RR. SS., web, tienda online, comercio electrónico, publicidad digital, publicidad, diseño gráfico, impresión, imprenta, formación, cursos, blog, departamento de *marketing,* departamento de comunicación, redes sociales, publicidad en redes sociales, gestión de cuentas.

Texto para SEO

La vida cada día es más digital. Diseñamos estrategias de *marketing* y comunicación *online* específicas para el mundo de hoy.

La trastienda de internet es un oscuro caos. Nosotros lo ordenamos para dar visibilidad a una marca en los grandes buscadores.

Los espacios donde interactúa el cliente han cambiado, el mundo digital es un lugar de encuentro. Abrimos un puente digital entre la marca y su público potencial.

Las empresas queremos mostrar por qué somos los mejores. Creamos el espacio necesario para que desarrolles tu estrategia de comunicación.

Internet ha derribado los límites. Diseñamos la web más eficiente, ajustada a tus ideas y a las exigencias de un mercado al que solo tú pones fronteras.

Tu mercado en un clic. Desde el sofá o la playa, basta un ordenador o un *smartphone* para hacer una compra. ¿Vas a desperdiciar un canal de venta en auge?

Podemos decirlo más alto pero no más claro. Sabes qué decir, a quién decirlo y cómo decirlo; nosotros te ayudamos a que te escuchen.

El logotipo, las tarjetas, los folletos, los catálogos, los *flyers*..., suelen ser el primer contacto visual que se percibe de nuestra empresa. Vamos a mimarlo y expresar lo que queremos que vean.

Somos impresores desde 1935: desde la tipografía de plomo a la era digital, pasando por el *offset*. Experiencia y modernidad al servicio de tu empresa.

TAREA 9

Está inmerso en un desarrollo web correspondiente a una tienda de electro-domésticos *online* y va a centrarse únicamente, por ejemplo, en lavadoras y secadoras.

En base a esto, indica una estructura web válida para posicionamiento SEO y genere al menos dos contenidos para un modelo de lavadora en concreto y para otro modelo de secadora en concreto.

Para ello, deberás partir de una serie de palabras clave adecuadas. Además, a la hora de trabajar con el contenido, es recomendable intentar, en la medida de lo posible, usar las etiquetas HTML para poder posicionar de forma más rápida.

TAREA 10

Antonio es el propietario de una tienda de zapatos, el cual hace tiempo contrató los servicios de una empresa para posicionamiento web. Últimamente ha notado que las ventas *online* han descendido enormemente.

Con algunas nociones básicas y las herramientas adecuadas ha descubierto que ha utilizado palabras clave como "intel pentium III, core due, amd athlon". Tras mucho consultar ha visto la relación directa entre las palabras clave y el posicionamiento en los buscadores.

En base a esto, actualiza la lista de palabras clave por otras tres o cuatro más acordes al negocio de Antonio y justifica la elección de dichas palabras. Además deberás generar contenido en torno a cada palabra clave de la lista (en torno a 2-3 líneas).

---

8. *Black Hat SEO:* prácticas SEO penalizables

☞ HILO CONDUCTOR

Dado que para "SEO Consultores Madrid" el proyecto (web y posicionamiento) de "El Corte Asiático" es de vital importancia, van a evitar en todo momento penalizaciones por parte de los buscadores.

En el momento que obtengan una penalización habrán "tirado por la borda" todo el trabajo realizado por el personal de esta empresa. ¡Habrá que empezar otra vez de cero y les costará mucho trabajo despenalizarse, por eso no se la juegan!

Por **prácticas SEO penalizables** entendemos aquellos **mecanismos que se aplican como *webmaster*** de un desarrollo posicionable y que influyen de forma negativa en los resultados de búsqueda de un buscador, de tal forma que en vez de subir ítems de resultados **se bajan ítems de resultados,** es decir, se hace el desarrollo menos visible para los usuarios que hacen una búsqueda.

8.1. Prácticas a evitar

A continuación, puedes ver una serie de **prácticas que debes evitar** si no quieres ser penalizado por *Google* en el posicionamiento SEO; son las siguientes:

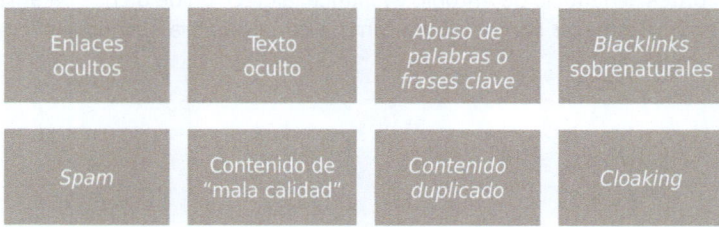

Enlaces ocultos

Cuando quieres que un enlace no sea visible en una determinada página o desarrollo web para el usuario, lo normal es hacerlo oculto. Hasta aquí todo bien, pero si se piensa en el dato de que *Google* mediante sus motores de búsqueda analiza los documentos, dichos enlaces que **de cara al usuario son ocultos,** para *Google* no serán ocultos porque al analizar el código de la página en cuestión podrá verlos.

Google pensará que quieres **"ganar puntos de forma extra"** de cara al posicionamiento y aplicará el efecto contrario: **penalización SEO y bajada en el *ranking* de resultados de búsqueda.**

Texto oculto

Para ganar puntos de cara a un posicionamiento, muchos *webmaster* utilizan una técnica que consiste en generar texto oculto en una página, formado por un conjunto de **palabras o frases clave puestas de forma no natural;** para ello, a ese texto se le aplica el color de fondo de la página (para pasar desadvertido a los usuarios del sitio). Actualmente en vez de establecer el mismo color para el texto oculto y el fondo de página se pueden localizar páginas que en su pie tienen una serie de palabras o frases clave, pero con un tamaño de letra mínimo (muchas veces ilegible).

Dado que los motores de búsqueda de *Google* son capaces de llegar a este texto oculto de la misma forma que en los enlaces ocultos, al abusar de las palabras o frases clave e incluirlas de una forma que no dan sentido (no natural) procederá a penalizar en los resultados SEO.

Abuso de palabras o frases clave

A la hora de trabajar con las palabras o frases clave o secundarias, lo ideal es **encajarlas en el contenido de la página de forma natural,** igual a como se hace en la vida diaria al hablar con alguien.

El abuso de palabras o frases clave no se oculta, es decir, aparece dentro del contenido de la página. Cuando *Google* a través de su motor de búsqueda analice el documento y vea que se compone de 100 palabras, de las cuales 40 veces se repite la misma palabra (palabra clave), etiquetará directamente el contenido como contenido de mala calidad, con lo cual bajará posiciones en el SEO.

Backlinks sobrenaturales

Por *backlinks* se conoce a los **enlaces externos que sirven para llevarte de un sitio web a otro** por medio de una palabra o imagen. Mientras más cantidad de *backlinks* te referencien, mejor le viene a tu sitio web de cara al posicionamiento SEO: obtienes **relevancia.**

¿De qué forma pueden afectar negativamente al posicionamiento SEO los *backlinks* que te referencien? *Google* rastrea todo, cuando se encuentre con estos *backlinks* que apuntan a tu desarrollo o sitio web, analizará el contenido de los mismos y el contenido de tu sitio para **ver si están en armonía;** que lo están: no sufres penalización. En caso de que no lo estén, sufres penalización por mala práctica SEO.

Spam

Cuando se copia y pega el mismo contenido una y otra vez a lo largo de las páginas web del desarrollo se está cometiendo un error grave, porque el motor de búsqueda de *Google* sobreinterpretará esta información como *spam* y penalizará por **copiar y pegar el mismo contenido.**

Donde mayor se puede apreciar la penalización por *spam* es en los *bloggers,* dado que para contestar se copia y se pega el mensaje al cual se quiere responder. Los *webmaster* de un blog suelen estar muy atentos a esta información para no ser penalizados por los buscadores.

Contenido de "mala calidad"

Generar contenidos de mala calidad, por norma general, es usar lo que se denomina **cortar y pegar** o bien generar **contenidos que no tienen naturalidad ninguna.** A la hora de crear contenidos es fundamental que se haga expresándose tal y como se haría en la vida cotidiana.

Si quieres solucionar un problema con una persona, lo que haces es escoger las palabras que vas a usar, pues en el contenido SEO debes hacer lo mismo, escoger un lenguaje natural y relacionado con las palabras clave que quieres usar en el contenido y sobre todo que sea desarrollado por ti. No es nada recomendable usar un cortar y pegar, dado que a largo plazo *Google* se dará cuenta de esto y penalizará en SEO.

Contenido duplicado

Copiar y pegar contenido o artículos de otros sitios web, aparte de ser **poco moral,** está **penalizado** por *Google.* Si quieres usar contenido de otro sitio web distinto al tuyo puedes copiarlo, pero haciendo referencia a él mediante algún enlace; es la forma de evitar que *Google* te penalice y bajes puestos en los ítems de búsqueda.

Cloaking

Es una técnica (mala) usada en el posicionamiento web que consiste en **decir que eres A cuando en realidad eres B;** para *Google* eres una entidad A (representada por cualquier web) y de cara a los usuarios que te van a visitar eres una entidad B (totalmente distinta de la indicada a *Google).*

¿Y para qué se hace esto? Sabiendo escoger el tema o entidad A puedes hacer que el tema B se posicione rápidamente en las primeras posiciones. Algunos temas muy usados para establecer A son: eventos deportivos, musicales, acontecimientos importantes...

 TAREA 11

Tienes una página web del blog periodístico montando por Juan y Marina. Te comentan que sobre dicho artículo quieren obtener un posicionamiento rápido e inmediato aunque sean penalizados.

Para ello, han pensado en usar texto oculto y enlaces ocultos. Suponiendo que el artículo gira en torno a la subida de la luz, ¿qué contenido generaría para crear ese texto y enlaces ocultos?

Deberás generar dicho contenido, partiendo de una serie de palabras clave que seleccione. Asimismo, deberás indicar qué otras prácticas penalizables podrían utilizarse para obtener un posicionamiento inmediato y las consecuencias que traería dicha penalización.

9. Contenidos prácticos

☞ HILO CONDUCTOR

Desde "SEO Consultores Madrid" llevan un control o registro sobre los factores de posicionamiento SEO, de tal manera que si actualizan un determinado elemento clave para posicionar, no se corra el riesgo de caer en palabras clave usadas anteriormente y que, por tanto, posicionarían peor los grandes almacenes.

A continuación, verás de forma práctica los factores *On-Site* que influyen a la hora de posicionarse en los resultados de búsqueda de los buscadores y las palabras o frases clave óptimas para obtener buenos resultados de posicionamiento.

9.1. Síntesis de los factores *On-Site* que influyen a la hora de llevar nuestra página a las primeras opciones de los buscadores

Los factores *On-Site* que influyen en el posicionamiento SEO de un sitio o desarrollo web, son los siguientes:

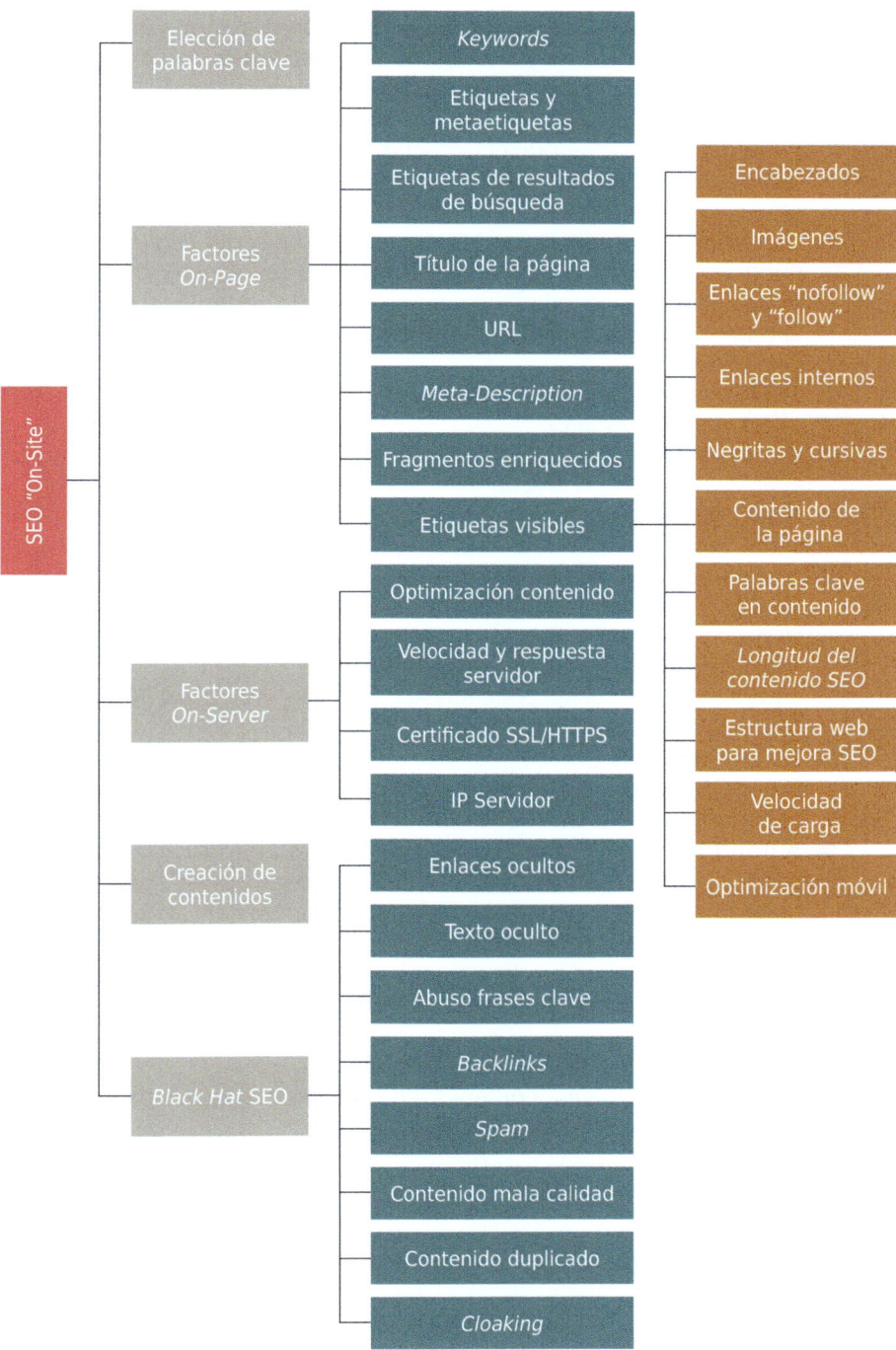

A continuación, verás un ejemplo sobre un desarrollo centrado en un sitio web para la **compraventa y alquiler de vehículos nuevos y de km 0.** Los factores que ayudan a posicionarlo pueden ser los siguientes:

- **Palabras clave:** "compraventa coches km 0" puede ser una buena optativa. Las palabras clave son importantes dado que en torno a ellas va a girar el resto del desarrollo.
- **Etiquetas y metaetiquetas HTML:** las etiquetas del código HTML se pueden configurar para incluir las palabras clave pensadas anteriormente para el desarrollo. Por ejemplo, observa la siguiente etiqueta de la página principal: <meta name="keywords" content="compra, venta, coches, km 0 "/>.
- **Título:** "tienda compraventa coches km 0" puede equivaler al título del resultado del buscador.
- **Dirección URL:** "/compraventacoches" equivale a la dirección URL, la cual se puede incluir en cualquier *hotsting* (pero que sea de calidad).
- **Meta descripción:** "compraventa de coches km 0, la más amplia gama de la comarca" equivale a la Meta Descripción.
- **Imágenes:** dado que es un desarrollo que invita mucho a mostrar imágenes a los usuarios se puede posicionar bastante bien con imágenes si se hace uso de los atributos correspondientes de las mismas, por ejemplo, la configuración de una imagen sería:
<img src="//midominio.com/img/AudiA4" alt="Impecable Audi A4 Negro todos los extras con 100 km"/>.
- **Contenido de texto:** las imágenes se acompañarán de contenido de texto; dicho contenido se fundamentará con las características técnicas que ofrece el fabricante del modelo de coche en cuestión.
- **Autoridad:** también se puede pensar en poner a pie de cada página una sección dedicada a los usuarios en la que puedan opinar o preguntar sobre el modelo en concreto; esto otorgará de forma muy rápida autoridad y credibilidad.
- **Estructura:** en cuanto a la estructura de la web, es deseable que sea en silo, dado que es la que mejor asimilan los buscadores a la hora de indexar.

Recuerda siempre generar contenidos de calidad y naturales para no tener problemas con las penalizaciones SEO.

9.2. Selección de las palabras clave con el objeto de crear una página web que aparezca en los primeros resultados de los buscadores

A la hora de escoger la lista de palabras o frases clave para el desarrollo o sitio web hay que verlas desde dos puntos de vista diferentes:

Desde el punto de vista del usuario	Desde el punto de vista del volumen de búsquedas
- Hay que tratar de ponerse en la piel del usuario para ver qué palabras usaría en el buscador para dar con la web. Las búsquedas que puede realizar un usuario se pueden clasificar en tres: - De navegación: *Amazon, Ebay...* - De transacción: se identifican por "comprar disco duro", "descargar película de taquilla"... - De información: son aquellas del tipo "tiempo en Málaga", "tráfico en la A7"...	- Hace referencia a la cantidad de búsquedas que tiene una determinada palabra o frase clave. Se pueden diferenciar: - *Head:* se corresponde con las búsquedas abiertas o sin definir, como por ejemplo "vacaciones", "coches", "discos duros"... - *Middle Tail:* son aquellas búsquedas que no son abiertas o sin definir, pero tampoco son concretas, por ejemplo, "vacaciones Málaga", "coches bonitos", "discos duros precio"... - *Long Taill:* son aquellas que son concretas y normalmente suelen ser transaccionales, por ejemplo, "vacaciones Málaga verano 2024 precios baratos", "coches todoterreno baratos",...

Una vez aclarados los puntos de vista se puede hacer una **primera aproximación sobre el conjunto de palabras o frases clave** que se quieren utilizar para el desarrollo o sitio web a posicionar.

Para el ejemplo tratado se pueden realizar las siguientes actuaciones:

Resumir en una frase el contenido de la web "Vender coches"	Resumir qué es lo que se ofrece "Vender coches nuevos y de km 0"	Resumir los servicios que se ofertan "Venta, reparación, alquiler y compra de coches"

Definir en qué público y sector nos posicionamos "Mayores de edad y con permiso de circulación"	Definir dónde estamos físicamente "Madrid, C\------- ...."

Así, ya se dispone de una serie de palabras o frases clave para poderlas trabajar detenidamente. El siguiente paso sería **categorizar las palabras o frases clave.**

En el caso del ejemplo tratado se puede establecer lo siguiente:

- ➲ Comprar coches nuevos y km 0 *online*
- ➲ Tienda de coches nuevos y km 0 *online*
- ➲ Tienda de coches nuevos y km 0 Madrid
- ➲ Alquiler de coches nuevos y km 0 *online*
- ➲ Alquiler de coches nuevos y km 0 Madrid

Ahora que se dispone de un conjunto de palabras o frases clave junto con una serie de categorías, se pueden usar una serie de **herramientas que** *Google* **tiene disponibles para poder definirlas aún más.** Son las siguientes:

Keyword Tool Dominator	Planificador de palabras clave de *Google Ads*

Keyword Tool Dominator

Permite obtener de una palabra o frase clave una lista de palabras o frases sinónimas; se puede acceder a esta herramienta desde: <https://www.ke-ywordtooldominator.com/google-keyword-tool>.

Si, por ejemplo, en la caja de texto se introduce la palabra **"vacaciones"** y se selecciona el país España y en el idioma español, se obtendrá la lista de sinónimos para esta palabra clave (las imágenes pueden verse en material complementario ud2_36 y ud2_37).

Pantalla principal de de Keyword Tool Dominator   *Lista de sinónimos para palabras clave*

Como puedes observar se han localizado 597 palabras en torno a **"vacaciones",** las cuales están ordenadas por "Score" que es lo mismo que *ranking* de búsquedas. De la misma forma que se ha procedido para la palabra clave **"vacaciones"** se procederá con cualquier otra palabra o frase clave.

Planificador de palabras clave de Google Ads

Gracias a esta herramienta de *Google,* se van a poder buscar ideas de palabra clave y sobre todo de cara a los grupos de anuncios, obtener estadísticas del historial, conocer el rendimiento de una lista de palabras clave o bien poder tener una lista de palabras clave combinadas con otras listas de términos. Se puede acceder a ella desde la dirección web: <https://ads.google.com/intl/es_es/home/tools/keyword-planner/>.

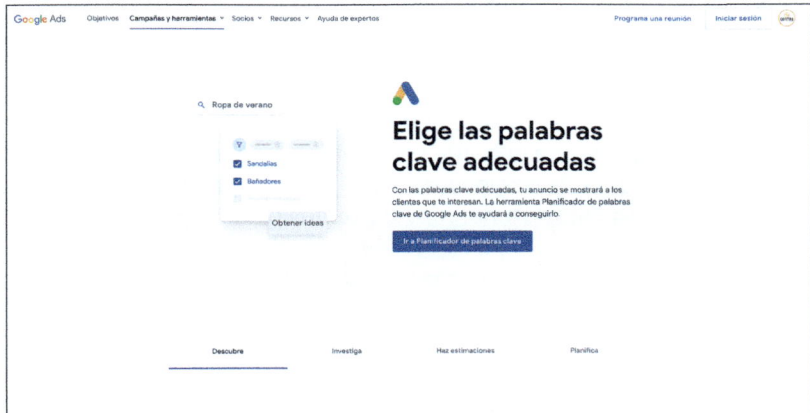

Pantalla de acceso al planificador de palabras clave de Google Ads

Una vez que ya se tiene la lista de palabras o frases clave junto con sus sinónimos a poder usar, se puede empezar la **fase de creación de contenidos** para incluir estas palabras o frases (tanto primarias como secundarias) en el texto.

10. Resumen

Lograr un **buen posicionamiento** en cualquier buscador del mercado no es una tarea que se centre en realizar una única acción, es más, justamente es todo lo contrario; es necesario seguir una serie de pasos o reglas para poder tener un buen posicionamiento.

Para ello, hay que centrarse en diferentes tipos de **factores:**

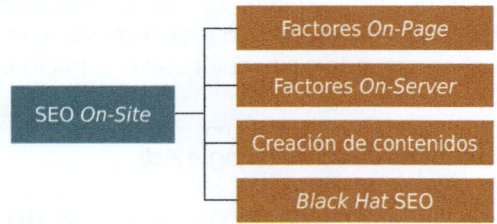

En lo primero en lo que hay que centrarse es en los **factores internos,** estos factores se pueden trabajar perfectamente cuando se está llevando a cabo el desarrollo o sitio web. En este factor es de vital importancia tocar **las palabras o frases clave** (generar la lista con la que se va a trabajar en el desarrollo), dado que estas mismas se relacionan con la URL, con los contenidos, con algunas etiquetas HTML de la página web... y todo debe estar en armonía para que el buscador posicione correctamente.

Lo siguiente a tener en cuenta son los **factores del servidor,** se intentará siempre que donde se aloje el desarrollo esté en sintonía con la temática del mismo, que tenga una URL amigable al desarrollo, cuidar los tiempos de carga y descarga de páginas, cuidar el tiempo que el desarrollo está "fuera de línea"... son datos a tener muy presentes para un buen posicionamiento.

Se pasará después por la **creación de contenidos,** los cuales deben ser únicos en el sentido de que no es bueno copiar y pegar texto sobre el desarrollo; es siempre mucho mejor crear ese texto, coger un folio en blanco y desarrollar. Además, los contenidos tienen como objetivo hacer que el usuario esté contento con los mismos, así es seguro que volverá.

En todo este proceso, hay que tener siempre en cuenta las prácticas que se llevan a cabo, ya que un "mal comportamiento" puede conllevar **penalización por parte del buscador en el posicionamiento SEO.** Para impedirlo, hay que evitar las siguientes prácticas:

Enlaces ocultos	Texto oculto	Abuso de palabras/frases clave	*Backlink* sobrenatural
Spam	Contenido de mala calidad	Contenido duplicado	*Cloaking*

Ejercicios de autoevaluación
Unidad de Aprendizaje 2

1. Favorecer a los resultados locales de búsqueda es algo que es posible mediante...

    a. ... posicionamiento neutral.
    b. ... posicionamiento orgánico.
    c. ... posicionamiento de pago.
    d. ... posicionamiento local.

2. La encriptación de datos forma parte de:

    a. Certificados SSL.
    b. Certificado HTTPS.
    c. Certificado HSL.
    d. Certificado SSH.

3. ¿Qué puerto usan para las conexiones el HTTP y HTTPS?

    a. 81 y 444
    b. 80 y 442
    c. 80 y 443
    d. 81 y 443

4. En el mundo SEO se conoce como velocidad de carga a...

    a. ... el tiempo que tarda el buscador en rastrear y posicionar.
    b. ... el tiempo promedio que tarda en cargar el desarrollo.
    c. ... únicamente el tiempo de rastreo por parte del buscador.
    d. ... únicamente el tiempo de indexación por parte del buscador.

5. A la hora de trabajar con imágenes en posicionamiento SEO es primordial...

    a. ... optimizar las imágenes para reducir al máximo los tiempos.
    b. ... optimizar las imágenes y cambiarlas a formato *.bmp.
    c. ... optimizar solamente el atributo ref de la imagen.
    d. ... optimizar únicamente el atributo def de la imagen.

6. La estructura con mayor eficacia en SEO es:

    a. Estructura web.
    b. Estructura de silo.
    c. Estructura lineal.
    d. Estructura radial.

7. Al trabajar con palabras o frases clave hay que tener en cuenta...

    a. ... incluirlas en todas las etiquetas de HTML que conforman la página.
    b. ... ocultarlas en el contenido para posicionar mejor.
    c. ... saturar las páginas con las palabras o frases clave para posicionar mejor.
    d. ... no saturar las páginas con las palabras o frases clave.

8. El título y descripción en las etiquetas visibles en los resultados de búsqueda tienen una capacidad de:

    a. 71 y 155 caracteres.
    b. 70 y 155 caracteres.
    c. 70 y 156 caracteres.
    d. 71 y 156 caracteres.

Factores *Off-Site*

Contenido

Objetivos

El objetivo general de esta Unidad de Aprendizaje es:

→ Establecer los distintos factores que integran el SEO *Off-Site* para un buen posicionamiento en los buscadores.

Los objetivos específicos de esta Unidad de Aprendizaje son:

→ Reconocer la importancia de los enlaces en los posicionamientos.
→ Identificar las técnicas *Link Building* en el posicionamiento SEO.
→ Aplicar técnicas de *Link Baiting* en el posicionamiento.
→ Crear analíticas webs para obtener resultados.
→ Comprender el funcionamiento del algoritmo de *Google*.
→ Reconocer las buenas prácticas SEO.
→ Identificar las malas prácticas SEO.
→ Identificar enlaces (internet y externos) de buena calidad.

1. Introducción

Hasta ahora nos hemos centrado en el funcionamiento interno del busca-dor *Google* y del SEO *On-Site*. En esta unidad nos centraremos en el **SEO Off-Site,** que son aquellos factores que no podemos controlar para el posi-cionamiento de nuestro sitio o desarrollo web.

Los **enlaces** son importantes para el posicionamiento SEO, pero dentro del SEO *Off-Site* van a jugar un papel crucial. ¿Cuál es entonces la diferencia entre SEO *On-Page* y *Off-Site?*

Imagina un coche de lujo, con todos los extras que se pasen por tu cabeza. Todos estos extra podemos clasificarlos como el SEO *On-Page* (la marca del coche de lujo nos lo proporcionará perfectamente ensamblado para poder operar con él); los extras nos proporcionarán un viaje cómodo y placente-ro hasta nuestro destino. Los **factores externos** *Off-Site* podemos verlos como el combustible que gastará nuestro coche de lujo; por muy bien que venga ensamblado para su uso si no le echamos combustible no andará.

El buscador, en este caso de *Google,* se basa en los enlaces para poder eti-quetar los sitios webs que conforman su índice, de tal forma que mientras más enlaces externos tenga un sitio, mejor posicionado estará en la lista de resulta-dos del buscador frente a un sitio que tenga pocos o nulos enlaces externos.

Para el desarrollo del contenido nos basaremos en el caso de "SEO Consul-tores Madrid", una empresa con sede en Madrid dedicada al desarrollo de páginas web.

2. Factores *Off-Site*

 HILO CONDUCTOR

"SEO Consultores Madrid" está llevando a cabo el desarrollo de una página web para "El Corte Asiático". Saben que el manejo adecuado de los factores *Off-Site* es crucial para que el desarrollo alcance las primeras posiciones en los resultados de los buscadores. Por esa misma razón la generación de enlaces será muy cuidadosa para estos grandes almacenes.

Los factores *On-Site* son aquellos que normalmente tocas desde tu desarrollo o sitio web, sin embargo los factores *Off-Site* se centran fundamentalmente en la **consecución de enlaces hacia el sitio web.**

Es muy importante saber **quién enlaza a tu desarrollo,** porque dependiendo de quién sea te ayudará o no.

 EJEMPLO

Imagina que *Wikipedia* enlaza a tu desarrollo: está totalmente claro que aumentará la autoridad de tu página porque *Wikipedia* es una web de referencia para muchos usuarios y, por lo tanto, muy valorada por Google de cara al posicionamiento.

Sin embargo, si el enlace viene del blog de un amigo (da igual de la temática que sea) no vas a tener tanto aumento de la autoridad del sitio web, dado que el desarrollo de tu amigo probablemente no esté ni bien posicionado.

Los que interesan son los **enlaces de calidad que aumenten la autoridad** del sitio web, dado que ello implicará más visitas por parte de los usuarios (pudiendo la mayoría de ellos pasar de usuarios a clientes de tu desarrollo), y tener más visitas en tu sitio web implica directamente un mejor posicionamiento del sitio o desarrollo web en los resultados de búsqueda de los buscadores.

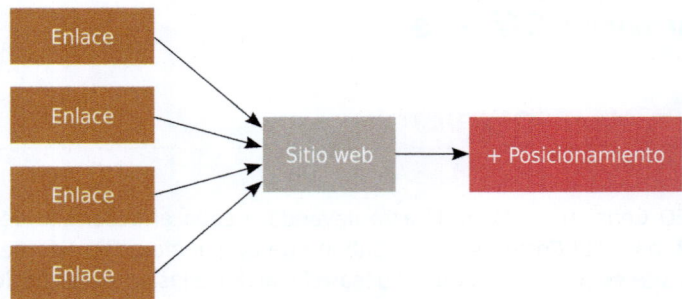

3. *Link Building*

☞ HILO CONDUCTOR

A la hora de posicionar el desarrollo que ha llevado a cabo para los grandes almacenes, "SEO Consultores Madrid" va a aplicar técnicas de generación de enlaces *(Link Building)* para intentar que los buscadores consideren al desarrollo como relevante y lo muestren en los primeros resultados de búsqueda.

El *Link Building* es una **técnica SEO basada en hacer que otras páginas webs enlacen a la página** que quieres que los buscadores apunten como relevante y, por tanto, la posicionen en los mejores ítems dentro de sus resultados *(ranking* de resultados de búsqueda).

Cantidad de enlaces a un determinado sitio web

Actualmente existen dos **opciones para poder llevar a cabo** un *Link Building,* que son:

Natural	Artificial
- Otras webs enlazan a la página que quieres posicionar sin ningún tipo de acuerdo o pacto entre ambas partes (la tuya y la de la página que te enlaza).	- Todo lo contrario a la natural, hay un pacto de cara a los buscadores, para simular un *Link Building* natural. Es posible, que si *Google* detecta esta situación sufras algún tipo de penalización SEO.

Las **ventajas** de cara al desarrollo o sitio web que obtienes usando la técnica de *Link Building* son:

- **Métricas:** puedes obtener la demanda de usuarios, las palabras que usan los usuarios para acceder al desarrollo, cantidad de personas que te buscan...
  Al obtener más enlaces con el *Link Building* posicionarás más rápido en los buscadores.
- ***Branding:*** cliente para el cual se está posicionando y que dispone de marca comercial *(branding)*.

Como has visto, el *Link Building* consiste básicamente en enlazar, pero se pueden encontrar diferentes **tipos de enlaces** al aplicar esta técnica de posicionamiento SEO:

- **Comentarios en otras páginas:** normalmente esos comentarios son realizados por los usuarios de la red; los buscadores rastrean toda la red y relacionan información, mientras más mencionada en comentarios sea tu página, mejor posicionada estará de cara a los resultados de búsqueda de los buscadores.
- ***Links* en otras páginas:** también son los usuarios los que a través de enlaces crean un acceso directo al desarrollo (a alguna de las páginas que contiene), lo cual es observado por los buscadores, pasando a posicionar mejor tu página.
- **Firmas de perfil en foros:** generalmente se suele estar dado de alta en las páginas en las cuales se responde a otros usuarios de internet; si observas muchas de ellas llevan una firma hacia un determinado sitio con el fin de obtener posicionamiento SEO.
- **Intercambio de enlaces entre *webmaster:*** muchas veces se suele utilizar esta técnica entre los *webmaster* de diferentes desarrollos, con el fin de apoyarse o ayudarse mediante el intercambio de enlaces a sus sitios webs. Hay que tener mucho cuidado con "enlaza a mi sitio que yo enlazo al tuyo", porque si un buscador te clasifica como penalizable, costará mucho esfuerzo abandonar dicha etiqueta (con las consecuencias de posicionamiento que implica).
- **Compra de enlaces:** quizás sea uno de los motivos de penalización SEO más mirado por los buscadores, y aplica penalización tanto a quien compra enlaces como a quien vende los enlaces. Es mucho más rápido posicionar mediante compra de enlaces que mediante un buen contenido o uso de palabras clave (de ahí la penalización, tanto al comprador como al vendedor).

NOTA

El tiempo que se suele dedicar a un *Link Building* puede variar en función del tipo de proyecto o desarrollo al que se haga referencia, pero normalmente suele estar viable en el plazo de un día. Un equilibrio medio y la naturalidad a la hora de usar *Link Building* son fundamentales para no ser clasificados por *Google* como *Black Hat SEO.*

ACTIVIDAD COMPLEMENTARIA

17. Lee detenidamente el siguiente artículo sobre enlaces:

https://redirectoronline.com/adgd211po0301

Una vez consultado deberás responder a las siguientes cuestiones:

- ¿En qué medida son importantes los enlaces para el posicionamiento?
- ¿Nos pueden penalizar por usar enlaces indebidos? Y si fuese así, ¿qué tipo de enlaces son estos?

Argumenta sus respuestas aportando ejemplos y explica de forma general cuál es la forma adecuada de actuar respecto a los enlaces.

3.1. Planificación de la campaña

Antes de generar una campaña de *Link Building* es necesario **planificarla adecuadamente,** teniendo en cuenta varios factores que pueden afectar a la misma.

Es de vital importancia conocer la reputación de los sitios webs que nos enlacen, dado que el objetivo principal de esta campaña es conseguir obtener una mejor posición de un desarrollo o sitio web. Si no lo hacemos podemos obtener el efecto de rebote contrario: no aumentar ese posicionamiento, sino irlo degradando por no haber mirado la reputación de quien nos enlaza.

En cuanto a los enlaces incluidos, debe prestarse atención a la calidad y no a la cantidad. Además, deben estar relacionados con la temática de nuestro contenido o desarrollo web.

 ## ACTIVIDAD COMPLEMENTARIA

18. Imagina que te encuentras inmerso en un proceso de posicionamiento SEO para un desarrollo basado en un blog de un periodista y piensa en cinco sitios webs que merecería la pena que le enlazasen.

A continuación, se muestran algunos **consejos** a tener en cuenta sobre *Link Building*.

Pocos enlaces y de calidad

Lo ideal es tener pocos enlaces y que te **ayuden estratégicamente a posicionar el contenido** en el buscador a tener miles de enlaces que la mayoría no aportan valor SEO al contenido.

Obtener los enlaces muy justos en el tiempo es una mala técnica, lo ideal es ir espaciándolos y aplicar la estrategia *Link Building* a largo plazo.

Equilibrio *nofollow* y *follow*

Si quieres que la estrategia que estás adoptando tenga éxito por parte del buscador, tienes que buscar una armonía o equilibrio entre los enlaces *follow* y *nofollow*.

Lo ideal es un equilibrio 70/30 o 60/40 de enlaces *nofollow* respecto de enlaces *follow*. Recuerda que estos enlaces son muy importantes para el buscador siempre y cuando provengan de sitios de calidad y que estén relacionados con el sitio (temática).

Participar

Una forma rápida de obtener un *Link Building* natural es **participar en páginas o promociones que te puedan premiar** y, claro está, que el objetivo es resultar, si no ganadores, de los primeros, dado que en el listado de *ranking* tendrás enlaces a tu sitio web; enlaces totalmente naturales y cuya relevancia es mucho más grande que cualquier otro enlace.

La duración del enlace dependerá del tiempo que sea público el premio en la página web. Por ejemplo, imagina que optas a un premio de creatividad de contenido y lo ganas: miles de usuarios visitarán tu contenido desde el enlace que te proclama vencedor del premio.

Guías, manuales

Generando contenido de calidad puedes hacer que te enlacen desde muchos sitios. Fundamentalmente este contenido se va a basar en:

Guía o manual	Ebooks
- De buena calidad y que sea de referencia para otros usuarios, puede generarte una buena cantidad de enlaces.	- Herramienta potente para obtener enlaces por ejemplo en blogs.

Herramientas y recursos	Cursos gratuitos
- Facilitar herramientas y recursos de la temática de tu desarrollo puede incrementar la obtención de enlaces.	- Ofreciendo a los usuarios cursos gratuitos de temática relacionada con tu web podrás obtener enlaces de calidad.

Link Building relacional

Se lleva a cabo mediante los enlaces *dofollow* y *nofollow* en tu contenido, con el fin de obtener mención en otros sitios. Lo ideal cuando creas contenido es citar o referenciar otros contenidos desarrollados por profesionales reconocidos en su temática, con ello lograrás dar más valor y credibilidad al contenido y por tanto ganar adeptos.

Si esta técnica la aplicas a las redes sociales, en cuestión de horas puedes generar una gran cantidad de enlaces (recuerda que en las redes sociales los contenidos toman valores exponenciales en pocas horas).

Calidad y no cantidad

La creencia de que todos los días debes publicar contenido para mejorar el posicionamiento en los buscadores de tu sitio o desarrollo web es totalmente absurda; lo primero es pensar en **generar contenido de calidad** (que aporte al usuario que lo consume) y una vez generado ese contenido intentar posicionarlo a través del juego con las palabras clave, para de alguna forma intentar hacerlo único.

Curso gratuito

Ofrecer un curso gratuito sobre la temática que trata el sitio o desarrollo web es una **forma rápida y directa de obtener miles de enlaces** en poco tiempo. Además, si el curso ofrece contenidos de calidad y relevantes puedes optar a ser citado o enlazado en miles de blogs y sitios webs que te ayudarán a mejorar el rendimiento de posicionamiento SEO.

Enlaces de la misma temática

Siempre hay que ser naturales, con lo cual los enlaces que se adopten deben estar **relacionados con la temática del contenido** o desarrollo web. De lo contrario, hacerlo a otras temáticas que no tienen nada que ver con el desarrollo puede traer penalizaciones por parte del buscador *(Google)* y por lo tanto afectará de forma negativa al posicionamiento SEO.

En internet dispones de una herramienta denominada *Moz Link Explorer* que sirve para localizar webs de la misma temática que la tuya y poder enlazar.

Su dirección de acceso es: <https://moz.com/link-explorer>.

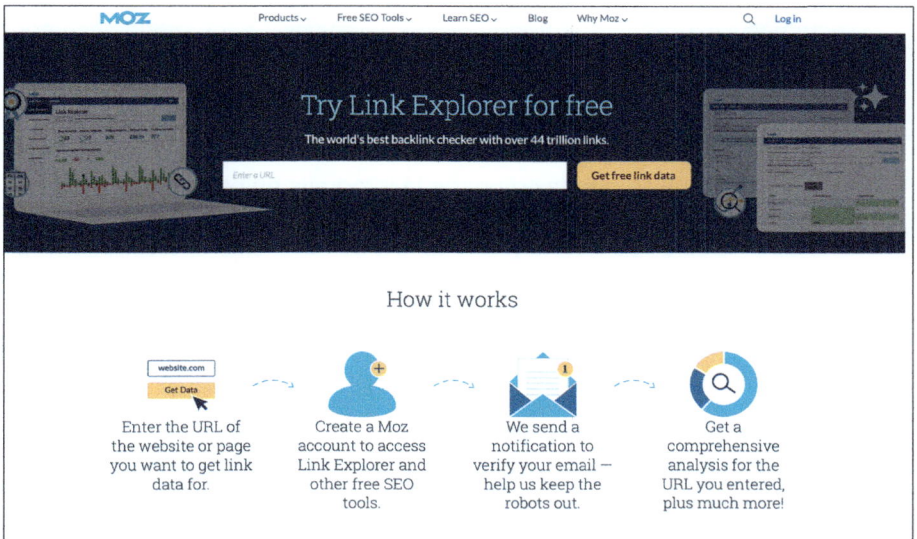

Moz Link Explorer

Crecimiento natural

Se puede recurrir a terceros para comprar enlaces y hacer un posiciona-miento en el buscador del sitio web mucho más rápido que otros desarro-llos. Pero **Google detectará este uso fraudulento** (compra de enlaces) y, por lo tanto, penalizará (esta implementación se encuentra en su algoritmo). La penalización más grave es aquella en la que el sitio o desarrollo no apare-ce en los resultados de búsqueda del buscador.

Para obtener una estrategia o desarrollo *Link Building* totalmente natural es necesario obtener enlaces mediante *Link Baiting* (generar contenido de mucho valor que implique la creación de enlaces al mismo con el objetivo de ser compartido en cientos de sitios web). No hay un número limitado de enlaces a tener en un desarrollo, pero sí es necesario recordar que si el sitio es de reciente creación es conveniente **crear los enlaces de forma espa-ciada** en el tiempo (para que *Google* no lo confunda con una penalización SEO).

Infografías

Una infografía es una representación visual o un diagrama de textos que resume o explica. En una infografía intervienen elementos como **gráficos y signos** (pictogramas, ideogramas y logogramas) formando descripciones, secuencias expositivas, argumentales o narrativas. La infografía nace con la idea de transmitir información de forma gráfica. Para ello, debe ser una infografía acorde con tu desarrollo o sitio web, la cual irás incorporando al mismo (o bien inclusive al logo del desarrollo).

Debes hacer que se pueda compartir la infografía en otros medios por los usuarios que te visitan (en redes sociales, en blogs, comentarios...) y con esto obtendrás enlaces naturales y de calidad a tu sitio o desarrollo web, incrementando por tanto el posicionamiento en el buscador.

GuestBlogging

Herramienta que nos sirve para:

Elegir el sitio donde hacer *Link Building*	Obtener enlaces de calidad	Ajustar la frecuencia de obtención de enlaces
- Antes de nada es conveniente que utilices alguna herramienta de las miles que existen en internet para poder obtener la reputación del sitio web sobre el que vas a hacer *Link Building* (es muy importante porque si el sitio está penalizado por parte del buscador entonces vas mal con la estrategia tomada). También es conveniente analizar la autoridad del sitio. Una herramienta para saber si es penalizado o no es *Semrush*.	- Si tu sitio o desarrollo web no dispone de la autoridad suficiente, será muy costoso el que pueda aparecer en los resultados de búsqueda de los buscadores, de ahí que tengas que analizar los sitios a los que vas a hacer una estrategia *Link Building*.	- Es muy importante que a la hora de generar publicaciones para obtener posicionamiento no las hagas todas a la vez y que se vayan espaciando en el tiempo con el fin de que el buscador *(Google)* no considere que es una estrategia *Link Building* artificial y, por tanto, te penalice. El ajuste ideal (aunque siempre dependerá del contenido y del sitio o desarrollo web) es publicar un par de veces al mes.

Imagen de marca personal

Una imagen de marca personal es algo que aporta **calidad, profesionalidad y valor** a los contenidos aparte de identificar al desarrollo con la marca o imagen.

Si la imagen de marca personal está correctamente diseñada y transmite los valores del desarrollo o contenido web, obtendrás más enlaces de los usuarios y de otros sitios webs.

Amigo *Building*

Se llama así al concepto de crear una **relación amigable con otros desarrollos** o sitios webs que estén en la misma línea o temática que el tuyo; no se trata de verlo como una relación de interés propio entre dos sitios webs, sino una relación de fraternidad a largo plazo que generará más enlaces para ambos sitios por parte de los usuarios.

 PARA SABER MÁS

Accede al siguiente enlace en el que podrás ver cinco ejemplos de estrategias de *Link Building:*

https://redirectoronline.com/adgd211po0302

Como has visto, a la hora de aplicar la estrategia de *Link Building* hay disponibles diferentes formas para obtener enlaces a un sitio web; son las siguientes:

- ➲ **Altas en directorios:** puedes dar de alta la página o desarrollo web en determinados directorios (bien generales o categorizados en base a una determinada temática). Desde 2013, *Google* no tiene en cuenta esta estrategia para posicionar.

- **Directorios de artículos:** puedes introducir determinados artículos con el objetivo de ser publicados en directorios de artículos, pero a cambio te permiten introducir enlaces a tu desarrollo o sitio web.
- *Bookmarking:* es una estrategia basada en guardar o almacenar todo aquello que te interese de cara a posicionar en los buscadores.
- *Link Baiting:* es una estrategia muy usada actualmente, pero de gran complicación, dado que permite obtener una gran cantidad de enlaces a una determinada página del desarrollo, únicamente si su contenido es de calidad (es decir, es consumido por muchos usuarios de la red).
- **Intercambio de enlaces:** siempre que se realice de forma natural y no se sobreexplote esta técnica, es perfectamente válida para obtener el posicionamiento SEO deseado.
- **Compra de enlaces:** esta técnica es mucho más efectiva que la anterior pero implica más riesgo y un desembolso económico (que dependiendo quién o quiénes se podrá o no afrontar).
- **Enlaces desde foros:** consiste en enviar enlaces a foros o bien firmar con un determinado perfil en los foros para obtener posicionamiento.
- **Otras técnicas:** tales como el envío de enlaces a blogs, a redes sociales, escribir revisiones de contenidos, hacer notas de prensa, publicidad *online...*

 ACTIVIDAD COMPLEMENTARIA

19. Realiza una búsqueda en internet de "directorios de enlaces gratuitos" y localiza al menos cinco ejemplos.

3.2. ¿Cómo podemos conocer la autoridad de un sitio?

Existen *plugins* y **herramientas** que van a indicar la autoridad del dominio de una página, entre ellas se encuentran las siguientes (las imágenes se pueden ver en material complementario ud3_3 y ud3_4).

MozBar SEO
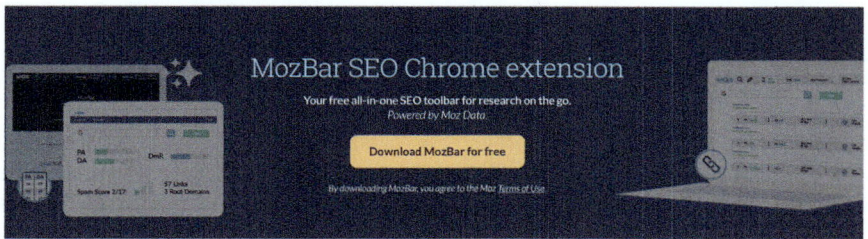

- Se corresponde con un *plugin* gratuito, el cual se puede instalar sobre el navegador *Chrome*.

Moz Pro
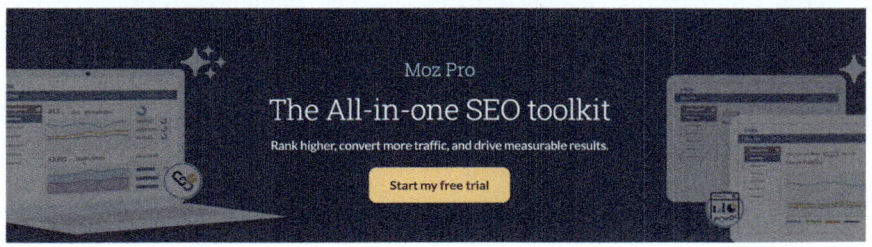

- Se trata de una herramienta *online* que permite analizar una gran cantidad de elementos relacionados con el posicionamiento de un sitio web.

 ACTIVIDAD COMPLEMENTARIA

20. Indica dos sitios webs que suelas visitar a diario y usa las dos herramientas anteriores: *MozBar SEO* y *Moz Pro*, para conocer su autoridad.

4. Link Baiting

☞ HILO CONDUCTOR

En "SEO Consultores Madrid" han desarrollado una página en *Facebook* acorde al desarrollo a posicionar, es decir, basada en los grandes almacenes y están realizando la técnica de *Link Baiting* para obtener un mejor posicionamiento SEO. Esto ayudará a posicionar a los grandes almacenes en los primeros puestos del buscador.

También se le suele denominar **link bait** (enlace cebo). Consiste en una técnica usada en posicionamiento web con el fin de **generar contenido de gran calidad, y que este sea compartido** por otros sitios webs en la red. Es compartido mediante enlaces y gracias a esto ganamos **autoridad web.** Se distinguen dos **tipos de enlaces:**

Natural	Artificial
- Es aquel que se establece en cualquier sitio web sin necesidad de condicionar a nadie; es decir, enlazan porque les ha gustado el contenido. Suelen ser insertados por los *webmaster* o administradores webs y se pueden clasificar según:	- Es todo aquel que se establece en algún sitio web y no es de forma condicional (bien sea por imposición, bien sea por otras técnicas). No suelen ser insertados por los *webmaster* o administradores webs, y se pueden distinguir:

- Enlace que no ha sido buscado (nos enlazan por calidad).
  - Enlace pedido.
  - Enlace cobrado.
  - Enlaces de *bloggers.*
  - Intercambio de enlaces.
	- Enlaces de foros.
	  - Enlaces en comentarios.
	  - Enlaces provenientes de subdominios.
	  - Enlaces de granjas.

NOTA

Hay sitios en internet que unas veces se dedican a criar y cebar enlaces de manera legal y otras veces ilegal, con el fin de obtener beneficio de esa cría y ceba; esos son los enlaces de granjas.

De esta forma llegan los integrantes de un posicionamiento SEO a ese enlace de granjas, obtienen XXXXX enlaces y comienzan a posicionar de forma rápida; hay que considerar la legalidad y penalización de esta acción.

- -

Hay que ser sumamente cuidadosos con los enlaces artificiales, dado que *Google* es capaz de detectarlos y clasificarlos como tal, con la consecuente penalización SEO que sufrirá el desarrollo.

Por lo tanto, para **mejorar el posicionamiento** de un desarrollo hay que usar los enlaces de forma adecuada.

APLICACIÓN PRÁCTICA

Jorge ha llevado a cabo un posicionamiento con su desarrollo basado en la compraventa de coches de segunda mano, pero ha observado que no tiene muchas visitas por parte de los usuarios de internet. ¿Qué opción le aconsejaría para intentar aumentar dicho posicionamiento y visitas?

- **a. Puede crear en internet 100 páginas tipo blog con enlaces al desarrollo.**
- **b. Puede pedir a los *webmaster* de todos los desarrollos que hay en internet que le enlacen.**
- **c. Debe dejarlo todo en manos de *Google* y él posicionará.**
- **d. Puede integrar un blog con comentarios de los clientes (usuarios registrados) del desarrollo.**

Solución

Integrar un blog con comentarios de los clientes (usuarios registrados) del desarrollo es la mejor opción de todas, dado que obtendrá retroalimentación del sitio

Continúa en página siguiente >>

<< *Viene de página anterior*

web o desarrollo a través de los comentarios que van dejando los usuarios registrados en el mismo y con los enlaces que se van generando hacia el desarrollo.

El resto de opciones implica directamente penalización SEO, excepto la de dejar
todo en manos de *Google,* que es lo menos indicado que debe hacerse nunca.

 ## ACTIVIDAD COMPLEMENTARIA

21. Localiza al menos tres desarrollos o sitios webs que tengan dos características
    principales: que integren compra *online* y que integren un blog para clientes.

    A partir de las mismas, consulta la autoridad de dichas webs con las herramien-
    tas adecuadas y determina qué factores influyen en la autoridad de un sitio.

A la hora de **planificar una técnica de *Link Baiting*** sobre el desarrollo o
sitio web debes conocer los posibles beneficios y perjuicios que pueden
presentarse.

Ventajas ✓	Inconvenientes ✗
- Es una técnica muy barata y fácil de realizar (salvo por las planificaciones a tener en cuenta).	- Dependencia humana: para que te enlacen, sea de donde sea, hay que generar contenido de calidad; todo esto implica planificar los contenidos para alcanzar el mayor número de enlaces posible.
- Dado que te pueden enlazar desde cualquier sitio, generas una buena reputación en torno a los usuarios y también en torno a la marca del sitio o desarrollo web.	
- Alrededor de tu sitio o desarrollo web creas una comunidad de usuarios; enfocar la estrategia de *Link Baiting* es fundamental en la comunidad.	- Dificultad en su métrica: no puede obtenerse una numeración tan clara como en el *PageRank*; además no se puede esperar tener resultados a muy corto plazo, con lo cual necesitas de una planificación temporal previa.
- Creando contenido de calidad que frente a un usuario le permita resolver sus dudas, conflictos y necesidades traerás tráfico de calidad al desarrollo o sitio web, visto desde el punto de vista de cantidad y calidad, lo que se conoce como tráfico referente.	
- Confianza que se demuestra a través de la tasa de conversiones. Esta tasa es aquella en la que un usuario deja de ser un usuario de un sitio para convertirse en cliente del mismo; fundamental para nosotros y para nuestro posicionamiento SEO.	- Imposible controlar enlazados: no se puede saber quién nos enlaza, ni si está en nuestra misma temática, ni si es una web de confianza...
- Mayor autoridad, con lo cual ganarás posiciones en los ítems de posicionamiento del buscador.	

Cuando se trabaja con *Link Baiting* hay una serie de **procesos a tener en cuenta,** como son:

1. Análisis de palabras clave
2. Analizar el tráfico de un sitio
3. Análisis de *backlinks*
4. Crear *Link Baiting*
5. Análisis de los resultados

 PARA SABER MÁS

Accede al siguiente enlace en el que se muestra un artículo que describe qué es, qué no es *Link Baiting* y cómo llevar a cabo la estrategia.

Continúa en página siguiente >>

<< Viene de página anterior

https://redirectoronline.com/adgd211po0303

4.1. Análisis de palabras clave

Un buen **análisis de palabras** o **frase clave** junto con la temática del desarrollo o sitio web es clave para un buen posicionamiento SEO.

 RECUERDA

Una palabra o frase clave es aquella que los usuarios de los buscadores introducen en la caja de texto de los mismos para obtener una lista de resultandos clasificados en forma de *ranking,* siendo el objetivo de las mismas posicionar en las primeras posiciones de este *ranking.*

Será necesario hacer un análisis también de **cómo la posible competencia directa se posiciona** con palabras clave y consultar las **tendencias de estas últimas por parte de los usuarios.**

Gracias al análisis anterior se obtendrá una lista actualizada con la que poder crear contenido de calidad junto con las palabras o frases clave del desarrollo para poder optar por un buen posicionamiento SEO.

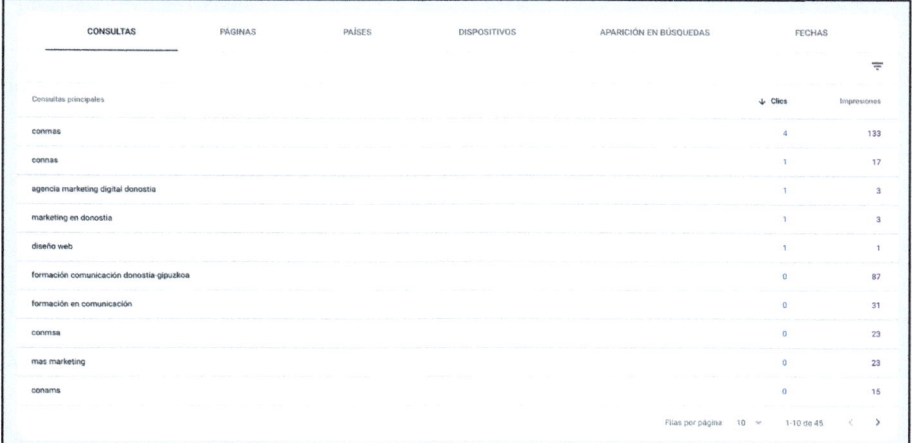

Análisis de palabras clave con Google Search Console (la imagen puede verse en material complementario ud3_5).

4.2. Analizar el tráfico de un sitio

El **tráfico orgánico** es aquel que se obtiene de forma gratuita gracias a los motores de búsqueda, redes sociales... Particularmente este tráfico lo obtienen en mayor medida los sitios o desarrollos webs relevantes, conocidos y más visitados por los usuarios de internet.

El que no se obtiene de forma gratuita es aquel que se genera en una campaña de posicionamiento SEM, el cual es de pago; dependiendo de la cantidad que paguemos tendremos X tráfico; obviamente mientras más grande sea esta cantidad, más tráfico nos llegará.

El análisis del tráfico de un sitio es muy importante de cara a un posicionamiento SEO, ya que permite adecuar el contenido del sitio a los usuarios del mismo, consiguiendo con esto que posicione mejor.

 **EJEMPLO**

Imagina que tienes una tienda *online;* si controlas de dónde vienen los usuarios, es decir, si son de España, de China o de EE. UU., puedes crear contenido personalizado para ellos y atraer mucho más público y, por lo tanto, posicionar mejor.

[181]

Además, el análisis del tráfico de un sitio sirve para otras **finalidades:**

- Saber si está habiendo buen posicionamiento y buena aceptación del desarrollo.
- Analizar otro sitio distinto, que bien enlazamos o nos enlaza, para conocer la "reputación del mismo" (si nos aporta seguimos adelante, si nos resta se eliminará).

Si abres un navegador de internet y en el buscador de *Google* introduces "obtener más seguidores webs" obtendrás una lista de resultados.

Quédate con los dos primeros resultados. A partir de los mismos, vas a copiar sus **URL** y a consultar su **tráfico orgánico.**

Ahora vas a usar la herramienta ***Semrush*** localizada en la dirección web: <https://www.semrush.com/>, que puedes observar a continuación:

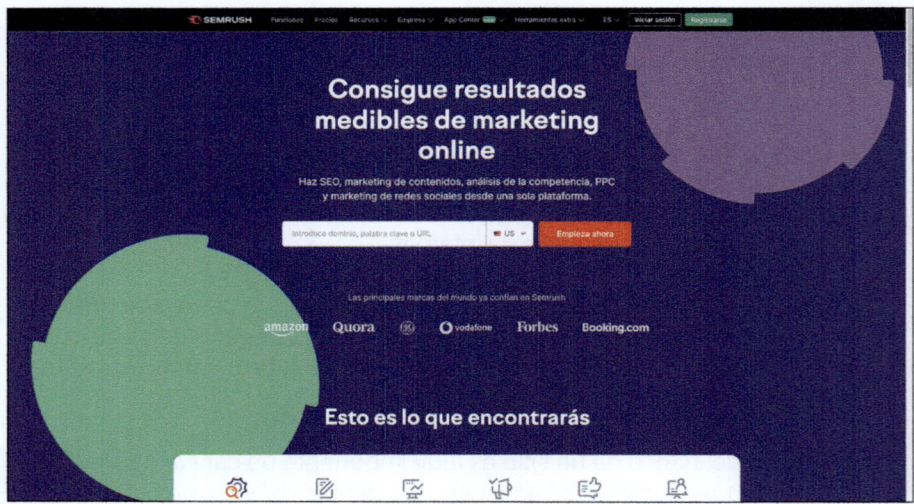

Página principal de Semrush

Introduce la primera URL que has copiado anteriormente en la caja de texto y pulsar **Star now** para conocer el tráfico orgánico de dicha **URL:**

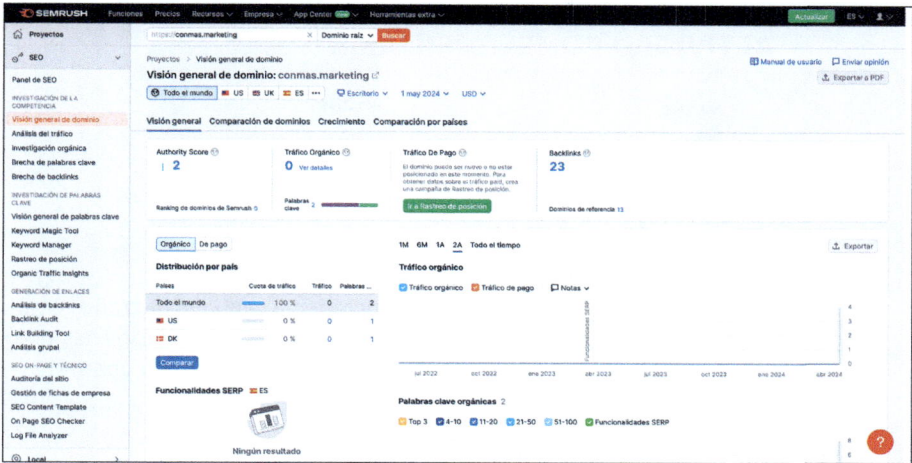

Visión general del dominio obtenida con Semrush (la imagen puede verse en material complementario ud3_7).

De la imagen anterior puedes obtener datos tales como el número de visitas mensuales que son 587, y también puedes ver cómo está posicionado con las palabras clave, que en el caso de la imagen anterior son 62. Si haces clic en él obtendrás una lista con los resultados más relevantes:

Comportamiento de las palabras clave orgánicas en el dominio usando Semrush (la imagen puede verse en material complementario ud3_8).

ACTIVIDAD COMPLEMENTARIA

22. Piensa en tres webs relacionadas con las siguientes temáticas:

- Periódicos digitales
- Cadenas de televisión

Con las herramientas adecuadas, intenta obtener la cantidad de tráfico orgánico y usuarios que las consultan, y realiza una comparativa de los mismos, determinando la utilidad que proporciona analizar el tráfico de una web.

4.3. Análisis de *backlinks*

Los *backlinks* son la **cantidad de enlaces que recibe una página web,** es decir, el número total de enlaces que apuntan a dicha página de un desarrollo.

Estos enlaces que apuntan son los que **darán autoridad si son enlaces buenos,** por lo tanto, es importante analizar los enlaces que apuntan al desarrollo, dado que los que interesan son enlaces de calidad y enlaces que tengan autoridad en internet para, de forma indirecta, beneficiarte de esa calidad y esa autoridad en el desarrollo (se podría decir que se hereda parte de ella).

Para el análisis de los *backlinks* de cualquier sitio o desarrollo web puedes usar una herramienta llamada ***Ahrefs,*** que se encuentra disponible en: <https://ahrefs.com/>.

Página principal de Ahrefs

Para ello, de las dos **URL** que copiaste anteriormente al hacer la búsqueda de "obtener más seguidores webs" vas a coger la primera y vas a analizar sus *backlinks*. En primer lugar, **introduce las URL en** *Ahrefs* y obtendrás los resultados, tal y como puedes ver en la siguiente imagen:

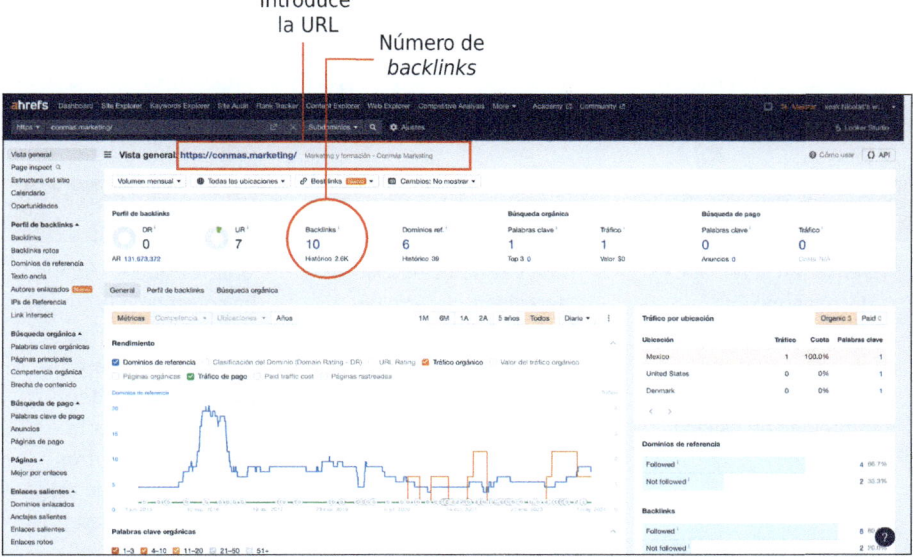

Ejemplo de análisis de URL con Ahrefs

ACTIVIDAD COMPLEMENTARIA

23. Selecciona, de entre las páginas que más frecuentemente consultas en internet, tres de ellas y mediante la herramienta anterior, *Ahrefs,* localiza los *backlinks.*

4.4. Crear *Link Baiting*

Cuando estás creando una estrategia de *Link Baiting* debes plantearte una serie de preguntas tales como:

- ⮩ ¿Aporta valor al usuario?
- ⮩ ¿Resuelve necesidades el contenido?
- ⮩ ¿Compartiría el contenido si no fuera propio?

Si la respuesta a alguna de las preguntas anteriores es **NO,** deberías **reenfocar la estrategia** *Link Baiting* que estás desarrollando, dado que no vas por buen camino.

Una buena forma de **reenfocar esta estrategia** sería debatir en torno a estas tres ideas:

Crear una necesidad	Solventar la necesidad	Pedir algo a cambio
- Pensar en la temática del desarrollo y ver una necesidad en torno al mismo para tratar de crear contenido de calidad.	- Una vez detectada la necesidad, desarrollar el contenido de calidad para intentar que el usuario cuando se lea el contenido pueda solventar la necesidad y así tenga una predisposición a valorar el contenido.	- Una vez que el usuario ha solventado la necesidad de forma natural, educada y cortés se le puede pedir que comparta el contenido para otros usuarios (creando así enlaces de calidad hacia el desarrollo).

4.5. Análisis de los resultados

Para saber **si la estrategia adoptada está funcionando** según lo previsto, se realiza el análisis de los resultados, para ver o **medir los impactos** en el desarrollo. Para ello, el análisis de los resultados se centra en tres **variables:**

Autoridad generada	Tráfico referente	Conversiones

Autoridad generada

Se trata de **analizar los enlaces que ha recibido tu sitio web** a través del contenido generado. En otras palabras, conocer el número de enlaces que tiene cada uno de los contenidos que hay generados en la estrategia de *Link Baiting,* la calidad de los enlaces (autoridad de la página que te hace el enlace), la temática de la web que enlaza a tu contenido y si es el enlace *dofollow* o *nofollow.*

Para ello, dispones en internet de herramientas como:

- ⮑ Ahrefs: <https://ahrefs.com/>.
- ⮑ Moz: <https://moz.com/>.
- ⮑ Sistrix: <https://www.sistrix.es/>.

Tráfico referente

El tráfico referente es aquel que **recibes por la mediación de otros sitios webs, blogs...** en otras palabras, por los vínculos que enlazan a tu sitio o desarrollo web. Al llevar a cabo una estrategia de *Link Baiting,* lo ideal es recibir en un plazo breve de tiempo gran cantidad de tráfico referente, lo que repercutirá directamente sobre el posicionamiento de tu contenido.

A través de ***Google Analytics*** puedes observar el tráfico referente de tu desarrollo o sitio web.

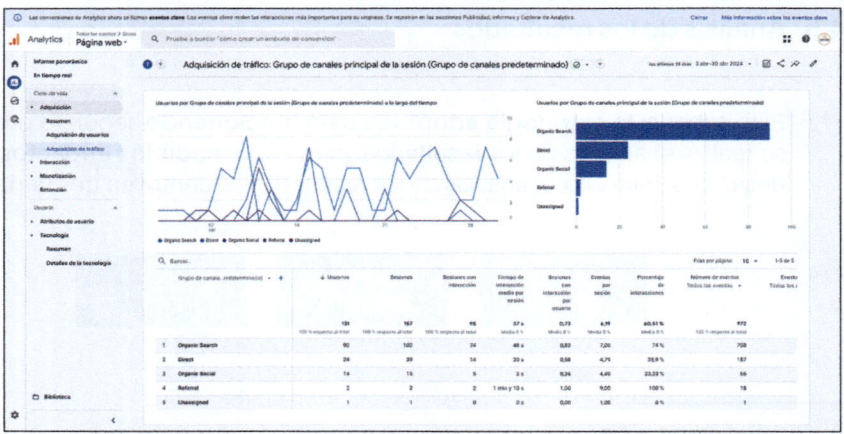

Informe de la adquisición del tráfico en la que se muestran los canales que generan tráfico hacia la web (la imagen puede verse en material complementario ud3_11).

Conversiones

Al llevar a cabo una estrategia de *Link Baiting* vas a repercutir directamente en el sitio o desarrollo web con una mejor reputación y con el anexo de una comunidad de usuarios en torno a él. De esta comunidad de usuarios obtendrás directamente una mejor confianza en el sitio o desarrollo web y, por tanto, una mayor tasa de conversión (usuario que se convierte en cliente).

Desde **Google Analytics** puedes medir la tasa de conversión, tal y como puedes ver en la siguiente imagen (la imagen puede verse en material complementario ud3_12):

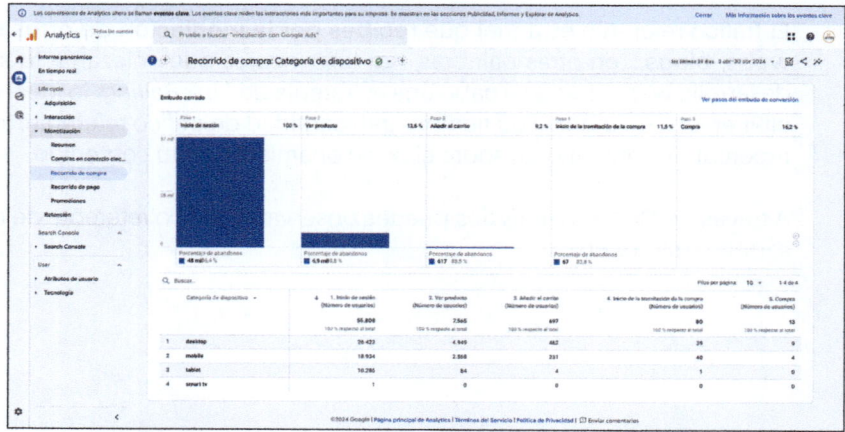

Ejemplo de recorrido de compra en un comercio online utilizando Google Analytics

5. Analítica web

☞ HILO CONDUCTOR

"SEO Consultores Madrid" cada vez que posiciona el desarrollo lleva a cabo analíticas webs para conocer lo que los usuarios de internet hacen en el desarrollo o sitio web, siempre con el fin de poder ayudarles y ofrecerles actualizaciones o modificaciones que les simplifiquen la forma de hacer las cosas en el desarrollo o sitio web.

- -

Conocer lo que los **usuarios de tu sitio web opinan** de él, es fundamental para conocer sus características, las páginas más visitadas, de qué sitio son los usuarios que te visitan, el tiempo que han permanecido en la web, el tiempo que han permanecido en una determinada página, las interacciones que han realizado en el desarrollo...

Una buena valoración por parte de los usuarios aumentará las visitas, la autoridad del sitio y, por tanto, el posicionamiento.

En el mercado hay cientos de *software* (de pago y gratuitos) para **analizar el rendimiento** o analítica web. *Google* tiene disponibles dos servicios gratuitos para *webmaster* con tal fin que son:

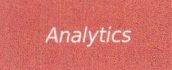

Analytics   SITEMAP

DEFINICIÓN

Analítica web
Conjunto de técnicas relacionadas con el análisis de datos en torno al tráfico que soporta un sitio o desarrollo web con el fin de optimizar el mismo.

Cuando se habla de analítica web hay que tener claros los siguientes **conceptos:**

- **Clic:** instancia de un usuario cuando pulsa un hipervínculo para acceder a otra página.
- **Duración de la sesión:** se corresponde con la cantidad de tiempo medio que pasan los usuarios en un sitio cada vez que lo visitan. No es un dato relevante para *Google* a la hora de posicionar.
- **Duración de la vista de página:** se corresponde con la cantidad de tiempo que pasan los usuarios en un desarrollo o sitio web. Este indicador es muy importante para *Google* porque le indica en cierto modo el interés de los usuarios por un determinado sitio web, cuanto más tiempo pase mejor posicionará.
- **Frecuencia:** mide la cantidad de tiempo que tardan los usuarios en alcanzar tu desarrollo o sitio web. Se usa para mediciones de audiencia.
- *Hit:* una página web está compuesta fundamentalmente de imágenes, sonidos, textos... A estos elementos es a los que se les denomina *Hit*. Es decir, se puede afirmar que cada vez que se hace una petición a un determinado servidor, se está solicitando un archivo *Hit*.
- **Nuevo visitante:** es aquel usuario que visita por primera vez un desarrollo. Para ello, se basa en las *cookies,* si el usuario llega y no hay *cookies* es un nuevo usuario, pero si tiene *cookie* ya no es nuevo usuario.
- **Página de destino:** es aquella página a la que llega un usuario después de hacer clic en un enlace externo al desarrollo, por ejemplo un anuncio de texto en otra página existente en la red o inclusive en los resultados de búsqueda de un buscador.
- **Página de salida:** es aquella página a la que accede en último lugar un usuario durante la estancia en el desarrollo (fin de visita o sesión).
- **Página vista:** se llama así a las páginas a las que se accede dentro de un mismo desarrollo o sitio web.
- **Páginas vistas únicas:** se corresponde con el número de veces que una página es vista por distintos usuarios, gracias a este indicador se puede saber, por ejemplo, cuál es la página más visitada del desarrollo.
- **Porcentaje de salida:** se corresponde con el porcentaje que indica la cantidad de usuarios que salen de una página web de un sitio o desarrollo

web. Es un buen indicador para saber qué páginas no funcionan bien en el desarrollo y cambiar su estructura o contenidos.

- ⮑ **Primera visita o sesión:** es la primera vez que un usuario visita o ingresa a un desarrollo o sitio web. Es aquí cuando se genera la *cookie* de visitas.
- ⮑ **Ruta de clics:** es una secuencia de hiperenlaces que siguen los usuarios hasta alcanzar el sitio web.
- ⮑ **Tasa de rebote:** es el tanto por ciento de usuarios que abandonan un sitio web tras solo haber visualizado una página sin haber interactuado con ella.
- ⮑ **Tiempo de visibilidad:** corresponde al tiempo en que una sola página es vista por un usuario.
- ⮑ **Tráfico de búsquedas:** se trata del tráfico interno de los resultados ofertados a un navegador web después de que un usuario realice una determina consulta (con palabras o frases clave). Gracias a esto se puede obtener un *ranking* de palabras o frases clave relacionadas con determinados sitios webs.
- ⮑ **Tráfico directo:** indicará la cantidad de usuarios que han accedido de forma directa a un desarrollo o sitio web, es decir, indicará los usuarios que llegan al sitio web escribiendo la dirección del mismo en la barra de direcciones del navegador (la URL del sitio web).
- ⮑ **Tráfico referido:** es aquel tráfico que proviene de cuando un usuario que está en un determinado sitio de la red hace clic en un enlace y lo lleva a otro sitio web, en este caso a tu sitio web.
- ⮑ **Visitas:** se denomina visita a la interacción que tiene un usuario con el desarrollo. Normalmente las visitas se cierran cuando el usuario tiene un periodo de inactividad de 30 min en el sitio web o bien cuando se cierra la página del mismo. También se denominan sesiones.
- ⮑ **Visitante:** es el usuario que accede a un desarrollo o sitio web a través de algún dispositivo informático.
- ⮑ **Visitante único:** se corresponde con el número de visitantes diferentes que han accedido a un desarrollo en un determinado periodo de tiempo.
- ⮑ **Visitante recurrente:** se llama así al visitante que no es nuevo, es decir, que ya ha visitado al menos una vez la web.

Las **herramientas para poder obtener información de un sitio web,** para obtener la información de los usuarios del sitio (de dónde proceden, qué hacen en el sitio, qué páginas son las que navegan, cuánto tiempo...) son las siguientes:

Analizadores de ficheros de *logs*	Etiquetado de páginas
- *Software* dedicado a analizar a los servidores para proporcionar información del tipo: quién, cuándo y cómo los visitan. Ofrecen como ventajas:	- A cada página se le incorpora un *script;* cada vez que la página es visitada el *script* actualiza una base de datos (necesaria para la impresión y para las *cookies).* Gracias al etiquetado de páginas:

- La información siempre está disponible.
- Los servidores capturan el 100 % de accesos.
- La información es estandarizada y se encuentra en los servidores.
- Se tienen en cuenta las peticiones fallidas.

- Para capturar información solo hay que modificar el *script.*
- Suele usarse cuando el desarrollo se aloja en servidores a los que no se tiene acceso directo.

Sistemas híbridos	Packet Sniffing
- Consiste en la combinación de las dos anteriores: analizadores de ficheros de *logs* y etiquetado de páginas.	- Consiste en capturar la información que viaja entre el ordenador del usuario y del desarrollo o sitio web, obteniendo información directa y óptima.

 PARA SABER MÁS

Accede al siguiente enlace para consultar un artículo en el que se explica cómo sacar el máximo provecho a tu sitio web:

https://redirectoronline.com/adgd211po0318

5.1. *Google Analytics*

Para poder usar esta herramienta debes estar registrado o tener una cuenta de *Google* con la cual iniciar sesión. Puedes acceder desde la dirección: <https://analytics.google.com>.

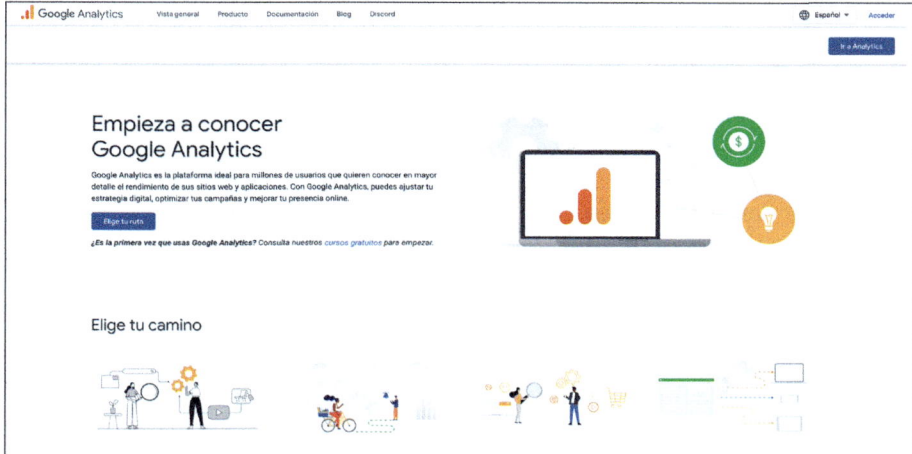

Página de ayuda y acceso a Google Analytics

Hoy en día es importante comprobar que los usuarios pueden acceder a tu desarrollo a través del móvil; dado que es la tecnología más usada por la mayoría de la gente para acceder a internet y realizar consultas. Así, si no se puede acceder a tu desarrollo desde un terminal móvil va en perjuicio de un buen posicionamiento del desarrollo.

Google Analytics realiza la función de analítica de móviles. Gracias a estos informes vas a conocer las visitas que recibes desde los mismos, si son *tablets*, teléfonos... De entre todas destaca la visualización de estadísticas por ubicación que permite conocer el origen del tráfico desde los móviles, así como realizar predicciones para mejorar dicho tráfico.

También permite saber si la publicidad está siendo o no efectiva, pero esto entra dentro de la analítica de publicidad, otra función que también aporta esta herramienta.

Además de lo anterior, *Google Analytics* te ofrece otras funciones, entre las que se encuentran las que se describen a continuación.

Herramientas de análisis

Gracias a estas herramientas vas a poder gestionar los datos producidos por tu sitio o desarrollo web. A partir de estos datos puedes generar informes del tipo:

- **Informes en tiempo real:** te van a permitir medir la actividad a medida que esta va sucediendo en el sitio web. Puedes saber cuántas personas están conectas al sitio web en un momento, de dónde proceden y qué están visualizando. Además si estás conectado con las redes sociales puedes saber el impacto inmediato de su uso.
- **Informes personalizados:** podrás decidir qué información deseas analizar en un momento dado. Puedes crear un panel a tu medida del desarrollo con las funciones que necesites para no tener que acceder a todos los datos generados por *Google Analytics*. Además puedes compartir estos informes personalizados.
- **Variables personalizadas:** gracias a las variables personalizadas vas a poder segmentar a los usuarios y ver su grado de complicidad con tu sitio web (no solo de clientes particulares, sino de cualquiera que visite tu aplicación).
- **Segmentación avanzada:** fundamental para el comercio *online*. Si los usuarios toman una misma ruta hacia tu sitio web, ¿por qué unos se gastan o compran más que otros? Podrás segmentar para saber qué ocurre en cada caso.
- **Paneles personalizados:** *Google* pone a tu disposición los "KPis" que son paneles con los indicadores de rendimiento más importantes o generales. Puedes crear un panel personalizado a tu antojo para el desarrollo en cuestión.
- **Visualización:** gracias a esta vas a saber desde qué ruta vienen los usuarios a tu sitio web, denominado "visualización del flujo de tráfico". Además dispones de "analítica de página" que te permitirá saber el grado de interacción de un usuario con una página determinada.
- **Compartir:** todas las funciones pueden ser compartidas con uno o más *webmaster,* dado que lo normal cuando haces posicionamiento SEO es que formes parte de un grupo de trabajo y no lo hagas individualmente.
- **Api y personalización de datos:** dado que los datos con los que trabajas los genera la aplicación que has desarrollado o estás manteniendo, *Google* permite personalizar los datos aplicando el formato que desees.

Analítica de contenido

Gracias a ella obtienes datos acerca de cómo los usuarios visitan tus páginas, durante cuánto tiempo las visitan y con qué frecuencia lo hacen. Además, te va a permitir también:

- **Búsquedas en el sitio:** cuando un usuario no localiza lo que desea, lo normal es que acabe por buscarlo mediante el buscador de la página. Puedes obtener las búsquedas que realizan los usuarios en el sitio web y obtener más información de qué necesitan del mismo.
- **Analítica de página:** gracias a esta analítica vas a poder ver visualmente (mediante gráficos y estadísticas) cómo los usuarios se mueven e interactúan con el sitio web.
- **Análisis de velocidad del sitio:** con estos informes obtienes datos acerca de lo que tardan las páginas del sitio web en cargarse de cara a los usuarios que la visitan; en el caso de que sean muy lentas puedes modificar las que sean oportunas para ofrecer una mejor experiencia al usuario durante su visita al desarrollo.
- **Seguimiento de eventos:** en cualquier momento podrás saber dónde hacen clic los usuarios, los contenidos que se descargan del sitio web o ver con qué parte de la página interactúan.
- **Aumentar eficiencia:** del análisis de todos los informes anteriores obtienes una serie de información que si sabes aplicarla correctamente sobre tu aplicación aumentarás la eficiencia de la misma y, por tanto, mejorarás la experiencia del usuario en tu sitio web.

Analítica de las redes sociales

Las redes sociales han sufrido una evolución muy rápida en los últimos años. Estos informes te van a permitir saber qué impacto tiene tu desarrollo o sitio web en las redes sociales. Vas a poder:

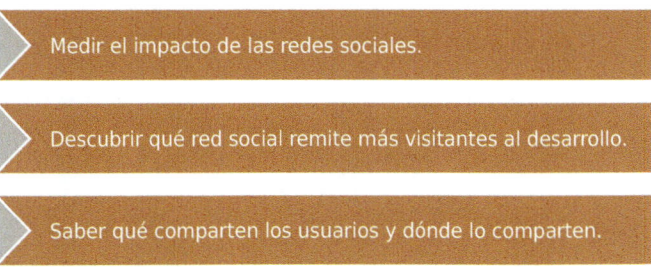

Medir el impacto de las redes sociales.

Descubrir qué red social remite más visitantes al desarrollo.

Saber qué comparten los usuarios y dónde lo comparten.

Analítica de móviles

Gracias a estos informes vas a conocer las visitas que recibes desde los mismos, si son *tablets,* teléfonos... De entre todas destaca la visualización de estadísticas por ubicación que permite conocer el origen del tráfico desde los móviles, así como realizar predicciones para mejorar dicho tráfico.

Analítica de conversiones

Gracias a estas analíticas vas a poder saber cómo traer más usuarios a tu sitio web. Para ello, vas a poder analizar las ventas, las descargas, reproducciones de vídeos... Además permite saber qué usuarios compran en el sitio web y qué otros no (información muy valiosa para, en base a ella, poder modificar el desarrollo o sitio web).

Analítica de publicidad

Normalmente para atraer más usuarios a tu desarrollo se hacen inversiones en publicidad en la red. Estas analíticas permitirán conocer si la publicidad está funcionando correctamente o no.

A continuación, vas a ver cómo **comenzar a usar *Google Analytics.*** Para ello, debes seguir estos pasos:

Crear una cuenta
- Vas a crear y configurar una cuenta en *Google Analytics* por primera vez. Para ello, accede a <https://analytics.google.com> y pulsa en **Inicie sesión** o **Cree una cuenta** (recuerda que debes tener cuenta en gmail para usar esta herramienta de *Google)*.
- Una vez registrado tendrás acceso a cinco apartados en el lateral izquierdo de la pantalla:
  - Página principal
  - Informes
  - Explorar
  - Publicidad
  - Configuración

Solventar la necesidad
- A continuación, pasa por la pestaña "admin" de tu cuenta de *Google Analytics* para añadir el sitio web que deseas analizar (por medio de la creación de una nueva cuenta). Para ello, pulsa en **Crear cuenta nueva** y proporciona la siguiente información:
  - Nombre de la cuenta.
  - Nombre del sitio web.
  - URL del sitio web.
  - Categoría.
  - Zona horaria: es muy importante establecer la zona horaria correcta, dado que va a servir luego para obtener informes del horario en el que te visitan los usuarios y, sobre todo, para informes en tiempo real que se ajusten a la realidad.

Continúa en página siguiente >>

<< Viene de página anterior

Incorporar código a la web
- Una vez que has completado el formulario anterior debes insertar un código que te proporcionará *Google Analytics* en tu sitio web (normalmente en un registro txt de tu dominio).
- Desde ahora ya puedes hacer uso del resto de pestañas (informes, personalización y administrador).

 PARA SABER MÁS

Accede al siguiente enlace para ver en detalle todas las funciones que ofrece *Google Analytics* y resolver todas las dudas que tengas al respecto:

https://redirectoronline.com/adgd211po0305

 ACTIVIDAD COMPLEMENTARIA

24. Crea tu propia cuenta de *Google Analytics* y sube algún desarrollo.

    Para ello, te puedes basar en una página que contenga la opinión de un artículo periodístico e intentar indexar dicha página y agregar palabras clave.

    Explica también las ventajas de utilizar esta herramienta.

TAREA 12

Marcos tiene dudas sobre la cantidad de usuarios que están visitando su blog periodístico y quiere saber además si su desarrollo es accesible desde los teléfonos móviles.

Deberás usar las herramientas necesarias para mostrarle a Marcos cómo obtener dicha información. Para ello, puedes basarte en un desarrollo de su elección.

---

6. Algoritmo de *Google*, *PageRank* y *TrustRank*

☞ HILO CONDUCTOR

"SEO Consultores Madrid" tiene muy en cuenta tres factores a la hora de posicionar que son el algoritmo de *Google,* el *PageRank* y el *TruskRank.* En cuanto a estos dos últimos siempre intentan tener una puntuación alta porque saben que darán a sus posicionamientos dos atributos relevantes: autoridad y confianza en el sitio web.

El algoritmo de *Google* es la forma que tiene para **posicionar las páginas ante una búsqueda de un usuario,** es decir, es el que decide quién sale en primer lugar, en segundo... está en actualización constante.

NOTA

El algoritmo de *Google* no se puede controlar, tampoco se puede saber cómo posiciona, ya que *Google* no ha desvelado el código del algoritmo, ni lo hará a corto plazo.

El **mecanismo o funcionamiento del buscador** de *Google,* en principio, es bastante simple y se puede describir en las siguientes fases:

1. El administrador(es) de las páginas webs envía la dirección de las mismas (URL) al motor de búsqueda en concreto, en nuestro caso *Google*.
2. El motor web envía una araña web para inspeccionar nuestro sitio, extraer vínculos hacia otras páginas y devolver la información con objeto de ser indexada.
3. El indexador extrae la información sobre la página que ha almacenado la araña web.

Las primeras versiones del algoritmo de *Google* usaban la información que era facilitada por los administradores del sitio o desarrollo web, conocidos como *MetaTags*. Pero pronto se optó por cambiar, dado que no era un método demasiado concreto (las palabras proporcionadas por el administrador en el *MetaTags* podían no estar en sintonía con el desarrollo en sí).

De lo anterior se deriva un claro abuso de los administradores por "engañar" al motor de búsqueda de *Google* y aparecer en las primeras posiciones.

Obviamente, el algoritmo de *Google* se modificó apareciendo en escena un algoritmo que **puntuaba la relevancia de los sitios webs** y que se conoce con el nombre de ***PageRank.*** Para ello, *PageRank* se basa en la cantidad y en el peso de los vínculos entrantes de un sitio web para poder puntuarlo.

 SABÍAS QUE...

En el año 2000, al realizar una búsqueda en *Google* podíamos localizar un elemento llamado *Google Toolbar*, que entre otras cosas nos mostraba la cantidad de *PageRank* asociado a un determinado sitio web (el cual varía de 0 a 10). La última actualización de *PageRank* se llevó a cabo en 2013, manteniéndose intacto hasta la fecha.

En parte, *PageRank* se dejó a un lado debido a las malas artes usadas por parte de los administradores webs para posicionar mejor sus desarrollos (a través de la compra y venta de vínculos para variar la puntuación dada por *PageRank* a sus desarrollos).

El algoritmo ha sido modificado a medida que se han ido detectando prácticas no legales de posicionamiento SEO. El algoritmo usado por *Google* es algo a lo que **no tenemos acceso de forma directa y es totalmente privado;** nos cuentan cierta información para poder posicionar de forma correcta, pero no nos dan la información al 100 % de lo que hace dicho algoritmo.

Cuando *Google* realiza cambios o mejoras en su algoritmo de posicionamiento normalmente suele "bautizarle" con el nombre de un animal: panda, pingüino... una forma original y divertida de clasificar contenidos.

Entre las **modificaciones que *Google* ha realizado** para mejorar el algoritmo se encuentran las siguientes:

Panda
- Desarrollado para intentar evitar los posicionamientos de sitios o desarrollos webs con contenido insuficiente, de baja calidad o bien copiado y pegado de otros sitios.

Pingüino
- Desarrollado para intentar evitar las malas prácticas en el posicionamiento artificial de los sitios o desarrollos webs (hablamos de *Link Building*, palabras clave y elementos de posicionamiento).

Colibrí
- Es más reciente que los dos anteriores y supone toda una revolución para *Google*, dado que mejora la experiencia del usuario ofreciendo respuesta a preguntas complejas y relacionando conceptos.

Paloma
- Desarrollado en 2014, se centra en posicionar los resultados de la búsqueda local más útil según la ubicación geográfica del usuario que introduce la búsqueda.

Aparte de estas actualizaciones citadas, al cabo de un año *Google* puede modificar más de 400 veces sus algoritmos para conseguir sus metas y estrategias, por lo que comentarlos todos es una tarea casi imposible.

 PARA SABER MÁS

Accede al siguiente enlace en el que podrás comprobar las últimas actualizaciones en el algoritmo de *Google:*

Continúa en página siguiente >>

<< Viene de página anterior

https://redirectoronline.com/adgd211po030616

6.1. *PageRank*

PageRank es una marca que pertenece a *Google* y que se compone de una serie de algoritmos cuya finalidad es la de **establecer a través de una numeración la relevancia de las páginas** que hay en internet, pero no de todas las páginas, sino únicamente de las páginas que están indexadas por los motores de búsqueda.

Hace varios años *PageRank* influía de forma directa en el posicionamiento de un desarrollo o sitio web, de tal forma que si se tenía una puntuación *PageRank* alta, posicionaba más alto en los resultados de búsqueda y, si esta numeración era baja, posicionaba en los últimos resultados de búsqueda. Hoy en día hay factores más relevantes para posicionar un desarrollo o sitio web que el *PageRank.*

La **fórmula para calcular el *PageRank*** de un desarrollo o sitio web es:

$$PR(A) = (1 - d) + d \sum_{i=1}^{n} \frac{PR(i)}{C(i)}$$

Donde:

- **PR(A)** se corresponde con el *PageRank* de la página o sitio web A.
- **d** es un factor de amortiguación cuyo valor está comprendido entre 0 y 1.
- **PR(i)** son los valores *PageRank* que tienen cada una de las páginas i que enlazan a A.

➲ **C(i)** es el número total de enlaces salientes de la página i (sean o no hacia A).

Este algoritmo ha evolucionado mucho desde sus orígenes, lo cual hace que sea una tarea bastante complicada el intentar manipularlo. Tienes que tener muy presentes los siguientes **parámetros** cuando se habla de *PageRank:*

➲ **Volumen de enlaces:** cantidad total de enlaces entrantes que recibe un sitio o desarrollo web *(backlinks).*
➲ **Calidad:** se refiere al valor medio de *PageRank* del total de los sitios web que enlazan a tu sitio o desarrollo web.
➲ *Anchor-Text:* se denomina "Textos Ancla" y suelen estar incluidos dentro de los enlaces entrantes al sitio o desarrollo web.
➲ *dofollow* **y** *nofollow:* los enlaces *dofollow* son aquellos que dan autoridad frente a los *nofollow* que no transmiten autoridad ninguna.
➲ **IPS:** se refiere al número total de direcciones IP en las cuales hay alojados sitios que enlazan con tu desarrollo.
➲ **Dominio:** se refiere al total de dominios que enlazan con el sitio o desarrollo web.
➲ **Confianza:** establece el nivel de confianza de los dominios que enlazan con el sitio o desarrollo.
➲ **Contexto del** *link:* se refiere al texto que se encuentra alrededor del enlace que dirige al sitio o desarrollo web y que es clave para el posicionamiento web.
➲ **Temática:** indica la temática de los sitios webs que enlazan con tu sitio.
➲ *Link juice:* divisible en dos, el "externo" y el "interno". El primero hace referencia a los sitios webs que enlazan con el tuyo (número y calidad de los enlaces que dirigen hacia tu sitio web) frente al segundo, que hace referencia a los enlaces internos dentro del propio sitio web (de unas páginas a otras del desarrollo).

6.2. *TrustRank*

Actualmente son millones y millones las páginas webs que conforman la red de redes. La mayoría de estas son *spam* (no tienen un objetivo específico ni contenido). Es fácil identificar rápidamente el *spam* para las personas porque no aporta absolutamente nada, pero las máquinas o sistemas informáticos tienen más complicado saber con toda exactitud si una página es *spam* o no.

Para ello, los buscadores usan una **técnica basada en analizar los enlaces que apuntan a una determinada página web;** esta técnica recibe el nombre de *TrustRank*. Fue puesta en marcha por la Universidad de *Stanford* e intenta clasificar las páginas en dos tipos: las que son *spam* y las que no son *spam*.

TrustRank **asegura la credibilidad y confianza** de un sitio web respecto de *Google* a través de los enlaces que dirigen al sitio web. Para ello, *Google* va a diferenciar dos **tipos de** *links:*

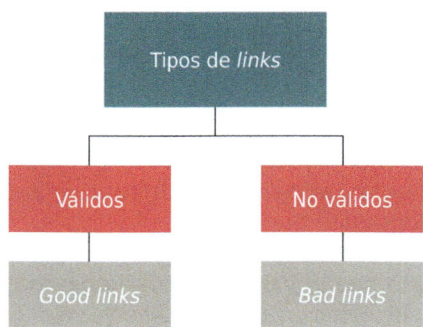

Google asume de forma automática que una página que es anotada como *Good Links* (válida) usará enlaces que no sean considerados como *spam*.

TrustRank, en lugar de apoyarse en los enlaces como lo hacía *PageRank,* valora la importancia de un determinado sitio web en función a una serie de páginas que han sido consideradas importantes. Estas webs son conocidas como **"semillas",** las cuales a través de sus enlaces generarán un determinado valor (el cual se va a ir transmitiendo por la red).

 **EJEMPLO**

Si disponemos de una semilla **"S",** esta semilla va a transmitir un valor 100 hacia todas las webs que las enlace. Estas webs enlazadas van a transmitir un valor 99 a todas las webs que enlacen, y estas últimas a su vez transmitirán un valor 98 a las webs a las que enlacen... y así sucesivamente.

Pero, ¿cómo se establecen las **semillas** a usar? Pueden proceder de dos vías totalmente distintas:

Algoritmo	Grupo de trabajo
- Por medio de un algoritmo que determina qué webs son semilla y cuáles no. Normalmente suele basarse en webs gubernamentales y de ciertas universidades para generar la semilla.	- *Google* ha generado un grupo de trabajo a nivel mundial para que, de forma manual, evalúen (establezcan la semilla) el conjunto de webs más importantes del país (*Google* les denomina evaluadores webs).

Como ves, tanto *PageRank* como *TrustRank* son factores a tener en cuenta a la hora de posicionar. En el caso de *TrustRank* recuerda que valora la importancia de un determinado sitio web en función a una serie de páginas que han sido consideradas importantes.

Cuanto **más alto sea el valor de *TrustRank*, mayor autoridad** se estará dando al sitio web, por lo que mantener este valor o aumentarlo traerá beneficios a corto plazo, como el posicionamiento en los motores de búsqueda de los buscadores.

Pero es altamente recomendable realizar un análisis de los enlaces que apuntan al desarrollo, para que sean enlaces de calidad y no *spam* o basura. Este último no ayuda a posicionar el desarrollo, sino todo lo contrario, a bajar puestos en los resultados de búsqueda.

La **medición** en la que se basa *TrustRank* consta de los siguientes **elementos:**

- ➲ Antigüedad del sitio web: no suele otorgarse confianza a los sitios nuevos o de poca edad.
- ➲ Contenido original: se premia el contenido original frente al contenido copiado de otros sitios.
- ➲ Actualización del sitio web: es importante la actualización del sitio y sus páginas para captar tráfico al mismo.
- ➲ Número de páginas indexadas: habrá que considerar el número de páginas indexadas.
- ➲ Tráfico del sitio web: a más visitantes o más tráfico, mayor puntuación *TrustRank.*
- ➲ Enlaces a la página: habrá que considerar la calidad de los enlaces y su cantidad. No interesa tener enlaces que no correspondan con la temática del sitio web o enlaces *spam*. Si tienes este tipo de enlaces bajarás puntuación en *TrusRank.*

 **TAREA 13**

Marcos hace ya casi un año que implementó un blog en internet para poder realizar su labor de periodismo. Diseñó su web a través de un portal que crea automáticamente las webs y que proporciona servicio de *hosting* propio. Pero no obtiene más de 10 visitas diarias (su círculo de confianza).

¿Por qué el desarrollo de Marcos no posiciona correctamente y no recibe visitas masivas de usuarios? Explica dicha situación basándose en el algoritmo de *Google* para justificarla.

---

7. Buenas y malas prácticas

☞ HILO CONDUCTOR

"SEO Consultores Madrid" sabe que si obtienen una penalización por parte de un buscador al no haber cumplido con las buenas prácticas SEO, es muy difícil de eliminar... por eso, siempre se basan en las buenas prácticas SEO para evitar dichas penalizaciones.

Cuando se habla de buenas y malas prácticas en SEO se hace referencia al **SEO *Off-Site*.**

En el SEO *Off-Site* lo que más interesa es **obtener o adquirir enlaces entrantes al sitio** o desarrollo web denominados ***backlinks.***

Estos enlaces son vitales para poder realizar un posicionamiento, dado que intervienen a la hora de establecer la autoridad de un sitio o desarrollo web frente a un buscador (en nuestro caso *Google).*

Se pueden aplicar técnicas buenas o bien técnicas malas, enfocadas a obtener un posicionamiento rápido en el tiempo, no obstante, siempre es bueno seguir los consejos o prácticas del buscador para no ser penalizados.

Así, aunque mediante algunas determinadas prácticas se pueda obtener un posicionamiento más rápido, de cara a nuestro desarrollo será perjudicial porque una penalización en el mejor de los casos implica bajar puestos en el *ranking* de búsquedas y, en el peor de los casos, implica desaparecer del buscador con los inconvenientes que esto puede acarrear a una empresa.

7.1. Buenas prácticas en el SEO *Off-Site*

A continuación, verás cuáles son las prácticas que hay que llevar a cabo y para qué sirven:

- **Colaboraciones:** siempre que realices colaboraciones en otro sitio web te van a generar repercusiones (normalmente positivas o beneficiosas para tu sitio o desarrollo web). Esto es debido a que pueden enlazar tus contenidos, con lo cual obtendrás una mayor autoridad. Lo ideal es colaborar de la forma más positiva y natural posible; ayudando siempre a solventar las necesidades del resto de usuarios de internet.
- **Grupos de discusión:** un grupo de discusión que gira en torno a una determinada temática (normalmente la misma temática en torno a la cual gira tu sitio o desarrollo web) es un buen sitio para aplicar los contenidos optimizados por nosotros, aunque también puedes disponer de cualquier otro espacio en la red para compartir estos contenidos optimizados.
- ***Google Search Console:*** gracias a esta herramienta libre que pone a nuestra disposición *Google,* puedes hacer que sus robots puedan localizar tu sitio o desarrollo web e indexarlo a su índice para ofrecerlo en los resultados a los usuarios mediante el uso de palabras o frases clave.
- **Opiniones:** puedes pedir a amigos, familiares, colaboradores o inclusive contratar a gente que escriba opiniones y así dar valor y contenido a tu sitio o desarrollo web.
- **Adición de contenido:** puedes insertar los contenidos optimizados en indizadores de contenidos para obtener más visibilidad por parte de los usuarios de internet y de rebote, obtener autoridad en tu sitio o desarrollo web.
- **Listas locales y páginas amarillas:** con el objetivo de llegar a más usuarios de la red internet, puedes insertar tu sitio o desarrollo web en sitios que contienen mapas, directorios de contenidos...

Todas estas buenas prácticas deben ser tenidas en cuenta cuando se está haciendo o planeando el posicionamiento SEO de un sitio o desarrollo web. Todo lo que no esté catalogado dentro de las buenas prácticas descritas anteriormente, es considerado por *Google* como malas prácticas SEO y por tanto, llevarán asociada una penalización acorde.

 **PARA SABER MÁS**

Accede al siguiente enlace para consultar un artículo en el que se dan recomendaciones para aplicar buenas prácticas SEO:

https://redirectoronline.com/adgd211po0317

 TAREA 14

Dado que Marcos no tiene conocimientos informáticos sobre las buenas y malas prácticas que hay en el mundo SEO, sobre todo de cara a cuando tenga que actualizar o modificar su desarrollo, intenta localizar en internet un ejemplo de un buen desarrollo con buenas prácticas SEO y otro ejemplo que tenga malas prácticas SEO.

En base a esto, localiza dichos ejemplos y compara en qué resultados de búsqueda de un buscador se encuentran posicionados ambos desarrollos.

Además, para que Marcos reconozca los enlaces rápidamente, desarrolla un par de enlaces internos y externos de buena calidad.

Puedes utilizar las herramientas que consideres oportunas para tal fin.

8. Contenidos prácticos

☞ HILO CONDUCTOR

En "SEO Consultores Madrid" dedican una buena parte del tiempo de desarrollo del proyecto de posicionamiento para los grandes almacenes, para desarrollar estrategias de *Link Building* y *Link Baiting* óptimas para posicionarse inmediatamente en el ranking de los resultados de los buscadores, que es el objetivo principal de un proyecto de posicionamiento SEO.

Para el desarrollo de los contenidos prácticos se van a considerar tres aspectos:

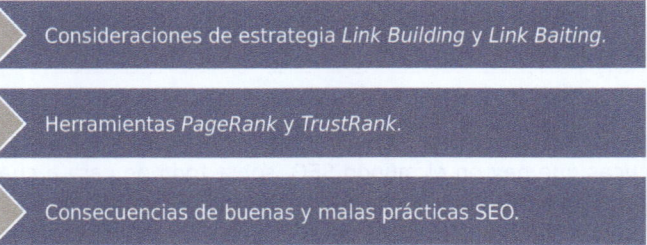

Consideraciones de estrategia *Link Building* y *Link Baiting.*

Herramientas *PageRank* y *TrustRank.*

Consecuencias de buenas y malas prácticas SEO.

8.1. Síntesis de los conceptos *Link Building* y *Link Baiting*

A continuación, vas a ver unos ejemplos básicos con los que puedes llevar a cabo una **estrategia de *Link Building*** sobre un determinado desarrollo o sitio web:

➲ **Pedir a los usuarios registrados que te enlacen:** si tienes clientes cotidianos en tu desarrollo, siendo afines a tu marca *(branding),* puedes "recomendarles" que te enlacen para obtener tu propio beneficio de posicionamiento. Esto se lleva haciendo desde tiempos inmemoriales... Piensa en un determinado comercio de hace 25 años que quiere promocionarse para obtener más clientes; una buena técnica sería llevar a cabo una campaña en la cual pueden regalar bolígrafos con el *branding* de la tienda en cuestión. Obviamente en versión analógica, la versión digital se correspondería con *Link Building*.

● **Desarrollar o implementar un blog en torno a la marca** *(branding):* esto es lo más indicado a desarrollar por casi todos los buscadores en cuanto a posicionamiento SEO.

Gracias al blog retroalimentas tu posicionamiento del desarrollo; en él compartirás contenido y los usuarios generarán también contenido retroalimentándolo y compartiendo enlaces. Se ve desde un primer nivel, pero puede ser una cadena de compartición bastante larga.

● **Desarrollar contenido con el fin de que sea compartido y enlazado:** es importante que el contenido que generes sea analizado y planificado de cara al público que va a consumirlo. Debes intentar siempre que el usuario que salga del contenido generado salga con mejor actitud e impresión que cuando entró a dicho contenido; será la forma de que te recomiende, te etiquete, comparta tus contenidos...

● **Generar interés:** a veces se pueden crear campañas de promoción con descuentos, ofertando productos gratuitos de promoción... con el fin de captar la atención y el interés no solo de los usuarios que ya te conocen, sino de posibles usuarios que están indecisos.

 **EJEMPLO**

Si tu desarrollo es tipo blog, puedes recurrir a un directorio de enlaces para fomentar una técnica de *Link Building.* Una opción, de entre las miles de webs dedicadas al directorio de enlaces, es usar: <http://www.pergaminovirtual.com.ar/>.

Para dar de alta tu sitio o desarrollo web bastaría con hacer clic en **Agregar tu sitio** y seguir los pasos que te indican (las siguientes imágenes pueden verse en material complementario ud3_15 y ud3_16).

Continúa en página siguiente >>

<< Viene de página anterior

Página principal pergaminovirtual.com.ar

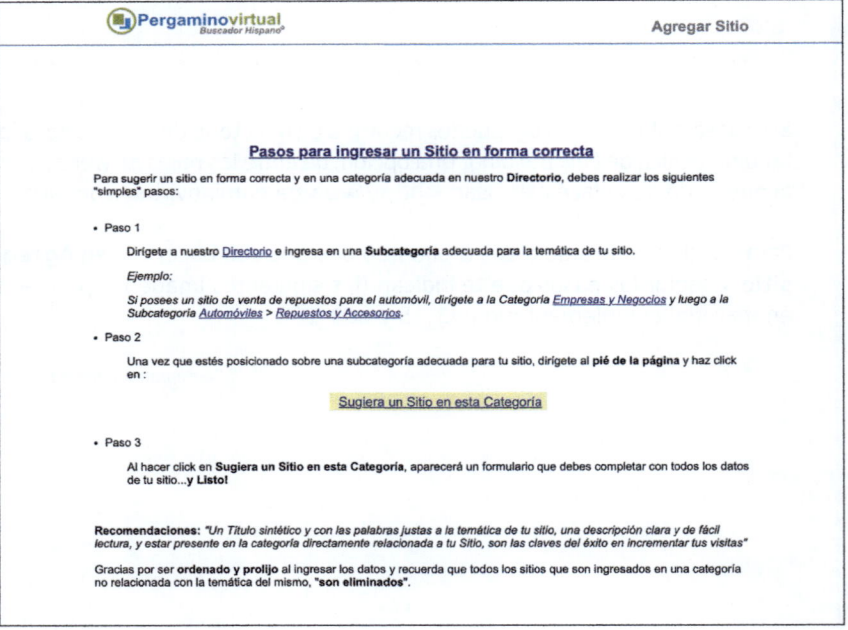

Pasos a seguir para dar de alta un sitio en pergaminovirtual.com.ar

Lo ideal es, no solo darte de alta en este sitio, sino localizar otros sitios y darte de alta en todos los que puedas para obtener más enlaces.

La estrategia de **Link Baiting** tienes que verla desde el punto de vista de un cebo para atraer visitantes. Todo esto se realiza a través de los contenidos, que pueden ser: estudios de mercado, infografías, *e-books* gratuitos, concursos y sorteos...

Pero lo que realmente debes preguntarte en una estrategia **Link Baiting** es:

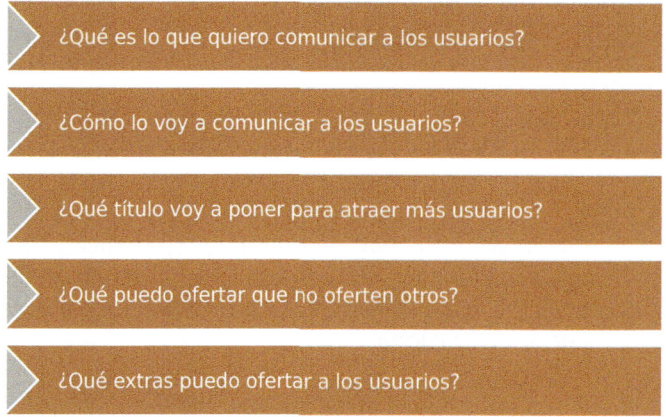

¿Qué es lo que quiero comunicar a los usuarios?

¿Cómo lo voy a comunicar a los usuarios?

¿Qué título voy a poner para atraer más usuarios?

¿Qué puedo ofertar que no oferten otros?

¿Qué extras puedo ofertar a los usuarios?

 **EJEMPLO**

Imagina que continúas con el desarrollo de una tienda web dedicada a la compraventa de coches de segunda mano y a su posicionamiento. En este caso, una buena estrategia de *Link Baiting* puede ser ofrecer a los clientes pasar la ITV de los vehículos que hayan adquirido por un módico precio de 10 €. Es decir, por ese precio le recoges el coche, se lo revisas, pides cita a la ITV y llevas el coche a pasar la ITV.

Lo que harás es centrar la estrategia de *Link Baiting* en crear contenido sobre la oferta anterior, de esta forma destacas del resto de competencia y seguramente en pocos días tengas un buen incremento de usuarios *online*.

A la hora de trabajar con enlaces hay que tener cuidado y revisarlos siempre; dado que si el enlace es de mala calidad, afectará directamente al posicionamiento del desarrollo. Una buena herramienta para analizar los enlaces (tanto internos como externos) de una determinada página es la extensión para *Google Chrome, Meta SEO Inspector:*

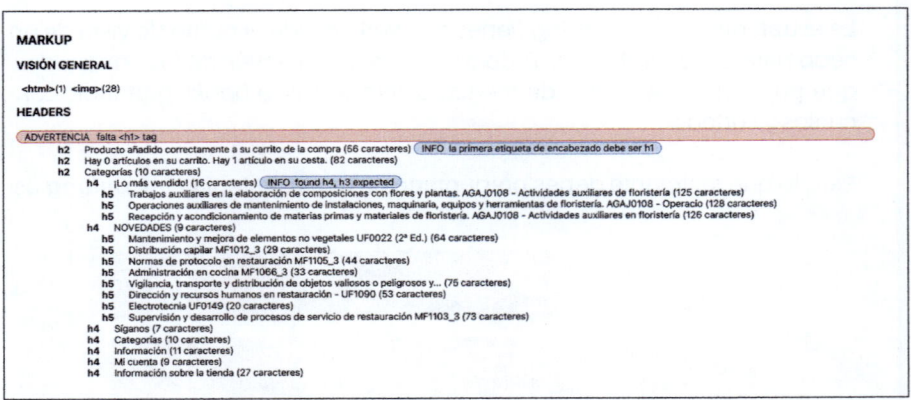

Información sobre los encabezados de la página https://www.iceditorial.com

Esta herramienta es una extensión *(plugin)* para el navegador *Chrome* que permite analizar de forma visual y rápida los enlaces de un determinado sitio. A continuación, vas a ver varios análisis realizados con esta herramienta para conocer cómo funciona.

En este primer caso, nada más comenzar puedes ver una advertencia y dos avisos. La advertencia, que aparece en color rojo, indica que a la página le falta el encabezado principal (h1) y los avisos, en color azul, indican que el orden de los encabezados no se respeta (después de un h2 debe encontrar un h3 no un h4). Lo ideal es solucionar todos los errores localizados con la herramienta.

Observa que los enlaces se encuentran en el epígrafe "LINK".

ANCLAJES

ADVERTENCIA 379 links without anchor text or image

INFO Esta página tiene demasiadas anclas (enlaces).

internos (3609)- externos (107)- otro (6)

internos

URL	REL	TEXT	TITLE	IMG
https://www.elcorteingles.es/#				
https://www.elcorteingles.es/#main-content		Ir al contenido principal		
https://www.elcorteingles.es/				
https://www.elcorteingles.es/#				
https://www.elcorteingles.es/#		Mis favoritos		
https://www.elcorteingles.es/centroscomerciales/es/eci		Nuestras tiendasTiendas		
http://www.elcorteingles.es/ayuda/es		Ayuda		
https://www.elcorteingles.es/#		0	Mi carro	
https://www.elcorteingles.es/app/		Descárgate aquí nuestra App.	Descárgate aquí nuestra app	
https://www.elcorteingles.es/dia-de-la-madre/		Día de la Madre		
https://www.elcorteingles.es/feria-de-artesania/		Feria de Artesanía		
https://www.elcorteingles.es/supermercado/?utm_source=elcorteingles&utm_medium=referral&utm_campaign=megadrop&utm_content=supermercado-nivel1		Supermercado		
https://www.elcorteingles.es/supermercado/?utm_source=elcorteingles&utm_medium=referral&utm_campaign=megadrop&utm_content=supermercado-nivel1				
https://www.elcorteingles.es/supermercado-entrega-en-el-dia/?show_zip=1				
https://www.elcorteingles.es/supermercado/?utm_source=elcorteingles&utm_medium=referral&utm_campaign=megadrop&utm_content=supermercado-nivel1		Supermercado		
https://www.elcorteingles.es/ofertas-supermercado/?utm_source=elcorteingles&utm_medium=referral&utm_campaign=megadrop&utm_content=titular-ofertas		OFERTAS		
https://www.elcorteingles.es/productos-ecologicos-supermercado/?utm_source=elcorteingles&utm_medium=referral&utm_campaign=megadrop&utm_content=titular-eco		ECOLÓGICOS		

Ejemplo análisis de enlaces de la página <https://elcorteingles.es>. La imagen puede verse en material complementario ud3_18.

En este segundo caso hemos escogido un blog aleatorio en internet y hemos obtenido los siguientes resultados:

COMÚN

doctype	<!DOCTYPE html>
html lang	es
content type	text/html
canonical	https://mariadiezcoach.com/blog
head title	Blog(4 caracteres)
robots	index, follow, max-image-preview:large, max-snippet:-1, max-video-preview:-1
description	BLOG (4 caracteres) (INFO description demasiado corta (< 50 caracteres))

IMÁGENES

ADVERTENCIA 1 imágenes (de 9) con atributo ALT faltante
INFO 9 imágenes (de 9) con atributo TITLE faltante
INFO 5 imágenes (de 9) con atributo LOADING faltante
ADVERTENCIA 1 imágenes (de 9) con atributo WIDTH o HEIGHT faltante
INFO 1 imágenes (de 9) están cargadas de forma diferida y arriba del pliegue

Las imágenes pueden verse en material complementario (ud3_19 y ud3_20).

En el caso de la primera imagen, la herramienta nos avisa que la descripción de la página tiene cuatro caracteres que es un valor muy inferior al recomendado, por lo que debemos plantearnos modificarla. De la segunda imagen se puede extraer que se han descuidado las imágenes del sitio puesto que no se han incorporado los atributos LOADING y ALT, este último importante para las personas que utilizan lectores de contenidos debido a que tienen problemas de visión.

8.2. Búsqueda del algoritmo de *Google, PageRank y TrustRank*

Actualmente no se puede saber el *PageRank* de una determinada URL, tal y como antiguamente lo revelaba *Google* a la hora de mostrar sus resultados, pero tenemos herramientas en internet alternativas a *PageRank* para averiguar la relevancia de los sitios webs.

Para ello, se va a usar la **autoridad de página (PA) y la autoridad de dominio (DA)** que te va a proporcionar *MozBar* para *Chrome*. Instalando este *plugin* en el navegador *Chrome* obtendrás la siguiente vista en los resultados de búsqueda de *Google:*

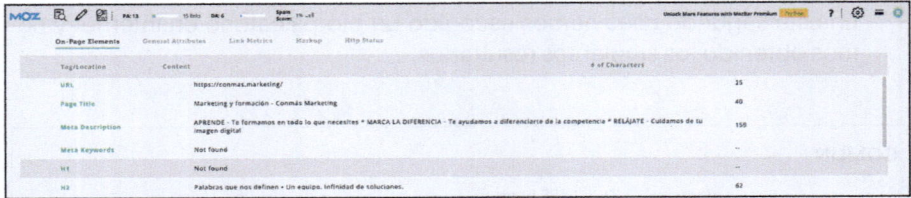

Información de la página usando MozBar en Google Chrome

A continuación, vas a centrarte en la Biblioteca Nacional de España, cuya URL es la siguiente: <http://www.bne.es/es/Inicio/index.html>. Analizándola vas a obtener datos como:

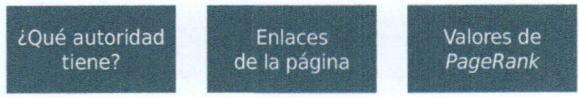

Para ello, accede a la web <https://moz.com/link-explorer> y en la caja de texto introduce la URL de la Biblioteca Nacional de España.

Obtendrás los siguientes **resultados:**

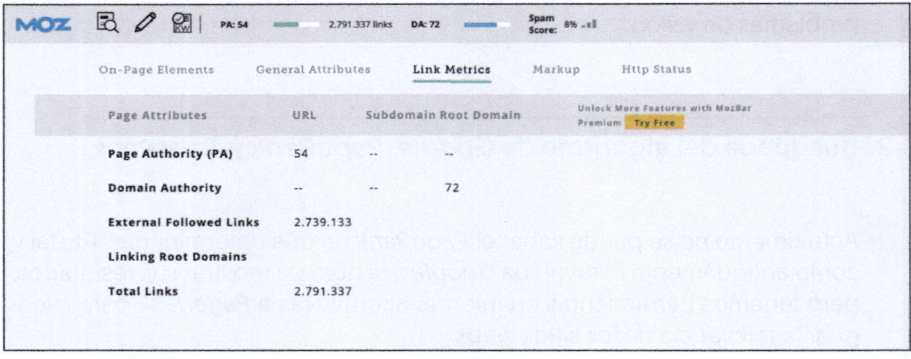

Análisis de la URL de la Biblioteca Nacional de España

Tal y como arroja la búsqueda, se puede afirmar que su autoridad es alta (72 sobre 100). Tiene un total de 2.791.337 enlaces, de los cuales 2.739.133 son externos de la página principal. Sobre la autoridad de la página *(Page Authority)* se puede ver que tiene un 54 sobre 100, que es una métrica considerada muy buena.

Una métrica interesante el *Spam Score,* que representa el porcentaje de sitios con características similares que han sido bloqueados o penalizados por *Google.* Como se puede apreciar en la imagen, la URL obtiene un valor 8 sobre 100.

 TAREA 15

Marcos quiere realizar una estrategia de *Link Building* y otra de *Link Baiting* con su blog periodístico.

¿De qué forma podrá llevarlas a cabo? Identifica las técnicas que puede aplicar Marcos y de qué forma debería hacerlo. Además, explica su importancia para un posicionamiento SEO.

8.3. Identificación de buenas y malas prácticas relacionadas con los factores *Off-Site*

A continuación, vas a ver una serie **de buenas prácticas SEO** que deberás tener siempre presentes a la hora de posicionar:

- **Cuidado del usuario:** cuidarás de manera sobreintencionada al usuario del sitio web o desarrollo, sin intentar engañarle o realizar malas prácticas para ellos. Así evitarás la penalización por parte de los robots de *Google.*
- **Acatamiento de reglas:** debes consultar antes lo que puedes y lo que no puedes hacer en un contexto SEO y acatarlo fielmente para evitar penalizaciones no previstas.
- **No engaños al usuario:** si en los resultados de búsqueda estás clasificado bajo una determinada temática, el usuario al entrar a tu desarrollo o sitio web no puede encontrase con otra temática distinta, dado que dejaremos de recibir visitas por parte de los usuarios y penalizaciones por parte de los motores de búsqueda.
- **Respetar leyes asociadas:** siempre hay que trabajar en un entorno y deberán respetarse las leyes del país sobre el que estás actuando, así evitarás sorpresas en forma de penalización.
- **No reversionar por usuarios:** lo ideal es ofrecer un desarrollo o sitio web único y original que no esté copiado o fundamentado en otros desarrollos ya funcionando en internet.

- ⮎ **Contenido original y personalizado:** el contenido debe ser siempre de calidad, natural y original; evitando en todo caso copiar y pegar que lo único que puede conllevar es un descenso de autoridad.
- ⮎ **No ofrecer falsas expectativas SEO:** nunca podrás establecer el lugar del *ranking* en el que va a aparecer el desarrollo, si haces esto estás vendiendo falsas esperanzas, dado que al ser un factor que no es controlado directamente por ti y que depende de muchos factores no puedes asegurar un lugar concreto en el *ranking*... pero sí trabajar de forma legal y moralmente correcta para obtener el mejor de los resultados mediante las estrategias.

Una de las posibles formas de **comprobar si has sido penalizado** en el desarrollo o sitio web es comprobar el tráfico que genera el mismo. Si has tenido un tráfico más o menos estable y de pronto ves que cae en picado (justamente al contrario de cuando se comienza con el proceso de posicionamiento que crece en picado) puedes diagnosticar síntomas de penalización SEO.

RECUERDA

Google pone a tu disposición herramientas como *Google Search Console* y *Google Analytics* que permiten llevar a cabo estas funciones.

Una de las buenas técnicas SEO que practican absolutamente todas las personas dedicadas al posicionamiento es la **búsqueda y mantenimiento de enlaces de calidad.** A continuación, vas a ver cómo puedes eliminar un enlace que no aporte nada al desarrollo, es decir, que puede generar una penalización SEO.

Para detectar estos enlaces vas a hacerlo de forma manual. Para ello, vas a tener en cuenta tres **reglas básicas:**

Eliminar enlaces de otras temáticas
- Eliminar enlaces que nos apunten que no tengan nada que ver con nuestra temática o nuestro desarrollo. Por ejemplo, si estamos con el desarrollo de la tienda *online* de compraventa de coches de segunda mano y nos apunta una tienda de animales exóticos, está claro que este *link* debería ser borrado inmediatamente.

Continúa en página siguiente >>

<< Viene de página anterior

Eliminar enlaces de desarrollo sin autoridad
- Eliminar enlaces provenientes de desarrollos nuevos o que llevan muy poco tiempo implementados en internet (o bien con poca actividad por parte de los usuarios de internet). Es fácil identificar estos porque su autoridad de dominio (DA) está próxima a 1.

Eliminar enlaces de otro país
- Eliminar enlaces provenientes de países que no sean el nuestro.

NOTA

Aunque en internet existen miles de herramientas para poder automatizarlo, aun así es recomendable llevar un control manual del mismo.

Por último, una vez localizados, todos los enlaces que cumplan las tres condiciones anteriores, los anotas en un fichero de texto y lo subes a *Google Search Console,* tal y como se aprecia en la siguiente imagen (la imagen puede verse en material complementario ud3_24):

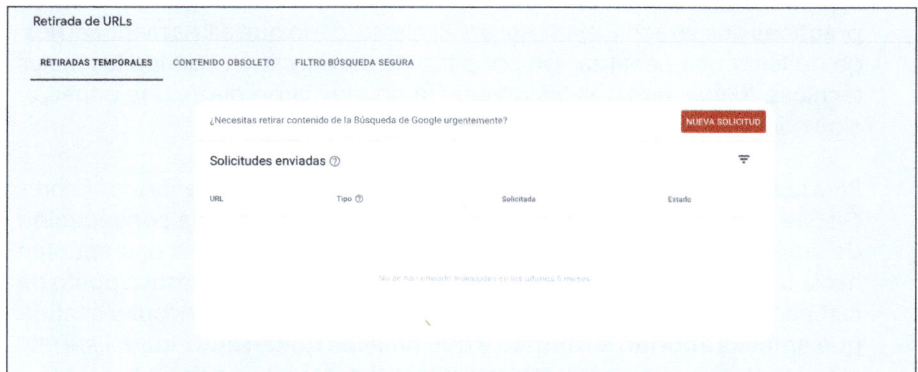

Apartado de Google Search Console para solicitar la retirada de contenidos de la Búsqueda de Google

IMPORTANTE

A la hora de guardar el fichero tienes que hacerlo como codificación UTF-8.

TAREA 16

Marcos continua aún con algunas dudas, se ha parado a pensar en la importancia que tienen los enlaces a la hora de posicionar y ha llegado a la siguiente conclusión: "si cuando pongo en un buscador una palabra para saber su definición y casi siempre me sale *Wikipedia* tiene que ser porque *Wikipedia* tiene una gran cantidad de enlaces internos y externos".

Usa las herramientas necesarias para poder mostrar a Marcos los enlaces que puede tener una determinada página de *Wikipedia*.

----

9. Resumen

A la hora de realizar un posicionamiento SEO lo ideal es **seguir las buenas prácticas** que se aconsejan usar en el mismo, dado que así es menor el riesgo de tener una penalización por parte de un buscador. Usando las malas técnicas, lo más probable es obtener, a no muy largo plazo, una penalización con las consecuencias para el desarrollo o sitio web.

Para realizar el posicionamiento, entre otros, se tienen en cuenta los factores *Off-Site,* que son los que se centran fundamentalmente en la **consecución de enlaces hacia el sitio web.** A la hora de obtener enlaces que apunten hacia un sitio de desarrollo, realizando las estrategias de puesta a punto de campañas de *Link Building* y *Link Baiting,* hay que ser cuidadosos y analizar **qué enlaces aportan autoridad y qué enlaces quitan autoridad.** Este último caso es el que menos interesa enlazar al desarrollo o sitio web.

El ***Link Baiting*** es una técnica usada en posicionamiento web con el fin de **generar contenido de gran calidad y que este sea compartido** por otros sitios webs en la red. Cuando se está planificando una **estrategia de *Link Baiting*** hay que tener en cuenta una serie de procesos que son:

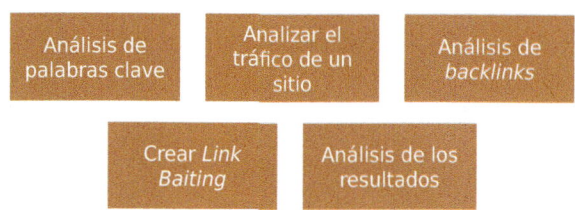

El *Link Building* es una técnica SEO basada en hacer que otras páginas webs enlacen a la página que se quiere que los buscadores apunten como relevante y, por tanto, la posicionen en los mejores puestos dentro de sus resultados *(ranking* de resultados de búsqueda).

En el caso de realizar la **estrategia de *Link Building,*** no se pueden obviar:

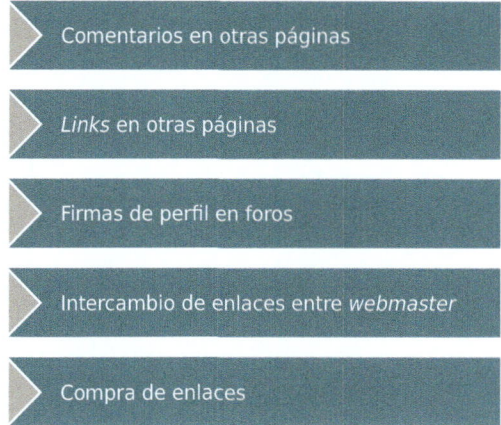

Ejercicios de autoevaluación
Unidad de Aprendizaje 3

1. Las colaboraciones y los grupos de discusión se consideran:

    a. Factores *On-Site* a tener en cuenta en un posicionamiento.
    b. Enlaces cebo para la generación de tráfico orgánico.
    c. Malas prácticas SEO.
    d. Buenas prácticas SEO.

2. El número total de enlaces salientes de la página en la fórmula del *PageRank* se establece con:

    a. C(i)
    b. d
    c. A(i)
    d. No existe un total de enlaces en la fórmula de *PageRank*.

3. Al igual que *PageRank* se basa en un valor número, *TrustRank* lo hace con:

    a. Implantes.
    b. Granos.
    c. Rastreos.
    d. Semillas.

4. La primera versión del algoritmo de *Google* se basaba en:

    a. Los encabezados h1, h2 y h3.
    b. El *tittle*.
    c. Los *metatags*.
    d. El contenido de la página.

5. Para analizar el rendimiento, *Google* pone a su disposición las herramientas:

    a. *Analytics y SITEMAP*.
    b. *Google Search Console*.

    c. *Ahrefs.*
    d. *Strumb.*

6. Para analizar los *Backlinks* podemos usar la herramienta:

    a. *Analytics y SITEMAP.*
    b. *Google Search Console.*
    c. *Ahrefs.*
    d. *Strumb.*

7. Un inconveniente del *Link Baiting* es:

    a. La imposibilidad de crear enlaces.
    b. La dificultad en su métrica.
    c. No poder generar tráfico orgánico.
    d. No poder usar al mismo tiempo una técnica SEM.

8. *Link Building,* entre otras ventajas, aporta:

    a. *Branding.*
    b. *Landing.*
    c. *Baiting.*
    d. *Building.*

Objetivos del posicionamiento

Unidad de Aprendizaje 4

Objetivos del
posicionamiento

Contenido

Objetivos

El objetivo general de esta Unidad de Aprendizaje es:

→ Definir los objetivos a alcanzar con el posicionamiento, contemplando las estrategias necesarias para alcanzarlos.

Los objetivos específicos de esta Unidad de Aprendizaje son:

→ Trazar objetivos de posicionamiento SEO.
→ Reconocer el ciclo básico del SEO.
→ Definir procesos en un proyecto de posicionamiento SEO.
→ Identificar el posicionamiento mediante SEM, estableciendo las diferencias con SEO.

1. Introducción

En **internet** existen a día de hoy **millones de páginas** disponibles para consultar; además usamos **distintos medios para poder acceder a ellas** (no como hace algunos años que únicamente se disponía del ordenador). Es por todo lo anterior por lo que **posicionar** hoy en día una **web** resulta una **tarea compleja** de **largo plazo.**

Dado que es una tarea larga en el tiempo es conveniente **definir las estrategias u objetivos** a obtener con la misma. Así, al enfrentarse al desarrollo de un sitio web ya se debe estar desarrollando, pensando en el posicionamiento del mismo.

Google actualiza alrededor de 500 veces anuales su algoritmo de posicionamiento de búsquedas, entonces, ¿cómo es posible no caer en futuras penalizaciones SEO que ahora ni siquiera se plantean?

Una posible solución a este problema es **trabajar al mismo tiempo el desarrollo del sitio web y el posicionamiento** del mismo a través de la definición de objetivos que son los que dirán si se están o no obteniendo los resultados esperados.

En esta unidad verás los objetivos a definir en un proyecto de posicionamiento SEO, el planteamiento (es decir, de qué forma se van a obtener los objetivos fijados anteriormente), algunos casos de éxito en posicionamiento web y casos reales de posicionamiento, en los cuales se contempla de una forma muy intuitiva cómo un desarrollo aplica un proyecto de posicionamiento.

Además nos centraremos en conocer las técnicas de posicionamiento SEM y sus ventajas y desventajas respecto de SEO.

Para el desarrollo del contenido nos basaremos en el caso de *SEO Consultores Madrid,* una empresa con sede en Madrid dedicada al desarrollo de páginas webs.

2. Definición de objetivos

En "Seo Consultores Madrid" a la hora de arrancar con un nuevo proyecto lo primero que hacen (por política de empresa) es reunirse todos los departamentos afectados en el desarrollo y establecer una serie de objetivos mínimos a alcanzar. Así, en todo momento del desarrollo del proyecto se puede saber claramente si se están alcanzando o no dichos objetivos por cualquier departamento.

Para alcanzar los objetivos del posicionamiento, hay que seguir un determinado orden en las acciones a realizar; por ejemplo, mejor no crear contenido si no se tiene antes una lista de palabras o frases clave.

Así, los pasos que deben darse son los siguientes:

- **Definición del sitio:** el primer paso que debería darse es la definición: en torno a qué va a girar el desarrollo o sitio web (dado que el resto de pasos derivan de este primer paso). Una vez dado este paso, el siguiente será tomar decisiones en torno a factores como el contenido o los enlaces.
- **Palabras clave:** a la hora de establecer o escoger las palabras clave hay que pensar en el tipo de sector de usuarios (infantil, adolescentes, adultos...) al que va dirigido. Es fundamental que la elección de las palabras clave se realice en torno al tema y al propósito o fin definidos anteriormente.
- **Contenido:** el contenido debe ser actualizado frecuentemente, original y de calidad. El contenido de una web es importante, pero por sí mismo no es crucial en ella, debe considerarse en relación a otros aspectos como el objetivo que persigue, usuarios a los que se dirige... Está claro que los usuarios de internet visitan una web por el contenido que ofrece y porque lo consumen. Por tanto, es primordial tener un propósito o fin a la hora de desarrollar los temas que darán contenido; dado que será la clave para obtener gran cantidad de visitas de los usuarios y poder posicionarse correctamente.
- **Enlaces:** los enlaces deben estar optimizados, diferenciados y con la inclusión de palabras o frases clave. Cuando se generan los enlaces es importante que sean creados de forma independiente (es decir, que en la misma página no estén duplicados los enlaces) y que formen parte de la estrategia SEO definida anteriormente. Hay que pensar que con la

generación de enlaces se favorece el posicionamiento del sitio o desarrollo web.

RECUERDA

A la hora de crear contenido es aconsejable que no se copie y se pegue en el desarrollo. Lo ideal es crear contenidos nuevos (que no estén presentes en internet) y sobre todo que solventen las necesidades de los usuarios.

- -

Creando **contenido de calidad y natural** se podrá atraer a los usuarios de internet; aparte deben cumplirse fielmente las reglas impuestas y sobre todo las reglas marcadas por el posicionamiento de *Google.*

El contenido debe ser original y cubrir las necesidades de los usuarios.

PARA SABER MÁS

Accediendo al siguiente enlace puedes consultar un artículo en el que se muestra cómo realizar una auditoría SEO, presentando *MetricSpot,* que aporta un interesante *checklist* para realizarla.

Continúa en página siguiente >>

<< Viene de página anterior

https://redirectoronline.com/adgd211po0401v

- -

3. Planteamiento

☞ **HILO CONDUCTOR**

Una vez que se han establecido los objetivos a abordar del proyecto, en "SEO Consultores Madrid" apuestan por realizar a su vez una fase de planteamiento en la que a través de ideas generales se perfila lo que se pretende realizar con el proyecto.

De esta forma, con un simple vistazo a esta "hoja de ruta" pueden saber si el proyecto está enfocado a como se "pensó" desde primera hora por los clientes.

- -

Cada día son más las empresas nacionales e internacionales que apuestan, ya no solo por tener presencia en internet (que es lo mínimo que debería tener una empresa como tal), sino porque su **empresa aparezca en los primeros resultados de búsqueda** de los buscadores.

Esta labor parte de cierta complejidad, sobre todo por el **constante cambio en el mundo SEO**.

IMPORTANTE

Lo que hoy puede ser una práctica totalmente moral y legal puede que dentro de poco tiempo, meses, sea una práctica ilegal y, por tanto, con penalización.

Lo primero de todo es partir de la base de **determinar las palabras o frases clave** con las que se quiere competir en los resultados de búsqueda de los buscadores. A partir de aquí se irán **fijando objetivos: aparecer el primero en las búsquedas.**

No hay que ofuscarse con una sola palabra o frase clave, dado que es mucho más difícil posicionar para una palabra en los primeros resultados de búsqueda que hacerlo con 20 o 30 palabras o frases clave.

La prioridad en los pasos de la planificación en un proceso **SEO** es la siguiente:

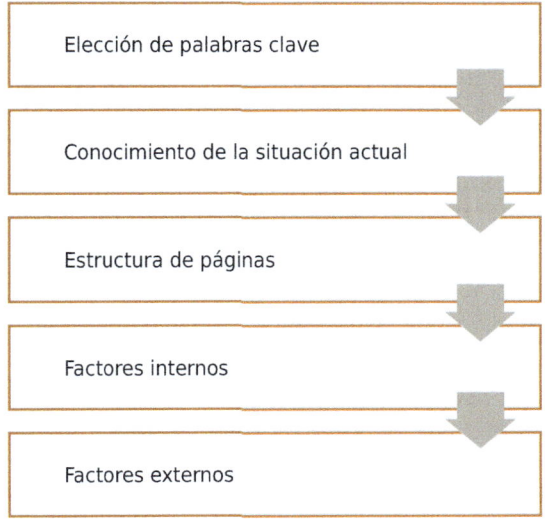

A continuación, se verán de forma pormenorizada cada uno de estos pasos.

Las acciones a realizar para **determinar las palabras clave** son las siguientes:

1. Usar las herramientas disponibles para el análisis de las palabras clave más usadas o más competitivas.
2. Usar *Google Trends* y *Google Ads* junto a *Google Search Console*.
3. Preparar contenido para las palabras o frases clave elegidas.

Para **conocer la situación actual** hay que actuar del siguiente modo:

1. Comprobar si aparece en los buscadores y en qué puesto. Si no es así, hay que indexarse a los mismos. Además, es recomendable introducir el nombre del desarrollo en el contenido de la web y obtener enlaces con las palabras clave.
2. Revisar la posición de las palabras clave en las listas de *ranking* usando para ello las herramientas de monitorización disponibles en la red.
3. Comprobar el tráfico que generan los buscadores con las palabras o frases clave seleccionadas. Para ello, se dispone de las herramientas de estadísticas y analíticas web.

Hay que **estructurar las páginas** correctamente. Para ello, se debe realizar lo siguiente:

1. Asegurarse de que los archivos contienen alguna que otra referencia a las palabras o frases clave seleccionadas (y lo más importante, que describan su contenido).
2. Al realizar la estructura, si se van a usar carpetas también es recomendable que hagan referencia, en la medida de lo posible, a las palabras o frases clave seleccionadas anteriormente.
3. Usar frecuentemente el atributo *rel="nofollow"* para no transferir la autoridad hacia otros desarrollos que contienen las palabras o frases clave.
4. Si se pasan parámetros en las direcciones URL de las páginas hay que intentar de forma natural que las palabras o frases clave seleccionadas formen parte de la dirección del enlace URL.

Hay que tener en cuenta los **factores internos:**

1. Revisar el atributo Meta-Description; es posible su ampliación hasta un máximo de dos líneas y por supuesto debe ser único para cada página.
2. Cada página debe llevar un título distinto.
3. Insertar en el código HTML etiquetas <h1> y <h2> en el contenido de las páginas, para así poder ir dividiendo el contenido y quedar más presentable visualmente de cara al usuario que nos visita.
4. Cumplir los estándares de HTML.
5. Dado que es recomendable el uso de imágenes, no olvidar usar las etiquetas <title> y <alt> de forma única para cada imagen.
6. Usar palabras o frases clave como nombre en los enlaces.

7. Orientar las páginas, su contenido, al uso de las palabras o frases clave seleccionadas; si es necesario crear más páginas, se pueden crear sin problema.
8. Evitar en la medida de lo posible:

    a. Errores en los enlaces a las páginas.
    b. Páginas no encontradas.
    c. Páginas con errores.
    d. Bases de datos sin información.

Hay que tener en cuenta los **factores externos:**

1. Observar que la indexación se realiza en torno a las palabras o frases clave que se han solicitado para ello. Si no fuera así, hay que intentar cambiar las palabras o frases clave que no sean útiles para el desarrollo.
2. Obtener enlaces desde páginas webs importantes o relevantes.
3. Dar de alta el desarrollo en todos los directorios *online* posibles y, sobre todo, en los de la temática en la que se mueva el desarrollo.
4. Aumentar gradualmente los enlaces a la web, espaciadamente en el tiempo. Es aconsejable dedicar al mes cierto tiempo para revisar que todo está correcto y solucionar los posibles errores o problemas que aparezcan.

 **RECUERDA**

Hay que seguir un orden en el proceso de posicionamiento. Mejor no tocar primero los factores externos y luego elegir las palabras clave, porque así el desarrollo no va a obtener los objetivos fijados...

Como has visto, hay que seguir siempre un **orden en el proceso de posicionamiento;** por lo tanto, es muy importante que este se encuentre bien planificado. De lo contrario, se cometerán errores que pueden afectar al posicionamiento.

Por norma general, cuando se lanza un desarrollo siempre hay errores que se obvian o que no se han tenido en cuenta a la hora de las fases de planeamiento y análisis. Lo ideal es solucionar dichos errores una vez hayan sido detectados, más que nada porque se corre el riesgo de **perder autoridad** por una simple página que no haga su labor correctamente en el desarrollo o sitio web.

ACTIVIDAD COMPLEMENTARIA

25. En esta actividad deberás llevar a cabo una fase de planeamiento para un desarrollo web basado en la compraventa de artículos de segunda mano en Murcia.

- -

3.1. Fases de la planificación

Cuando se habla de **planificación** se hace referencia a un proceso que consiste en **prevenir y tomar decisiones,** y en un entorno de posicionamiento SEO que se encuentra en constante cambio, hay que planificarlo muy cuidadosamente.

Si se parte del hecho de que **nadie sabe cómo funciona un algoritmo de posicionamiento de un buscador,** muchas veces la experiencia y la intuición son un factor clave a la hora de realizar acciones o decisiones.

Los **pasos a seguir** en una planificación SEO son los siguientes:

1. **Realización del análisis:** en este paso se definen los estados y las bases del proyecto. Parte con el análisis de palabras o frases clave. Se pueden realizar dos tipos de análisis:

   a. Internos: los correspondientes a nuestro desarrollo.
   b. Externos: los correspondientes a la competencia y tendencias de los usuarios.

2. **Definición de objetivos generales:** este será "aparecer en los primeros ítems de los resultados de búsqueda de los buscadores".
3. **Identificación de estrategias:** hay que adoptar una serie de estrategias para llevar a cabo el proyecto SEO, que dependerán de miles de factores, entre ellos la competencia activa que tengamos y el tipo de proyecto a desarrollar.
4. **Selección y puesta en marcha de los planes:** se pone en funcionamiento todo lo desarrollado hasta ahora para obtener resultados. Si no se pueden poner en funcionamiento las estrategias tomadas anteriormente, se ha cometido un fallo en la elección de las mismas.

5. **Revisión y control de resultados:** usando *Google Analytics* se pueden analizar las interacciones que hay entre los usuarios y el desarrollo o sitio web (si son efectivas o no, si hay que replantearlas o no, actualizarlas...).

IMPORTANTE

La realización de análisis (internos y externos), marcar unos objetivos SEO de primera hora, identificar estrategias, puesta en marcha del desarrollo y revisión y control de los resultados arrojados son las tareas primordiales en cualquier posicionamiento SEO. No cumplirlas implica no llegar al éxito: posicionar correctamente el desarrollo o sitio web en las primeras posiciones de los buscadores.

3.2. Ciclo del SEO

El SEO implica un **ciclo,** en el cual se partirá de un análisis de frases o palabras clave para finalizar con la evaluación de los resultados, que en la mayoría de los casos implicará empezar de nuevo con el ciclo SEO para posicionar mejor el desarrollo.

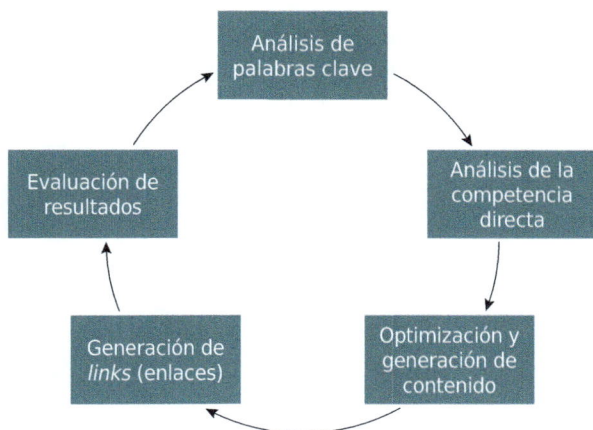

A continuación, se describen brevemente cada una de las fases de este ciclo a modo de recordatorio:

- **Análisis de palabras clave:** consiste en escoger, estudiar y analizar las diferentes palabras o frases clave mediante las cuales queremos posicionar nuestro desarrollo o sitio web en los ítems de los resultados de los buscadores.

- **Análisis de la competencia directa:** no solamente tenemos que escoger, estudiar y analizar nuestras palabras o frases clave, estudiar cómo la competencia más directa que afecta a nuestro desarrollo o sitio web posiciona, con qué palabras posiciona... nos brinda una información muy relevante para poder conseguir nuestros objetivos.

- **Optimización y generación de contenido:** en este punto optimizaremos nuestro desarrollo para que incluya las palabras o frases clave escogidas anteriormente y no solo incluidas en el sitio web, sino también de la forma más natural posible dentro de los contenidos de cada página.

- **Generación de *links* (enlaces):** para ganar más posicionamiento *(PageRank y TrustRank)* generamos enlaces de sitios webs a nuestro sitio web para ganar confianza y autoridad que implicará un mejor posicionamiento web en los buscadores.

- **Evaluación de resultados:** consultar los resultados que nos puede ofrecer *Google Analytics* puede ser de ayuda para tomar decisiones que influirán en la mejora del posicionamiento web.

 SABÍAS QUE...

La elección de palabras o frases clave es un punto muy delicado dentro de un proceso de posicionamiento SEO dado que, por ejemplo, el contenido va a incluir parte o todas las palabras o frases clave elegidas en sus textos. Si no está todo en sintonía, lo normal es que no se posicione bien el desarrollo o proyecto.

Como has visto, la realización del ciclo SEO implicará en muchos casos empezar de nuevo con el ciclo para posicionar mejor el desarrollo. Es muy probable que de un año para otro haya que replantear el posicionamiento original desplegado para el desarrollo.

APLICACIÓN PRÁCTICA

Juan y Maribel están iniciando la planificación de un proyecto + posicionamiento SEO para una tienda de comestibles de su localidad.

Indica qué acciones pueden llevar a cabo para conocer la competencia:

a. No hay que analizar la competencia, lo ideal es centrarse en su propio posicionamiento.
b. No pueden hacer nada al respecto, si consultan la competencia *Google* les penaliza.
c. Pueden analizar la competencia, así obtendrán información valiosa para su negocio.
d. Pueden consultar la competencia, pero mejor si no lo hacen, ya que el desarrollo o sitio web gana en autoridad y confianza de cara a los buscadores.

Solución

No es que se pueda analizar la competencia de un desarrollo web, sino que es esencial, así se obtendrá información totalmente valiosa de cara a negocios.

Haciendo un análisis de la competencia directa se verán las palabras clave por las que posiciona, el tráfico que recibe de la red, el tipo de usuarios que entra, la media de tiempo que pasan en el sitio web... Con esos datos, se puede siempre intentar estar por encima de ellos.

- -

ACTIVIDAD COMPLEMENTARIA

26. Describe los pasos necesarios en una planificación SEO para un desarrollo basado en una tienda de frutas *online* que distribuye su mercancía a nivel nacional.

- -

4. Casos de éxito

☞ **HILO CONDUCTOR**

En "SEO Consultores Madrid" siempre que un proyecto alcanza un posible esta-do de éxito, lo cuelgan en su web para que sus posibles clientes puedan ver y comprobar por ellos mismos la garantía de sus proyectos. La mayor garantía de todas es posicionar de forma correcta un proyecto, de ahí que tomen objetivos y planifiquen individualmente y por departamentos cada desarrollo.

- -

Tener éxito en un posicionamiento SEO no es una tarea que se pueda lograr de un día para otro, sino de un **trabajo y esfuerzo continuado** en el tiempo para llegar a obtener ese éxito (aparecer en los primeros resultados de bús-queda de los buscadores de internet).

A continuación, se expondrán una serie de **casos de éxito en posiciona-miento web.**

4.1. Consejería de Turismo de la Región de Murcia

Para la Consejería de Turismo de la Región de Murcia se han propuesto los siguientes **objetivos a cumplir en el proyecto:**

➲ Ganar más visibilidad de cara al sitio web.
➲ Quitar contenido duplicado que se había generado en revisiones ante-riores de la web.
➲ Indexar localidades y servicios nuevos aportados a la web.
➲ Aumentar visibilidad en un banco (base de datos) de imágenes, el cual está infravalorado.

Para poder obtener todo lo anterior es preciso modificar la estructura del de-sarrollo (eliminando fundamentalmente los contenidos duplicados), dado que no está bien organizado y esto es una de las causas principales por las que no posiciona bien (los motores de los buscadores no pueden acceder al desarrollo completo, a las páginas, por no usar una estructura coherente).

Portada de la página web de Turismo de la Región de Murcia

Una vez que se han alcanzado los objetivos anteriores y dejando transcurrir un par de meses para observar los **resultados** que se van produciendo es cuando comienza el análisis:

➲ Aumento de tráfico en 205,67 % en el banco de imágenes tal y como se puede apreciar en la siguiente gráfica:

http://www.marketing-xxi.com/casos-exito.html

➲ Aumento en un 80 % de las palabras o frases clave con las que los usuarios localizan el desarrollo en internet.
➲ El tráfico orgánico de los buscadores aumenta un 67 %.

➲ El tráfico que generó el desarrollo era de calidad por los siguientes motivos:

    ● Aumento en un 347 % las visitas a las páginas.

    ● Las páginas visitadas por un usuario aumentaron a 45,84 %.

    ● Cayó casi en picado el porcentaje de rebote a 22,13 %.

    ● Los usuarios que visitaban la web aumentaron a un 34,91 % el promedio de tiempo en el sitio.

4.2. Visiondiez

Este proyecto se lleva a cabo para ofrecer soporte a una serie de clínicas privadas oftalmológicas especializadas en la cirugía láser. El proyecto en sí implica una reestructuración del desarrollo, dado que con el paso de los años se ha quedado totalmente obsoleto en el mundo de internet. Aparte de todo esto, se pretende al mismo tiempo **posicionar la marca y darle un impulso** para que los usuarios de internet consuman en Visiondiez.

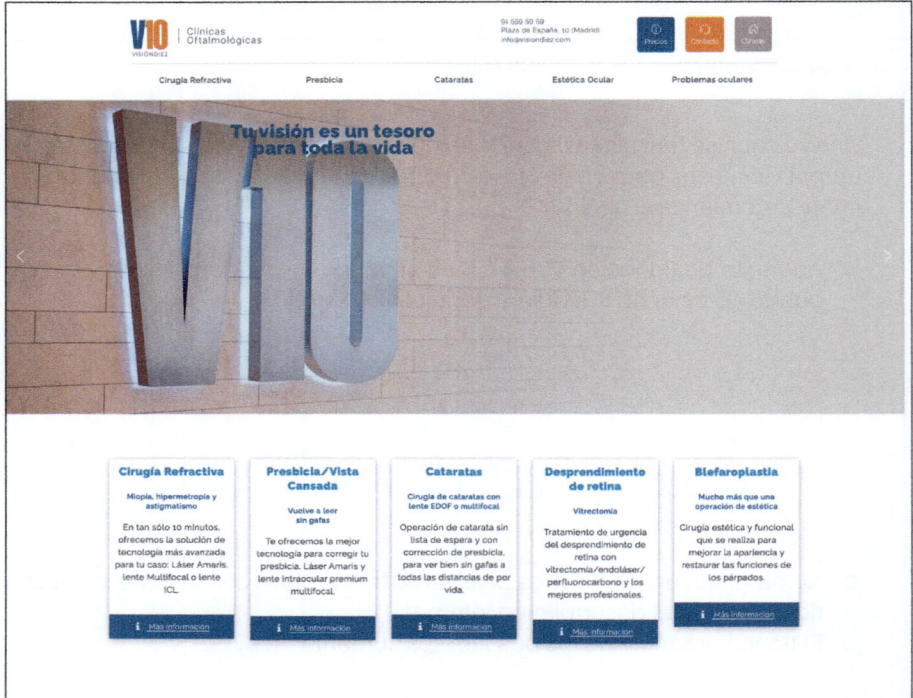

Portada de la web Visiondiez

Entre los principales **objetivos** destacan los siguientes:

- Mejorar el posicionamiento (en sí reestructuración de las palabras clave, dado que ya estaba posicionado de antes, pero la lista de palabras o frases clave tiene que ser actualizada/modificada).
- Aumentar la visibilidad del desarrollo mediante la elección de nuevas palabras o frases clave usadas por los pacientes que necesiten los productos de Visiondiez.
- Potenciar la marca Visiondiez. Para ello, se puede crear un *feedback* entre pacientes que hayan sido atendidos en alguna de las clínicas y que comenten su trato real en Visiondiez.

A la hora de **desarrollar el proyecto** se tuvieron en cuenta las siguientes características:

- Reforzar la marca a través de los colores, organización lógica del contenido usando las palabras clave en el mismo e información más particular para posibles pacientes nuevos.
- Generación de una estructura correcta e intuitiva que permita a los usuarios encontrar o localizar rápidamente los servicios del desarrollo y obtener información de los mismos.

Una vez que se han realizado los cambios oportunos sobre el proyecto se han obtenido los siguientes **resultados** en el mismo:

- Aumento de la visibilidad del proyecto en torno al 80 %.
- 85 % de visibilidad en el buscador *Google*.
- 97 % de visibilidad en el buscador *Yahoo*.
- Para el 52 % de las búsquedas relacionadas con el proyecto se ha conseguido que este aparezca en la primera página de resultados de *Google*.

4.3. Iahorro

Iahorro nace ante la necesidad que tienen los usuarios de conocer los productos financieros, mediante los cuales pueden obtener una mayor rentabilidad económica; situación que es caótica cuando se busca algo así en los buscadores de internet (demasiada saturación publicitaria, implicando que el usuario se agobie y al final por lógica no acabe visitando nada).

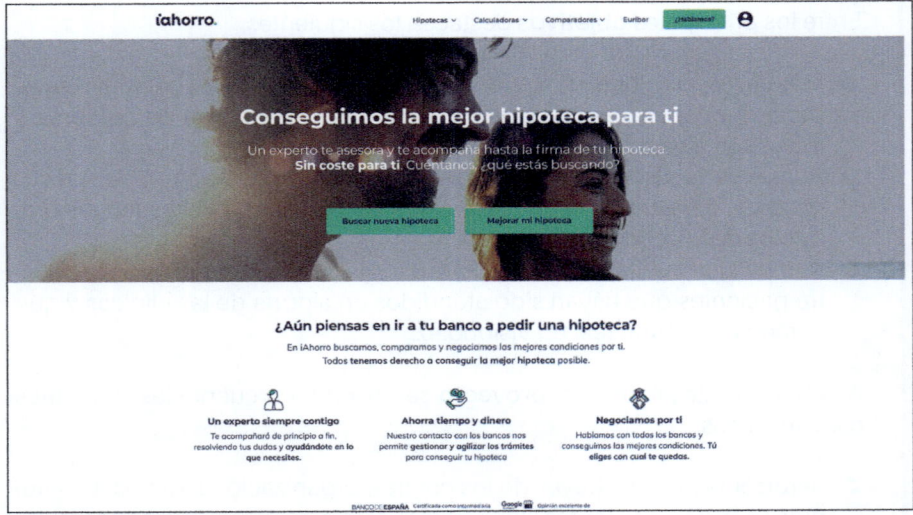

Portada de la web Iahorro

Los **objetivos** a cumplir con este desarrollo son los siguientes:

- Ser un desarrollo de referencia para finanzas personales de los usuarios de internet.
- Mejorar la comprensión y compra de productos bancarios.
- Facilitar la búsqueda de productos, ahorrando tiempo y dinero a los usuarios.
- Obtener la confianza del desarrollo por parte de las entidades bancarias para poder despuntar respecto a desarrollos iguales en internet.

El desarrollo está enfocado directamente a los usuarios de internet y sobre todo a los motores de búsqueda de los buscadores, es decir, respetando al máximo la estructura del proyecto para que los *bots* de los buscadores puedan indexar todo el contenido del proyecto.

Durante el año de desarrollo del proyecto se **cumplieron los siguientes objetivos:**

- Aumento de un 12 % mensual de usuarios a través de los buscadores.
- Aumento de un 20 % en las visitas a páginas al mes.
- Caída de la tasa de rebote a un 2,6 %.
- En el desarrollo, la página principal ha aumentado su tráfico en un 53 %.
- Se ha creado un *feedback* a través de comentarios en los cuales el 25 % son totalmente naturales (comentarios u opiniones de usuarios de internet).
- El tráfico orgánico del desarrollo ha alcanzado un 26 % más de visitas en el último mes.

◌ El desarrollo está posicionado dentro del top 10 de resultados de la lista arrojada por los motores de búsqueda de los buscadores.

◌ Se ha reforzado la presencia en redes sociales tales como: *Facebook, X, Delicious* y *Menéame.*

Como has visto, con una buena **definición de objetivos** y una **planificación** adecuada, la labor de posicionamiento puede alcanzar unos resultados excelentes. Por lo tanto, hay que tener presente siempre la importancia de esa planificación.

 ACTIVIDAD COMPLEMENTARIA

27. Realiza un análisis del siguiente posicionamiento SEO.

Fuente: <http://www.marketing-xxi.com/casos-exito.html>

5. Casos reales

 HILO CONDUCTOR

En "SEO Consultores Madrid" son muy claros con sus clientes. Una cosa es la idea que el cliente aporta, o el proyecto aportado diseñado por otra empresa, y otra cosa es el punto final que no tiene por qué coincidir con lo que el cliente trae en su cabeza pensado de antemano.

Por eso, siempre que van avanzando en el proyecto del cliente, intentan que este vaya viendo los resultados y comentarlos con él, para obtener una retroalimentación que poder aplicar al proyecto, con el fin de poder obtener el éxito final.

A continuación, vas a ver el caso de una **tienda *online* dedicada a la compra y venta de bicicletas** y todo lo que gira alrededor de estas (complementos para la bicicleta, complementos para los ciclistas, ropa deportiva...), el caso de un desarrollo web dedicado a la **compraventa de ropa** y el caso de una **fotógrafa de bebés.**

5.1. Tienda *online* de compraventa de bicicletas

Observa esta imagen en la que se muestra la **visibilidad** que ha tenido la web de la tienda *online* de compraventa de bicicletas desde el 2020 hasta el 2024:

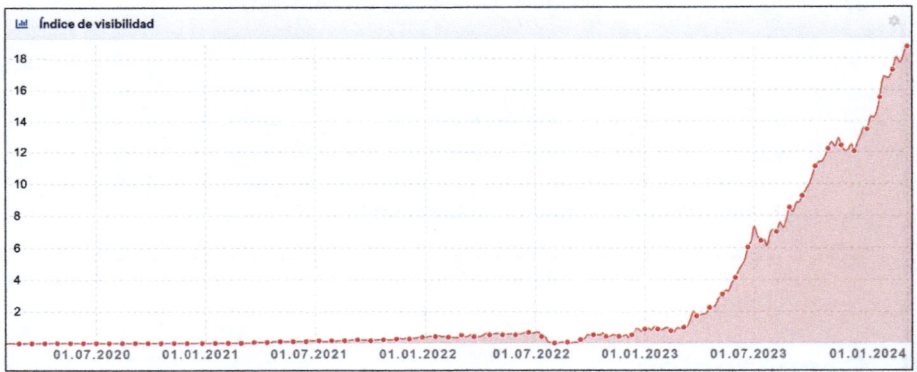

Visibilidad de la tienda online de bicicletas

Tal y como se puede apreciar, no existe actividad ninguna hasta aproximadamente enero de 2023, cuando se ve que la actividad se **dispara de forma exponencial;** fundamentalmente porque se ha posicionado correctamente el desarrollo a través de las técnicas de posicionamiento web.

No se habla de que genere más o menos beneficio económico, sino de los miles de usuarios que han visitado la página y, en concreto, se puede observar que en enero de 2024 se alcanzan los 1.800 usuarios que han visitado el desarrollo en un día.

También se puede apreciar en la imagen anterior que el posicionamiento web se concibe a largo plazo, de hecho en la imagen se observa cómo la gráfica va creciendo exponencialmente conforme pasa el año, es decir, para obtener las casi 1.800 visitas diarias han consumido un año y un mes para tal fin.

5.2. Tienda *online* de compraventa de ropa

A continuación, se va a analizar el caso de un desarrollo web dedicado a la compraventa de ropa. Observa la siguiente imagen:

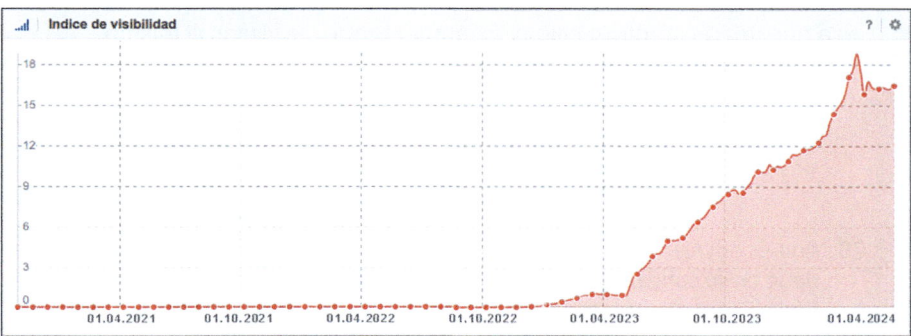

Actividad de una tienda de compraventa de moda

En la imagen anterior se puede apreciar cómo desde 2021 a abril de 2023 el desarrollo o sitio web pasa totalmente inadvertido para los usuarios de internet; esto es fundamentalmente porque no está bien posicionado en los resultados de búsqueda de los buscadores.

A partir de abril de 2023 es cuando se observa que la gráfica va creciendo exponencialmente hasta superar las 1.600 visitas diarias, debido a que se ha llevado a cabo una estrategia de posicionamiento SEO con la misma.

 IMPORTANTE

Si el desarrollo sobre el cual estamos intentando realizar el posicionamiento web no está correctamente indexado en los motores de búsqueda de los buscadores, es imposible que tengamos grandes cantidades de visitas de los usuarios de internet, debido fundamentalmente a que cuando introducen las palabras o frases clave no llegan a localizar nuestro desarrollo en los resultados de búsqueda arrojados por el buscador en concreto.

Como has podido observar, las estrategias utilizadas pueden hacer que aumente el número de visitas a un desarrollo web.

En los ejemplos anteriores puedes observar cómo al no estar correctamente posicionados es muy complicado que los usuarios tengan conocimiento de que estamos presentes en la red, con lo cual con una buena campaña de posicionamiento nos haremos visibles y, por lo tanto, afectará positivamente a nuestro desarrollo o sitio web, aumentando las visitas al mismo.

 ACTIVIDAD COMPLEMENTARIA

28. Andrés es Licenciado en Periodismo y acude a ti, como profesional SEO, porque tiene en su cabeza la idea de realizar un blog personal complementario al periódico para el que trabaja profesionalmente y en el que realiza sus artículos.

   El objetivo del blog es romper con una noticia bomba actual que cambiará el panorama político actual. Andrés te consulta sobre la posibilidad de poner en marcha de un día para otro el proyecto. Como buen profesional SEO, ¿qué podrías aconsejar a Andrés para obtener un máximo posicionamiento?

5.3. Fotógrafa de bebés

A continuación, vas a ver un caso de éxito en posicionamiento SEO muy simple y fácil: una fotógrafa de bebés. El posicionamiento **SEO** ha sido llevado a cabo por la empresa "Páginas webs empresas".

Observa cómo la propia empresa describe el posicionamiento SEO llevado a cabo para este desarrollo:

https://redirectoronline.com/adgd211po0402

IMPORTANTE

Un proceso de posicionamiento SEO no tiene que ser una labor tediosa y pesada para el equipo o departamento que lo quiere llevar a la práctica, es más, si se realiza la planificación y análisis previos, el proceso SEO en sí es bastante simple, como se ha podido demostrar con la web de fotógrafa de bebés.

---

6. Contenidos prácticos

 **HILO CONDUCTOR**

En "SEO Consultores Madrid" son conscientes de los "clientes impacientes" que quieren posicionar de forma rápida un desarrollo para llevar a cabo una campaña (de Navidad, de verano...). Para ello, optan por usar SEM *(Search Engine Marketing)* en lugar de jugarse posibles penalizaciones con SEO.

Con SEM deben realizar un desembolso económico pero, en el mejor de los casos, no se debe comenzar un proyecto desde cero por posibles penalizaciones relacionadas con las prisas impuestas por el cliente.

A continuación, verás una serie de **recomendaciones** que debes llevar a la práctica para establecer los objetivos a alcanzar con el posicionamiento SEO en los buscadores, siendo importante llevar a cabo todos sus puntos para un posible caso de éxito.

También se abordará la complejidad o no a la hora de realizar un posicionamiento web rápido y sencillo... ¡No todo en el mundo SEO es complejidad!

Y posteriormente, verás la **diferencia fundamental entre SEO y SEM.**

6.1. Interiorización de la importancia de establecer los objetivos que se quieren alcanzar con el posicionamiento en buscadores

Son muchos los factores a tener en cuenta y elementos que deben establecerse para obtener un buen posicionamiento SEO en los buscadores; pero no está de más seguir este listado de **objetivos para alcanzar un buen posicionamiento SEO** en cualquier proyecto que se lleve a cabo:

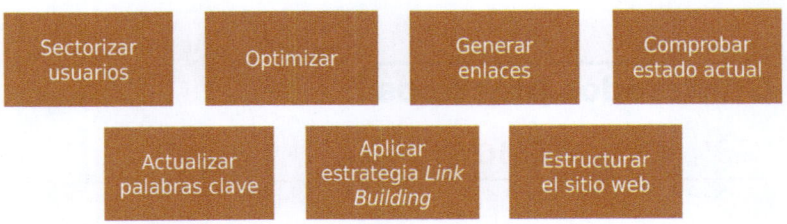

A continuación, se analizarán más detalladamente:

- **Sectorizar usuarios.** Lo primordial de todo es tener claro a qué sector de los usuarios de internet nos vamos a referir (es decir, quiénes queremos que sean nuestros usuarios). Después de tener claro esto realizaremos la elección de palabras o frases clave.
- **Optimizar.** Una vez que tenemos clara la lista de palabras o frases clave por las cuales queremos posicionar, es la hora de adaptar nuestro desarrollo (tanto URL, enlaces, contenidos...) para que se incluyan la mayoría o totalidad de las palabras o frases clave escogidas.
- **Generar enlaces.** Una vez optimizado el sitio o desarrollo web es la hora de planear la estrategia de *Link Building* para poder generar tráfico a nuestro sitio o desarrollo.
- **Comprobar estado actual.** Con *Google Search Console* y *Google Analytics* podremos chequear el estado en el que se encuentra nuestro desarrollo, saber si las páginas están indexadas, los términos de búsqueda por los cuales llegan a nuestro desarrollo...
- **Actualizar palabras clave.** Una vez que vamos ganando en posicionamiento en el buscador es hora de ir viendo cuáles son las palabras por las que principalmente nos localiza la gente y cambiar el desarrollo en función de estas (recuerda que al menos 1 o 2 veces al mes es bueno chequear el estado de nuestro sitio o desarrollo web).
- **Aplicar estrategia *Link Building*.** Podemos hacer el mejor desarrollo del mundo para los usuarios, pero si no tenemos una estrategia de *Link Building* bien definida ningún buscador nos posicionará bien en los ítems de sus resultados de búsqueda.

➲ **Estructurar el sitio web.** Recuerda que a la hora de realizar el desarrollo del sitio web es fundamental seguir una estructura que esté bien definida para que podamos posicionar mucho mejor.

Alcanzando estos objetivos, se podrá llegar al objetivo general del posicionamiento: aparecer en los primeros resultados de búsqueda de los buscadores.

6.2. Analizar un caso de éxito de posicionamiento web que haya marcado tendencia

A continuación, vas a ver el desarrollo creado para posicionar (en su día, no a día de hoy) un desarrollo a través de unas palabras clave y una página de enlaces. Accede a este caso a través del siguiente QR.

https://redirectoronline.com/adgd211po0403

En el mismo, el autor describe cómo ha llevado a cabo el posicionamiento de su propia página, dedicada al diseño y creación de páginas webs y tiendas *online*.

Análisis del caso

Para llevar a cabo el posicionamiento, el autor se decidió por las siguientes **palabras o frases clave:**

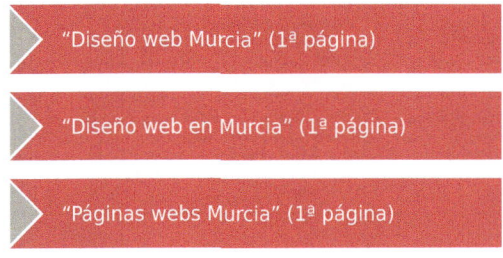

"Diseño web Murcia" (1ª página)

"Diseño web en Murcia" (1ª página)

"Páginas webs Murcia" (1ª página)

Las usó para poder destacarse del resto de la competencia y ser el primero en aparecer en los resultados de búsqueda, pero actualmente ha pensado que puede posicionarse mucho mejor para la gente que realice búsquedas con los nombres de los pueblos de la región de Murcia (como, por ejemplo, puede ser Molina de Segura).

Los términos (palabras y frases clave) con los cuales quiere posicionar son los siguientes:

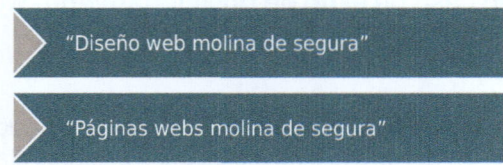

"Diseño web molina de segura"

"Páginas webs molina de segura"

Para ello, se ha creado una **página en *WordPress*** que intente posicionar por ambos términos de búsqueda. Dicha página va a ser enlazada desde el *home* del desarrollo principal con objetivo de ser accesible para *Google* (lo hará en la parte inferior de la misma, es decir, donde se colocarán los enlaces junto con los términos).

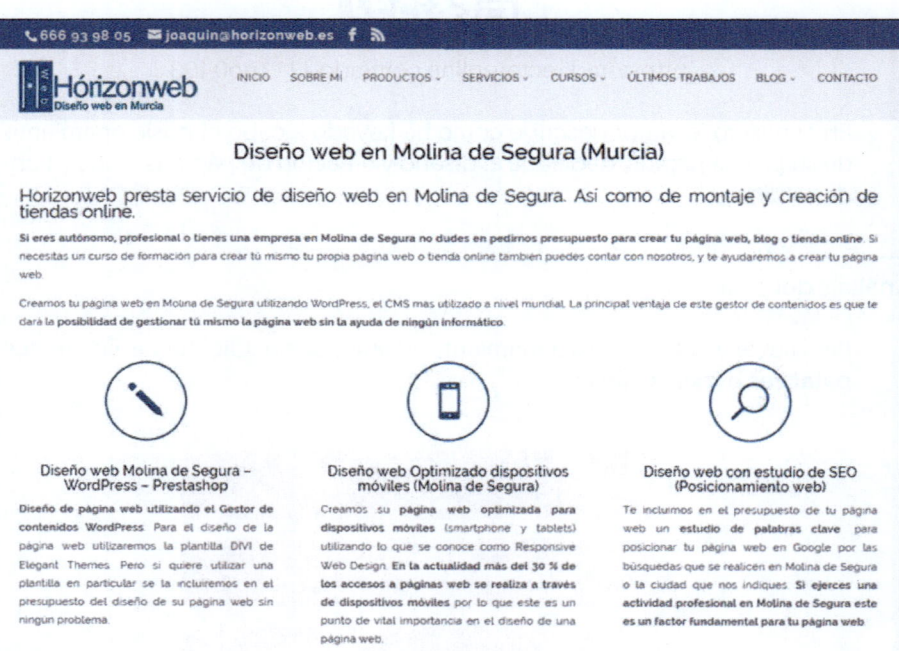

Los elementos clave que el autor ha escogido para la página web son los siguientes:

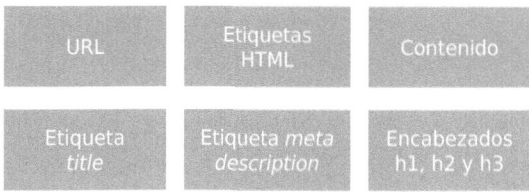

A continuación, se analizarán cada uno de estos elementos clave.

URL

Ha optado para posicionar de forma natural por URL amigables, es decir, que incluyan todas o la gran mayoría de palabras o frases clave. Como los términos a usar han sido "diseño, web, páginas, molina, de, segura" la URL por la que se ha inclinado el autor ha sido "/diseno-paginas-web-molina-de-segura".

Etiquetas HTML

En HTML existen una serie de etiquetas que ya tenemos constancia que debemos usar para poder posicionar mucho mejor en los buscadores. Verás cada una de estas etiquetas a continuación. Además es fundamental el uso de estas etiquetas y de los términos escogidos.

Encabezados h1, h2 y h3

En el caso del autor, ha optado por usar tres etiquetas correspondientes a los encabezados h1, h2 y h3. En el caso de h1 ha optado por esta configuración "<h1>Diseño web en Molina de Segura (Murcia)</h1>". Como puedes observar ha jugado con el título que le ha dado a la etiqueta y con los términos para posicionar mucho mejor.

Identificación de encabezados en la página web

Contenido

En este caso el autor ha optado por crear un contenido en el cual ha ido intercalando de forma natural los términos (palabras y frases clave) escogidas anteriormente. Observa cómo dichos términos son más constantes al principio del texto que al final.

Etiqueta meta description

Se pueden incluir alrededor de 156 caracteres y sirven para dar una descripción del contenido de la página. En el caso del autor optó por el siguiente texto: "Diseño web Molina de Segura, creamos tu página web con WordPress al mejor precio. Prestamos servicio en Molina de Segura: cursos, páginas webs, tiendas *online"*.

6.3. Debate relacionado con los pasos a seguir para posicionar una página web

El **posicionamiento** consiste en una **estrategia que tiene como fin la presencia de una marca o desarrollo web en internet,** haciendo que aparezca en los primeros ítems de los resultados de búsqueda de los buscadores. Para esto, se usan las palabras o frases clave, los usuarios de internet las introducen en un buscador y en base a ellas se mostrarán unos determinados resultados.

Posicionar consiste en **aumentar la visibilidad de un sitio o desarrollo web** orientado a determinados criterios de búsqueda por parte de los usuarios de internet. Los buscadores van a facilitar dos tipos de resultados de búsqueda cuando los usuarios busquen; estos son:

Naturales u orgánicos	De pago
- Son aquellos que ofrecen unos resultados de búsqueda al usuario. Para ello, se basa en los enlaces de texto mediante el uso de unos determinados algoritmos de selección y ordenación del buscador en particular.	- Son aquellos enlaces a un sitio o desarrollo web personalizados, de tal forma que la empresa pagará si alguien pulsa el enlace (si no se pulsa no se paga). Normalmente estos enlaces se encuentran situados estratégicamente en la página en la que se muestran (para que el usuario de internet haga clic en ellos y se pueda cobrar ese clic).

Un posicionamiento correcto debe **aportar al desarrollo o sitio web visibilidad y autoridad** o credibilidad, siendo las visitas procedentes por parte de los buscadores las que más interesan (dado que son aquellas en las que el usuario realiza una búsqueda en un buscador y pincha en sus resultados para acceder al desarrollo).

Algunas de las principales **ventajas** que aporta la presencia de un desarrollo en los buscadores son:

⊃ **Visibilidad:** los resultados de búsqueda de los buscadores arrojan resultados (miles) en cuestión de segundos, y entre estos resultados estará nuestro desarrollo o sitio web, con lo cual tenerlo bien visible es misión fundamental para un buen posicionamiento.
Además, hoy en día cualquier empresa con una determinada actividad (temática) tiene presencia en la red para que los usuarios realicen determinadas operaciones sobre ella.

- **Usuarios cualificados:** si un usuario ha llegado hasta nuestro desarrollo o sitio web a través de un buscador es porque se ha interesado o motivado por nosotros y nuestro desarrollo. Por lo tanto, todo el tráfico que venga de esta manera será considerado como usuarios cualificados; debemos anotar que este tipo de usuarios son los que más probabilidad tienen para convertirse en futuros clientes de nuestro desarrollo o sitio web.
- **Consecución de objetivos:** hoy en día internet juega un gran papel comercial entre usuarios del mismo y las empresas que tienen presencia en él. Aparecer en los buscadores bien posicionados es clave para garantizar el éxito en las ventas y en los clientes.
- **Rentabilidad:** tener posicionamiento en un buscador es una tarea totalmente gratuita, pero que tiene que ser planificada y aplicar determinadas estrategias para obtener un buen posicionamiento. También podemos optar por la opción de hacer un desembolso económico y obtener mejores resultados a todos los niveles.

Pero no todo son ventajas, como **desventajas** se pueden citar las siguientes:

- **Competencia:** cada día que pasa es mayor la masificación de sitios o desarrollos webs de los que consta internet.
- **Solo es válido en buscadores:** si el usuario no realiza las búsquedas a través del buscador entonces no se puede llevar a cabo todo lo planteado anteriormente.

Observa pues, en base a los diferentes tipos de resultados que arroja el buscador, las dos formas posibles que hay para posicionarse:

SEO (Search Engine Optimization)
- Posicionamiento en buscadores u optimización de motores de búsqueda es el proceso mediante el cual mejoramos la visibilidad de nuestro desarrollo o sitio web en los resultados orgánicos de los diferentes buscadores.

SEM (Search Engine Marketing)
- Es una forma de *marketing* en internet, que busca promover los sitios o desarrollos webs mediante el aumento de su visibilidad en las páginas de resultados del motor de búsqueda. Normalmente implica un desembolso económico.

Entonces, ¿cuál de las dos formas debe usarse? ¿Hay una mejor que otra?

Es esta la cuestión llevada a debate en relación al posicionamiento en los buscadores. A continuación, se analizará detenidamente cada una de ellas.

 **PARA SABER MÁS**

Accede al siguiente QR para ver las conclusiones obtenidas tras el debate llevado a cabo por dos expertos respecto a la cuestión SEO vs SEM.

https://redirectoronline.com/adgd211po0404

SEO

SEO es una **estrategia de optimización para los motores de búsqueda** de los buscadores y, por tanto, una estrategia basada en un conjunto de técnicas para obtener tal fin (principalmente en base a contenidos y enlaces). A través del uso y manejo de las palabras o frases clave, el usuario (a través de un buscador) llegará al desarrollo o sitio web.

El buscador, por su parte, se sirve de técnicas internas o propias para premiar o penalizar contenidos y enlaces a la hora de posicionar sus resultados. Lo que obliga a que a la hora de redactar el contenido de una web **esté en sintonía con las palabras o frases clave** y así poder obtener premio por parte del buscador (implicando un mejor posicionamiento).

Constantemente hay que estar optimizando el desarrollo o sitio web, dado que el buscador volverá al desarrollo para reanalizarlo cuando pase un cierto tiempo establecido (del cual no se es consciente). Esta optimización consta de:

> **Descubrir, analizar y solucionar**
> - Hay que descubrir, analizar y solucionar los problemas que puedan aparecer en nuestro sitio o desarrollo web para poder tener una correcta indexación por parte de los buscadores.

Continúa en página siguiente >>

<< Viene de página anterior

Palabras clave
- La elección, análisis, elaboración y mantenimiento de las palabras o frases clave es vital para optimizar.

Contenido
- Igual que ocurre con las palabras o frases clave, el contenido debe estar en sintonía con las palabras clave; si estas se modifican o cambian por falta de rendimiento también habrá que readaptar contenidos en función de las mismas.

Enlaces
- A través de los enlaces se obtiene mayor relevancia en los resultados de búsqueda de los buscadores, con lo cual optimizar este detalle es un punto a favor para nuestro posicionamiento.

Mejores páginas
- Identificar cuáles son las mejores páginas de nuestro desarrollo o sitio web (las más visitadas, por ejemplo) y optimizarlas nos servirá para mejorar en los ítems de los resultados de los buscadores.

 TAREA 17

Imagina que estás ante un nuevo proyecto de posicionamiento SEO para un nuevo cliente, el cual te ha pedido información antes de realizar el proyecto.

¿Cómo le explicarías los ciclos básicos del SEO por los que pasaría el proyecto?

Define el proceso a llevar a cabo en un proyecto de posicionamiento SEO, describiendo el ciclo básico a seguir.

Las **ventajas** que aporta SEO al sitio o desarrollo web son las siguientes:

- **Rentabilidad a largo plazo:** con un simple mantenimiento y optimización aplicados de forma regular en nuestro sitio o desarrollo web nos aseguramos las primeras posiciones de un buscador.
- **Influencia de contenido, estructura y actualizaciones:** por lo que un determinado sitio o desarrollo web posiciona en base a su contenido, el

cual debe ser creativo, único, natural, atractivo y relevante para los usuarios de internet.

- **Tráfico cualificado:** posicionar un sitio o desarrollo web a través de las palabras o frases clave lleva implícito obtener un tráfico de calidad y, por lo tanto, cumplir nuestras expectativas.
- **Inversión estable:** no necesitamos realizar desembolso económico alguno para tener presencia en los buscadores.
- **Confianza en los resultados naturales:** los usuarios prefieren pinchar sobre enlaces gratuitos que sobre los enlaces de pago.

Los **inconvenientes** que aporta SEO al sitio o desarrollo web son los siguientes:

- **Resultados a medio/largo plazo:** no podemos obtener resultados inmediatos, dado que por mucho que nosotros optimicemos siempre hay parte de la labor que es interna a los buscadores y que nosotros no podemos modificar, ni cambiar, ni alterar.
- **Número limitado de palabras o frases clave:** realizar un buen posicionamiento con el mínimo de palabras o frases clave es el punto del éxito en el posicionamiento, aunque muchas veces es imposible posicionar con tan pocas palabras o frases clave.
- **Página de entrada elegida por el buscador:** nosotros no podemos decidir qué página del sitio web es la que posiciona, lo hace el buscador por nosotros (de ahí que no podamos obtener los resultados a corto o breve plazo de tiempo).
- **Mensaje único para todos:** el formato usado por los buscadores en sus resultados de búsqueda es el mismo para todos; generalmente se corresponde con un título y una descripción más su enlace al sitio o desarrollo web correspondiente.
- **No podemos predecir ni garantizar resultados:** trabajar con SEO no implica obtener las primeras posiciones de los buscadores, es una tarea de elaboración de estrategias a aplicar y actualizar para alcanzar la meta anterior.
- **No hay segmentación:** los resultados ofrecidos por los buscadores en una búsqueda natural son los mismos para todos los usuarios, no tenemos posibilidad de ofrecer unos resultados u otros en función de su ubicación geográfica, perfil de usuario, hora en la que accede...

TAREA 18

Trabajas en una consultoría de posicionamiento SEO y recibes a un cliente que le cuenta su idea. Se dedica a pintar cuadros y a realizar algunas obras de arte en mármol. Su idea principal es la de crear una página web para que los usuarios de internet puedan acceder al desarrollo web y consultar sus obras (tanto esculturas como cuadros).

Al tratarse de clientes potenciales que valoran el arte, en principio le comenta que quiere recibir a cualquier usuario de cualquier sitio a la hora que sea precisa.

En base a esto, deberás trazar un plan de objetivos de posicionamiento SEO en torno a ese desarrollo web para dicho cliente.

SEM

SEM es una **técnica de pago** (desembolso económico) para mejorar el posicionamiento del desarrollo o sitio web en un buscador. Se lleva a cabo **mediante la promoción** del mismo y mostrándolo en las primeras posiciones de la página de resultados del buscador, cuando el usuario de internet realiza una determinada búsqueda, aumentando así la visibilidad del mismo de cara al usuario.

SEM es totalmente **controlable y medible;** se puede decidir la cantidad de dinero que se quiere gastar, las frases o palabras clave que comprar y el sitio o desarrollo web al que tienen que apuntar los anuncios.

Usar SEM implica conocer cuatro **procesos** que son:

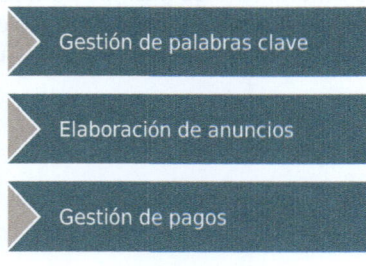

Gestión de palabras clave

Elaboración de anuncios

Gestión de pagos

Continúa en página siguiente >>

<< Viene de página anterior

Evaluación de resultados

Al igual que SEO, SEM también aporta tanto ventajas como inconvenientes al sitio web. A continuación, se explican sus **ventajas:**

➲ **Mejor posicionamiento:** al usar anuncios y estar estos ubicados en posiciones estratégicas para captar la atención de los usuarios de internet.
➲ **Rapidez:** es posible llevar a cabo una campaña basada en SEM en cuestión de horas, obteniendo visitas de forma inmediata y aumentando el tráfico en el mismo día.
➲ **Mejor posicionamiento:** al usar anuncios y estar estos ubicados en posiciones estratégicas para captar la atención de los usuarios de internet.
➲ **Cambios inmediatos:** en el caso de que no estemos haciendo las cosas correctamente tenemos la posibilidad de poder modificarlo todo y que los cambios se apliquen de forma inmediata.
➲ **Número de palabras clave limitado:** que las palabras o frases clave elegidas estén relacionadas con la temática del desarrollo es fundamental, no obstante, si no queremos ser localizados por determinadas palabras clave, estas se pueden especificar.
➲ **Rentabilidad a corto plazo:** si las estrategias han sido las correctas y está todo optimizado correctamente, los resultados se obtienen inmediatamente sobre nuestro sitio o desarrollo web.
➲ **Determinación de la página de inicio:** en función de la página web del sitio o del desarrollo podemos crear campañas SEM personalizadas a la misma.
➲ **Segmentación:** en base a la localización geográfica, idioma, horarios, palabras clave, hora del día o de la noche a la que se acceda... es posible que tengamos una configuración personalizada.
➲ **Configuración a medida:** tenemos la posibilidad de poder establecer el mensaje con el que aparece el desarrollo o sitio web en los buscadores.
➲ **No hay influencia de contenido ni sitio web:** cualquier página de nuestro desarrollo puede alcanzar las primeras posiciones de los resultados patrocinados (los de pago).
➲ **Coste controlado:** podemos gestionar la cantidad de desembolso económico que vamos a llevar a cabo en dicha campaña SEM.
➲ **Estimación previa de resultados:** en función a la inversión realizada y del coste por el clic de palabras o frases clave podemos obtener una estimación (no real) de las visitas o usuarios a los que afectará la campaña SEM que se está planeando.
➲ **Medida:** tenemos la opción de realizar mediciones y cuantificar los resultados mediante análisis.

Por otro lado, los inconvenientes que el SEM aporta al sitio web son los siguientes:

- **Gasto económico variable:** cuanto mayores son los objetivos a alcanzar y más inmediatos sean, mayor será el desembolso que tengamos que realizar.
- **Número de visitas en función a la inversión realizada:** en función de cuánto vamos a invertir, tantas visitas vamos a tener, así de simple.
- **El tráfico no garantiza tener éxito:** si no hacemos una buena elección de palabras o frases clave (tanto negativas como positivas para nuestro desarrollo) no alcanzaremos el éxito previsto.
- **Inversión doble:** tenemos que pensar que la inversión es en la campaña SEM y en los profesionales que la van a llevar a cabo.
- **Al dejar de invertir se esfuman los resultados:** por invertir en SEM no vamos a obtener mejores resultados SEO, no hay que mezclar a SEO con SEM, cada cual tiene su tráfico y sus resultados.

 TAREA 19

Al trabajar en una consultoría de posicionamiento web en la que has tenido varios casos de éxito con grandes compañías, una multinacional confía en ti para llevar a cabo un proyecto de posicionamiento a nivel mundial de su marca en la red.

Justifica el uso de SEM en dicho proyecto. ¿Merecería la pena o bastaría simplemente con un posicionamiento SEO?

7. Resumen

SEO *(Search Engine Optimization)* es el **posicionamiento en buscadores u optimización de motores de búsqueda,** es el proceso mediante el cual se mejora la visibilidad de un desarrollo o sitio web en los resultados orgánicos de los diferentes buscadores.

Llevar a cabo un proceso de posicionamiento de un desarrollo o sitio web al éxito es una tarea que implica:

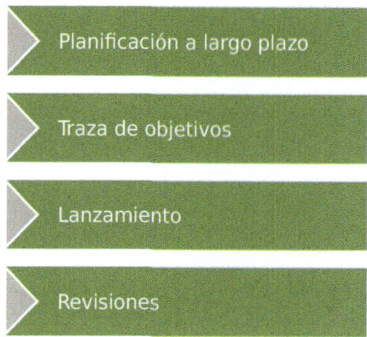

Es imprescindible **definir unos objetivos,** los cuales llevarán implícitos una serie de análisis que arrojarán unos resultados e irán indicando si se está optando por el camino correcto o no. Es muy recomendable establecer correctamente estos objetivos para no perder mucho tiempo en un posicionamiento SEO con actualizaciones o modificaciones.

Entre estos objetivos están los siguientes:

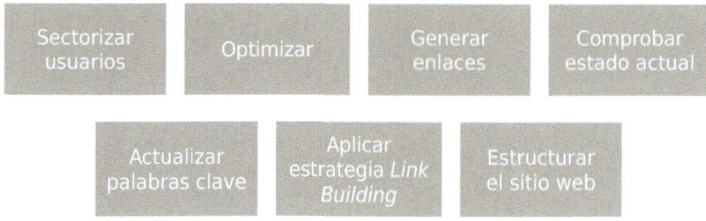

Alcanzando estos objetivos, se podrá llegar al **objetivo general del posicionamiento: aparecer en los primeros resultados de búsqueda** de los buscadores.

Pero para conseguir ese posicionamiento, además del SEO también se puede optar por el **SEM** *(Search Engine Marketing).* Es una forma de *marketing* en internet que busca **promover los sitios o desarrollos webs mediante el aumento de su visibilidad** en las páginas de resultados del motor de búsqueda. Normalmente implica un desembolso económico.

Ejercicios de autoevaluación
Unidad de Aprendizaje 4

1. Un inconveniente de SEM es que...

    a. ... el tráfico no garantiza tener éxito.
    b. ... el posicionamiento se realiza a muy largo plazo.
    c. ... las técnicas de *Link Building* se permiten pero *Link Baiting* no.
    d. ... no se pueden usar enlaces como en SEO.

2. Una ventaja fundamental de usar SEM es...

    a. ... que no puede ser controlado por nosotros.
    b. ... que no puede ser medido.
    c. ... que es controlable y medible.
    d. ... que garantiza tener éxito.

3. Uno de los posibles inconvenientes al usar SEO es que...

    a. ... la página de entrada es escogida por nosotros.
    b. ... la página de entrada es escogida por el buscador.
    c. ... la página de entrada es escogida por nosotros en el proceso de rastreo.
    d. ... la página de entrada es escogida mediante el uso de *Link Baiting*.

4. La estrategia que tiene como fin la presencia de una marca o desarrollo web en internet, haciendo que aparezca en los primeros ítems de los resultados de búsqueda de los buscadores, se conoce como:

    a. *Link Building*
    b. *Link Baiting*
    c. *Branding*
    d. Posicionamiento

5. La optimización y generación de contenido es...

    a. ... un proceso interno del *Link Building*.
    b. ... un proceso únicamente disponible en SEM.

c. ... un proceso interno del buscador cuando rastrea e indexa nuestro desarrollo.
d. ... un proceso del ciclo básico del SEO.

6. Una planificación SEO implica análisis:

a. Internos y externos
b. Internos
c. Externos
d. Inmediatos y rápidos

7. La planificación de un proceso SEO implica establecer...

a. ... tres procesos: análisis, configuración y observación.
b. ... una prioridad en los procesos.
c. ... configuraciones independientes en cada proceso.
d. ... un plan alternativo al planificado.

8. El último paso de un proceso SEO es:

a. Control y revisión de los resultados.
b. Definición de objetivos generales.
c. Identificación de estrategias.
d. Selección y puesta en marcha de los planes.

Unidad de Aprendizaje 5

Estrategia y metodología. Conclusiones y seguimiento

Contenido

Objetivos

El objetivo general de esta Unidad de Aprendizaje es:

→ Realizar un proyecto de posicionamiento web, definiendo la metodología y estrategia a seguir.

Los objetivos específicos de esta Unidad de Aprendizaje son:

→ Planificar la estrategia de posicionamiento SEO.
→ Definir la metodología a seguir en un proyecto de posicionamiento SEO.
→ Identificar qué es lo que hay que hacer para conseguir un buen posicionamiento, los elementos del desarrollo a los que afecta y los motivos que justifican esas acciones.
→ Determinar quién va a llevar a cabo el proyecto de posicionamiento.
→ Establecer cuándo se debe analizar y actualizar el desarrollo de cara al posicionamiento.

1. Introducción

Al llevar a cabo un **proceso de posicionamiento SEO** hay que contar con una serie de objetivos definidos previamente, los cuales deben ser revisados de forma continuada y, si es necesario, actualizarlos para alcanzar objetivos que amplíen los anteriormente planteados.

Observa, de forma resumida, cómo tiene lugar este proceso:

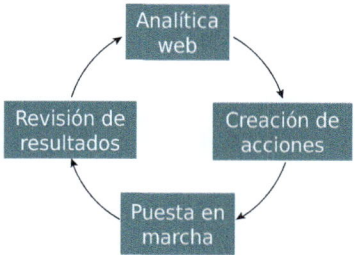

En esta unidad verás aspectos relacionados con: qué hay que hacer en el posicionamiento, por qué motivos hay que hacerlo, quién o quiénes lo llevarán a cabo, cómo se llevará a cabo, sobre qué llevarlo a cabo y cuándo llevarlo a cabo en el tiempo. Todos estos aspectos son importantes por sí solos, es decir, no debe cometerse el error de centrarse y explotar solo un aspecto.

Para el desarrollo del contenido nos basaremos en el caso de *SEO Consultores Madrid,* una empresa con sede en Madrid dedicada al desarrollo de páginas web.

2. ¿Qué hay que hacer?

 HILO CONDUCTOR

"SEO Consultores Madrid" cuando se enfrenta a un nuevo proyecto de posicionamiento SEO de un desarrollo de uno de sus clientes lo primero que hace es preguntarse: ¿qué hay que hacer?

Continúa en página siguiente >>

<< Viene de página anterior

A partir de aquí elabora un esbozo con las posibles ideas que se pueden ir aplicando al proyecto.

Lo primero que hay que tener claro al llevar a cabo una **estrategia de posicionamiento SEO** de un proyecto es "¿qué es lo que hay que hacer?".

La respuesta es sencilla, hay que seguir estos pasos:

Definición del desarrollo web
- Dado que lo que se va a posicionar es un desarrollo web basado en HTML y otras técnicas de programación, es altamente recomendable seguir las indicaciones apropiadas respecto del código HTML.

Factores *On-Site*
- Los factores internos (también conocidos como SEO *On-Site)* son los relativos a un sitio web, es decir, aquellos que sí van a poder controlarse. Su misión principal será la de facilitar a los buscadores el acceso al sitio web. Se basan en aspectos como la calidad del contenido, la arquitectura del sitio web y el código HTML.

Factores *Off-Site*
- Los factores externos (también conocidos con el nombre de SEO *Off-Site)* son aquellos que no se van a poder controlar. Estos factores van a señalar la autoridad de un sitio web (se puede conocer su confianza), el comportamiento de los usuarios, la calidad de los enlaces externos y las redes sociales.

Objetivos
- Será necesario realizar una planificación del posicionamiento para que se cumplan unos determinados objetivos para el desarrollo: aparecer en las primeras posiciones de los buscadores, generar contenido de calidad, desarrollar enlaces de calidad, recibir gran cantidad de tráfico orgánico.

Puesta en marcha
- Una vez que el desarrollo está definido y se han cumplido con los factores *On* y *Off-Site* es entonces cuando se pone en marcha el desarrollo, con el fin de aplicar la planificación de los objetivos; esto se hace así debido a que si la planificación no es buena habrá que readaptarla para que se alcancen los objetivos SEO sobre el posicionamiento del proyecto.

A continuación, vas a ver los conceptos más importantes que hay que tener en cuenta en una estrategia de posicionamiento SEO.

2.1. Factores *On-Site*

Los factores *On-Site* son aquellos que normalmente **se tocan desde el desarrollo o sitio web.**

Dentro de estos factores no se pueden pasar por alto los siguientes:

- **Elección de palabras clave:** la elección de palabras clave es un factor muy importante de cara al desarrollo web y de cara al posicionamiento. Respecto al primero hay que recordar que hay palabras o frases clave que son insertadas en los contenidos, en etiquetas HTML, de ahí la importancia de su buena elección, porque influyen en el desarrollo y además son aquellas por las cuales los usuarios de un buscador localizarán el sitio; colocarán dichas palabras o frases clave en la caja de texto del buscador y este les retornará una lista de resultados, entre las cuales estará el desarrollo (la posición que ocupe dependerá de un posicionamiento óptimo o no).
- **Factores *On-Page:*** son aquellos que van a permitir mejorar el posicionamiento orgánico de un desarrollo o sitio web. Estos factores se tocan directamente sobre el desarrollo o sitio web.
- **Factores *On-Server:*** son aquellos factores relativos al servidor y a los nombres de dominio, que aunque se puedan tocar no son directos como los anteriores.
- **Contenidos:** crear contenido de calidad, natural y que aporte sentido al entorno donde se genera es de vital importancia para cualquier proyecto de posicionamiento web. Si este contenido es copiado y pegado de otro sitio, los buscadores se darán cuenta y aplicarán penalizaciones sobre el mismo.
- ***Black Hat SEO:*** las prácticas SEO penalizables son aquellos mecanismos que se aplican (como *webmaster* de un desarrollo posicionable) y que influyen de forma negativa en los resultados de búsqueda de un buscador, de tal forma que en vez de subir ítems de resultados se bajan, es decir, se hace el desarrollo menos visible para los usuarios que hacen una búsqueda.

A continuación, verás más detenidamente los factores *On-Page* y *On-Server*.

Factores *On-Page*

Los factores *On-Page* se corresponden con aquellos que **se van a manipular directamente** y mediante los cuales se influirá en el posicionamiento del sitio. Entre ellos se encuentran los siguientes:

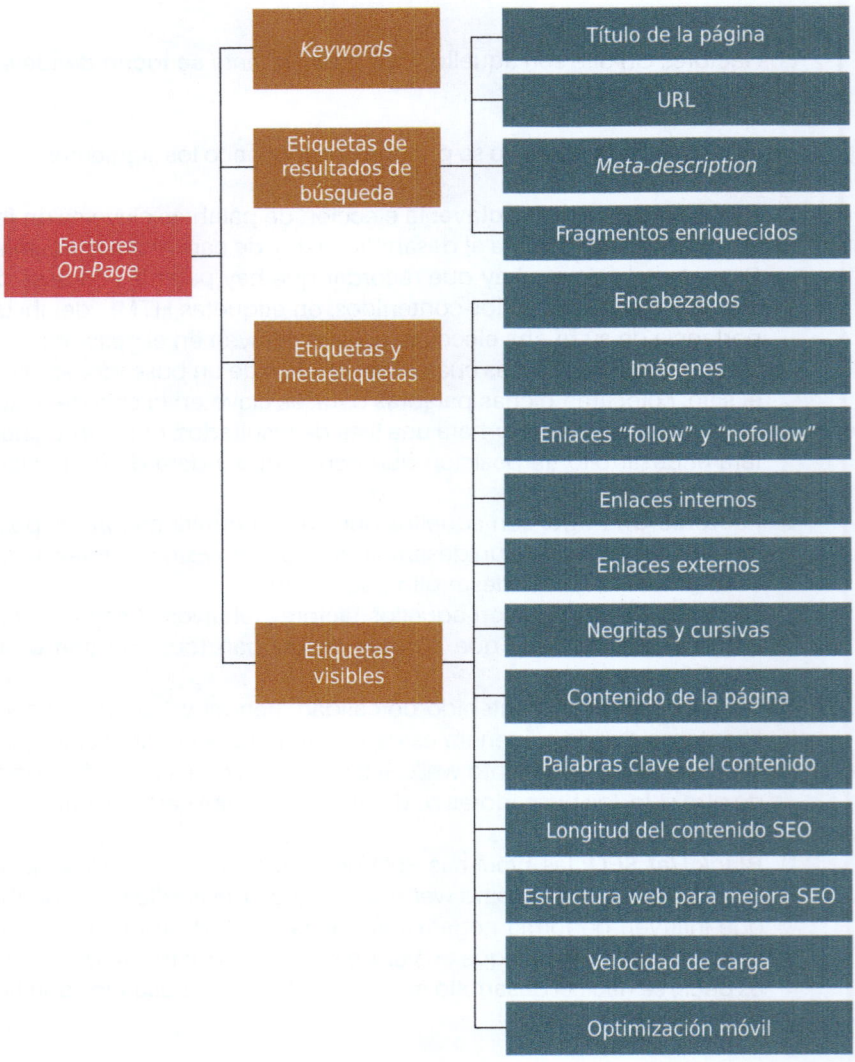

A continuación, se definirán de forma pormenorizada cada uno de los elementos del esquema:

- **Keywords:** se corresponden con las palabras o frases clave que se usarán en el posicionamiento, código HTML y contenido; también son usadas por los usuarios de los buscadores para localizar desarrollos o sitios webs.
- **Etiquetas y metaetiquetas:** forman parte del código HTML y algunas de ellas son bastante importantes, dado que pueden incluir las palabras o frases clave por las que se quiere posicionar el desarrollo o sitio web.
- **Etiquetas de resultados de búsqueda:** cuando un usuario realiza una búsqueda en un buscador por palabras o frases clave, estos devuelven un ítem de resultados en la que todos comparten título, URL y *meta-description:*

  - Título de la página: es lo primero que aparece en el ítem de los resultados. Contiene el título de la página HTML a la que hace referencia.
  - URL: se corresponde con la dirección web mediante la cual se accede a la página HTML. Ocupa el segundo lugar.
  - *Meta-description:* en tercer lugar hay una breve descripción de la página HTML.
  - Fragmentos enriquecidos: son parte de los ítems de búsqueda y fundamentalmente se diferencian del resto porque incluyen una imagen para captar rápidamente la atención de los usuarios de los buscadores.

- **Etiquetas visibles:** son aquellas etiquetas HTML que forman parte de la página web que se quiere posicionar:

  - Encabezados: se corresponden con h1... h6. El primero de ellos es el más importante para posicionar y se recomienda usarlo una sola vez.
  - Imágenes: son muy útiles en el contenido porque se capta rápido la atención de los usuarios de la página web.
  - Enlaces "nofollow" y "follow": con estos atributos se pueden activar o desactivar enlaces salientes o entrantes al sitio. Sobre todo de cara a ganar confianza y autoridad del sitio.
  - Enlaces internos: los enlaces internos son aquellos que apuntan directamente a páginas que se encuentran dentro del propio desarrollo o sitio web. Este tipo de enlaces influye directamente en el posicionamiento de las páginas en los resultados de búsqueda.
  - Enlaces externos: los enlaces externos son aquellos enlaces que apuntan a otras páginas que no están dentro del desarrollo o sitio web.
  - Negritas y cursivas: gracias a las negritas y cursivas se puede dar estilo y formato al texto, logrando captar la atención de los usuarios sobre aquellas palabras que interesen (por ejemplo, poner en negrita las palabras clave o frases que aparecen en el contenido de una página).
  - Contenido de la página: todo contenido de una página debe ser natural y original. Natural en el sentido de que tenga relación con la página en la que se encuentra y con su desarrollo; original en el sentido

de que no sea un copia-pega de otro sitio (se puede caer en penalizaciones SEO).

◔ Palabras clave en contenido: es altamente recomendable crear el contenido en base a las palabras o frases clave escogidas en el desarrollo para optar a un mejor posicionamiento.

◔ Longitud del contenido SEO: ni demasiado corto (4 o 5 palabras) ni demasiado largo (50.000 palabras). Lo ideal es crear contenido que resuelva las dudas de los usuarios.

◔ Estructura web para mejora SEO: la estructura web de un desarrollo es fundamental para su funcionamiento, dado que los buscadores exploran el desarrollo, sobre todo para saber si es real y verídico o si es *spam* (para clasificarlo como tal). La estructura de SILO es la más aceptada por todos los buscadores.

◔ Velocidad de carga: no se pueden crear contenidos ni páginas web que tarden mucho tiempo en cargarse, sobre todo por la desesperación de los usuarios. Lo ideal es que la página tarde breves segundos en aparecer cuando el usuario quiera acceder a ella.

◔ Optimización móvil: para poder posicionar correctamente hay que poder recibir visitas de cualquier usuario a través de cualquier dispositivo informático, de ahí la importancia de que el desarrollo o sitio web sea compatible para ser usado mediante *smartphones,* tabletas...

 RECUERDA

La estructura de SILO consiste en organizar los contenidos en diferentes secciones o categorías bien definidas, en las cuales se desarrolla el contenido de forma independiente al resto. Además, los buscadores analizan mejor el tipo de desarrollos basados en esta estructura.

Factores *On-Server*

Este tipo de factores son aquellos que **no pueden ser considerados como internos,** a pesar de que pueden ser modificados por los desarrolladores. Dentro de los factores disponibles en el *On-server,* se encuentran los siguientes:

A continuación, se explicarán cada uno de estos factores:

- **Relativos al servidor:** son aquellos factores que ofrece el servicio de *hosting,* que se contrata para alojar al desarrollo o sitio web. Lo que más interesa sobre todo es que no se "cuelgue" frecuentemente para que el sitio o desarrollo no aparezca fuera de línea, o sean mínimas las veces que esto suceda.
- **Relativos al nombre del dominio:** es fundamental que el nombre del dominio que se elija para contener el desarrollo o sitio web también esté en sintonía con el mismo. En caso de que no esté en sintonía, el usuario puede pensar que se le está intentando engañar ofreciendo cosas falsas o lo que es peor aún, que se trata de *spam.*
- **Optimización contenido:** consiste en crear contenido nuevo, natural y de calidad apoyándose en el uso de las palabras o frases clave escogidas para el desarrollo, reforzando así y optimizando el contenido.
- **Velocidad y respuesta servidor:** la velocidad con la que el servidor acepta peticiones de los usuarios y la celeridad en las respuestas de las mismas peticiones es algo crucial para el posicionamiento de un desarrollo o sitio web.
- **Certificado SSL/HTTPS:** el protocolo HTTPS *(Hypertext Transfer Protocol Secure* o Protocolo Seguro de Transferencia de Hipertexto) es un factor SEO a tener en cuenta para *Google* y cualquier buscador de internet. Gracias a este protocolo seguro se habla de conceptos como seguridad *online* y autentificación de la identidad. Este protocolo es en el que se basan entidades bancarias, tiendas *online* y cualquier servicio que en general requiera el envío de datos personales y/o contraseñas.
- **IP Servidor:** la IP es un conjunto de números agrupados de manera lógica y jerárquica que sirven para identificar un determinado equipo conectado a una red basada en el protocolo IP *(Internet Protocol,* Protocolo de Internet). Es otro factor a tener en cuenta a la hora de los posicionamientos. Hay que recordar que los buscadores favorecen los resultados locales, es lo que se conoce como posicionamiento local.

2.2. Factores *Off-Site*

Los factores *Off-Site* se centran fundamentalmente en la **consecución de enlaces** hacia el sitio web. Dentro de estos se pueden destacar los siguientes:

A continuación, se analizarán más detalladamente cada uno de estos factores:

- **Link Building:** el *Link Building* es una técnica SEO basada en hacer que otras páginas webs enlacen a la página, que se quiere, que los buscadores apunten como relevante y, por tanto, la posicionen en los mejores ítems dentro de sus resultados *(ranking* de resultados de búsqueda).
- **Link Baiting:** también se le suele denominar *link bait* (enlace cebo). Es una técnica usada en posicionamiento web con el fin de generar contenido de gran calidad y que este sea compartido por otros sitios webs en la red. Es compartido mediante enlaces y gracias a esto se gana autoridad web.
- **Analíticas webs:** conocer lo que los usuarios de un sitio web opinan de él es fundamental para conocer sus características, las páginas más visitadas, de qué sitio son los usuarios que lo visitan, el tiempo que han permanecido en la web o en una determinada página, las interacciones que han realizado en el desarrollo...
- **Algoritmo de *Google:*** el algoritmo de *Google* es la forma que tiene para posicionar las páginas ante una búsqueda de un usuario, es decir, es el que decide quién sale en primer lugar, en segundo... está en actualización constante.
- **PageRank y TrustRank:** *PageRank* es una marca que pertenece a *Google* y que se compone por una serie de algoritmos cuya finalidad es la de establecer a través de una numeración la relevancia de las páginas que hay en internet, no de todas las páginas (únicamente de las páginas que están indexadas por los motores de búsqueda).
TrustRank es una técnica basada en analizar los enlaces que apuntan a una determinada página web.
- **Buenas y malas prácticas SEO:** las buenas prácticas generarán un mejor posicionamiento del desarrollo frente a las malas prácticas que

provocarán todo lo contrario, repercusiones negativas en los resultados de búsqueda de los buscadores.

Como ves, es muy importante definir "qué es lo que hay que hacer". Para ello, es esencial considerar tanto los factores *On-Site* como los *Off-Site*.

APLICACIÓN PRÁCTICA

Tu amigo Juan está creando contenido para una página de su desarrollo, que gira en torno a un suavizante para mascotas y te pide ayuda. ¿De qué forma podrías ayudarlo?

a. **Le ayudas a crear el contenido sin más.**
b. **Lo mínimo es saber qué palabras clave ha escogido para poder realizar el contenido.**
c. **Le ayudas buscando el contenido en internet, copiándolo y pegándolo en su página.**
d. **Lo mejor es no crear contenido, el texto cansa a los usuarios de internet.**

Solución

Para poder generar contenido de calidad y de forma natural, necesita conocer antes la planificación de palabras o frases clave que tiene el desarrollo, generando así contenido reforzado por las palabras o frases clave del contenido y además acorde a la temática del desarrollo.

No le podría prestar ayuda a Juan sin conocer al menos esto. Por otra parte, el desarrollo del contenido es importante, ya que el usuario accede a la web en busca del mismo; además, ayuda a posicionar. Pero no se puede crear de cualquier forma, copiar y pegar de otros sitios el contenido puede provocar penalizaciones.

3. ¿Por qué hay que hacerlo?

☞ HILO CONDUCTOR

"SEO Consultores Madrid" tiene un conjunto de ideas esbozadas y lo que va a hacer a continuación es justificar por qué va a usar dichas ideas para el posicionamiento SEO del proyecto del cliente.

Algunas las descartará, pero seguro que otras las desarrollará o explotará a fondo para favorecer el posicionamiento.

Todo lo visto anteriormente es aconsejable que esté en armonía junto al desarrollo y al posicionamiento que se va a realizar, dado que de lo contrario, en poco tiempo los buscadores se percatarán de que no existe esa armonía. En el mejor de los casos, no se posicionará correctamente y en el peor de los casos, el sitio será clasificado como *spam* y no llegará ni a posicionar.

Fundamentalmente hay que lograr esa armonía para que el desarrollo tenga **autoridad y relevancia.**

Autoridad	Relevancia
- Más comúnmente conocida como la "popularidad" de la página o sitio web se obtiene mediante la cantidad de links entrantes (backlinks) que apuntan a una web desde otra. Cuanta más aceptación tenga un sitio web por parte de los usuarios de internet, más valioso es su contenido (la información que se almacena en el sitio web).	- Está referida a la relación que hay entre la página o el sitio web a buscar y la búsqueda que el usuario ha introducido en el buscador. En los primeros años de vida de SEO, la relevancia se basaba en la cantidad de veces que aparecía un término de búsqueda en la página o sitio web (por ejemplo, si un usuario de internet abría Google e introducía una búsqueda con el término "patata", la página que más veces contenía la palabra patata ocupaba una mayor relevancia en los resultados de búsqueda frente a otra página que la contenía menos veces).

Continúa en página siguiente >>

<< Viene de página anterior

Autoridad	Relevancia
Dicho en otras palabras, cuanto más compartido sea un sitio web por parte de los usuarios de internet, más en cuenta lo tendrá el motor de búsqueda a la hora de presentar resultados de búsqueda a un usuario cualquiera.	Actualmente, y debido a la cantidad de modificaciones que sufren los algoritmos basados en SEO, se tienen en cuenta muchos más factores a cumplir para que las páginas ocupen una relevancia mayor o menor en los resultados de búsqueda. - Así, si la página (con todos los factores implicados) está en armonía con las palabras clave introducidas en la caja de búsqueda de un buscador, dicho buscador tendrá en cuenta la página, de lo contrario no aparecerá en los resultados de búsqueda del mismo.

 RECUERDA

No todos los *links* que apuntan a una web desde otra tienen el mismo peso a la hora de calcular la autoridad o popularidad de un sitio web.

Conocer la autoridad y la relevancia de los sitios que enlazan a un desarrollo o a los cuales se enlaza, es sumamente importante de cara a conseguir o no un buen posicionamiento.

Aceptar un enlace cualquiera, bien sea entrante o bien saliente, es un error muy común. Antes de aceptar el enlace hay que hacer un análisis del sitio al que se dirige o el que te va a enlazar.

De hecho, puedes correr el riesgo de perder posicionamiento SEO si los enlaces que aceptas o te aceptan no tienen la autoridad y relevancia correspondientes.

ACTIVIDAD COMPLEMENTARIA

29. *Wikipedia* es uno de los sitios webs que más autoridad y relevancia tiene en internet. ¿A qué se debe este hecho?

----

4. ¿Cómo hay que hacerlo?

 HILO CONDUCTOR

"SEO Consultores Madrid" ya tiene las ideas bien definidas y esbozadas para a continuación dar el paso para realizar o definir las estrategias de *Link Building* y *Link Baiting* (si fuera a usarlas) que hay que aplicar sobre el desarrollo para optimizar el posicionamiento al máximo.

La siguiente cuestión que hay que abordar es, ¿cómo se va a lograr un buen posicionamiento del sitio web? Pues a través de las **estrategias planificadas** que son básicamente dos:

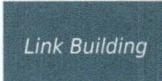

A continuación, verás en qué consiste cada una de ellas.

4.1. Link Building

El *Link Building* es una técnica SEO basada en **hacer que otras páginas webs enlacen a la página** que se quiere que los buscadores apunten como relevante y, por tanto, la posicionen en los mejores puestos dentro de sus resultados (*ranking* de resultados de búsqueda).

Siempre que se realiza una campaña de *Link Building* hay que tener en cuenta los consejos que se exponen a continuación.

Pocos enlaces y de calidad

Lo ideal es tener pocos enlaces y que te ayuden estratégicamente a posicionar el contenido en el buscador, a tener miles de enlaces que la mayoría no aportan valor SEO al contenido.

Obtener los enlaces muy justos en el tiempo es una mala técnica, lo ideal es ir espaciándolos y aplicar la estrategia *Link Building* a largo plazo.

Equilibrio "nofollow" y "follow"

Si quieres que la estrategia que estás adoptando tenga éxito por parte del buscador, tienes que buscar una armonía o equilibrio entre los enlaces "follow" y "nofollow".

Lo ideal es un equilibrio 70/30 o 60/40 de enlaces "nofollow" respecto de enlaces "follow". Recuerda que estos enlaces son muy importantes para el buscador siempre y cuando provengan de sitios de calidad y que estén relacionados con el sitio (temática).

Participar

Una forma rápida de obtener un *Link Building* natural es participar en páginas o promociones que nos puedan premiar; y claro está que el objetivo es resultar, si no ganadores, de los primeros, dado que en el listado de *ranking* tendremos enlaces a nuestro sitio web; enlaces totalmente naturales y cuya relevancia es mucho más grande que cualquier otro enlace.

La duración del enlace dependerá del tiempo que sea público el premio en la página web. Por ejemplo, imagina que optamos a un premio de creatividad de contenido y lo ganamos: miles de usuarios visitarán nuestro contenido desde el enlace que nos proclama vencedores del premio.

Guías, manuales

Generando contenido de calidad puedes hacer que te enlacen desde muchos sitios. Fundamentalmente este contenido se va a basar en:

Guía o manual	Ebooks	Herramientas y recursos	Cursos gratuitos
- De buena calidad y que sea de referencia para otros usuarios, puede generarte una buena cantidad de enlaces.	- Herramienta potente para obtener enlaces, por ejemplo, en blogs.	- Facilitar herramientas y recursos de la temática de tu desarrollo puede incrementar la obtención de enlaces.	- Ofreciendo a los usuarios cursos gratuitos de temática relacionada con tu web podrás obtener enlaces de calidad.

Link Building relacional

Se lleva a cabo mediante los enlaces "dofollow" y "nofollow" en tu contenido, con el fin de obtener mención en otros sitios. Lo ideal cuando creas contenido es citar o referenciar otros contenidos desarrollados por profesionales reconocidos en su temática, con ello lograrás dar más valor y credibilidad al contenido y, por tanto, ganar adeptos.

Si esta técnica la aplicas a las redes sociales, en cuestión de horas puedes generar una gran cantidad de enlaces (recuerda que en las redes sociales los contenidos toman valores exponenciales en pocas horas).

Calidad y no cantidad

La creencia en que todos los días debes publicar contenido para mejorar el posicionamiento en los buscadores de tu sitio o desarrollo web es totalmente absurda; lo primero es pensar en generar contenido de calidad (que aporte al usuario que lo consume) y una vez generado ese contenido intentar posicionarlo a través del juego con las palabras clave, para de alguna forma intentar hacerlo único.

Curso gratuito

Ofreciendo un curso gratuito sobre la temática que trata el sitio o desarrollo web es una forma rápida y directa de obtener miles de enlaces en poco tiempo. Además, si el curso ofrece contenidos de calidad y relevantes puedes optar a ser citado o enlazado en miles de blogs y sitios webs que te ayudarán a mejorar el rendimiento de posicionamiento SEO.

Enlaces de la misma temática

Siempre hay que ser naturales, con lo cual los enlaces que se adopten deben estar relacionados con la temática del contenido o desarrollo web. De lo contrario, hacerlo a otras temáticas que no tienen nada que ver con el desarrollo puede traer penalizaciones por parte del buscador *(Google)* y, por lo tanto, afectará de forma negativa al posicionamiento SEO.

En internet dispones de una herramienta denominada *Moz Site Explorer* que sirve para localizar webs de la misma temática que la tuya y poder enlazar.

Su dirección de acceso es: <https://moz.com/researchtools/ose/>.

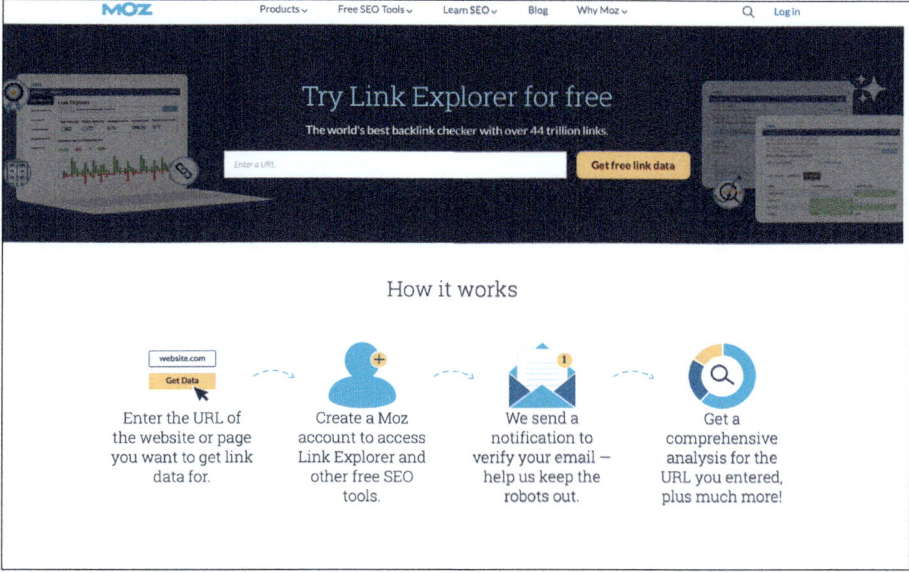

Moz Site Explorer

Crecimiento natural

Se puede recurrir a terceros para comprar enlaces y hacer un posicionamiento en el buscador del sitio web mucho más rápido que otros desarrollos. Pero *Google* detectará este uso fraudulento (compra de enlaces) y, por lo tanto, penalizará (esta implementación se encuentra en su algoritmo). La penalización más grave es aquella en la que el sitio o desarrollo no aparece en los resultados de búsqueda del buscador.

Para obtener una estrategia o desarrollo *Link Building* totalmente natural es necesario obtener enlaces mediante *Link Baiting* (generar contenido de mucho valor que implique la creación de enlaces al mismo con el objetivo de ser compartido en cientos de sitios web). No hay un número limitado de enlaces a tener en un desarrollo, pero sí es necesario recordar que si el sitio es de reciente creación es conveniente crear los enlaces de forma espaciada en el tiempo (para que *Google* no lo confunda con una penalización SEO).

Infografías

Una infografía es una representación visual o un diagrama de textos que resume o explica. En una infografía intervienen elementos gráficos y signos (pictogramas, ideogramas y logogramas) formando descripciones, secuencias expositivas, argumentales o narrativas. La infografía nace con la idea de transmitir información de forma gráfica. Para ello, debe ser una infografía acorde con tu desarrollo o sitio web, la cual irás incorporando al mismo (o bien inclusive al logo del desarrollo).

Debes hacer que se pueda compartir la infografía en otros medios por los usuarios que te visitan (en redes sociales, en blogs, comentarios...) y con esto obtendrás enlaces naturales y de calidad a tu sitio o desarrollo web, incrementando por tanto el posicionamiento en el buscador.

Guest Blogging

Herramienta que sirve para:

> **Elegir el sitio donde hacer *Link Building***
> - Antes de nada es conveniente que utilices alguna herramienta de las miles que existen en internet para poder obtener la reputación del sitio web sobre el que vas a hacer *Link Building* (es muy importante porque si el sitio está penalizado por parte del buscador, entonces mal vas con la estrategia tomada). También es conveniente analizar la autoridad del sitio. Una herramienta para saber si es penalizado o no, es SEMrush.

Continúa en página siguiente >>

<< Viene de página anterior

Obtener enlaces de calidad
- Si tu sitio o desarrollo web no dispone de la autoridad suficiente será muy costoso el que pueda aparecer en los resultados de búsqueda de los buscadores, de ahí que tengas que analizar los sitios a los que vas a hacer una estrategia *Link Building*.

Ajustar la frecuencia de obtención de enlaces
- Es muy importante que a la hora de generar publicaciones para obtener posicionamiento no las hagas todas al mismo tiempo y que se vayan espaciando en el tiempo con el fin de que el buscador (Google) no considere que es una estrategia *Link Building* artificial y, por tanto, te penalice. El ajuste ideal (aunque siempre dependerá del contenido y del sitio o desarrollo web) es publicar un par de veces al mes.

Imagen de marca personal

Una imagen de marca personal es algo que aporta calidad, profesionalidad y valor a los contenidos aparte de identificar al desarrollo con la marca o imagen.

Si la imagen de marca personal está correctamente diseñada y transmite los valores del desarrollo o contenido web, obtendrás más enlaces de los usuarios y de otros sitios webs.

Amigo *Building*

Se llama así al concepto de crear una relación amigable con otros desarrollos o sitios webs que estén en la misma línea o temática que el tuyo; no se trata de verlo como una relación de interés propio entre dos sitios webs, sino una relación de fraternidad a largo plazo que generará más enlaces para ambos sitios por parte de los usuarios.

4.2. *Link Baiting*

El *Link Baiting* es una técnica usada en posicionamiento web con el fin de **generar contenido de gran calidad** y que este sea compartido por otros sitios webs en la red. Que sea compartido mediante enlaces y gracias a esto se gana **autoridad web.**

Observa las **ventajas e inconvenientes** que aporta usar *Link Baiting* en un posicionamiento SEO:

Ventajas	Inconvenientes
Es una técnica muy barata y fácil de realizar (salvo por las planificaciones a tener en cuenta).	Para que te enlacen, sea de donde sea, hay que generar contenido de calidad; todo esto implica planificar los contenidos para alcanzar el mayor número de enlaces posible.
Dado que te pueden enlazar desde cualquier sitio, generas una buena reputación en torno a los usuarios y también en torno a la marca del sitio o desarrollo web.	
Alrededor de tu sitio o desarrollo web creas una comunidad de usuarios; enfocar la estrategia de *Link Baiting* es fundamental en la comunidad.	No puede obtenerse una numeración tan clara como en el *PageRank;* además no se puede esperar tener resultados a muy corto plazo, con lo cual necesitas de una planificación temporal previa.
Creando contenido de calidad que frente a un usuario le permita resolver sus dudas, conflictos y necesidades traerás tráfico de calidad al desarrollo o sitio web, visto desde el punto de vista de cantidad y calidad, lo que se conoce como tráfico referente.	
Confianza del sitio, que se demuestra a través de la tasa de conversiones. Esta tasa es aquella en la que un usuario deja de ser un usuario de un sitio para convertirse en cliente del mismo; fundamental para nosotros y para nuestro posicionamiento SEO.	No se puede saber quién nos enlaza, ni si está en nuestra misma temática, ni si es una web de confianza...
Mayor autoridad, con lo que ganarás posiciones en los *rankings* de posicionamiento del buscador.	

Como ves, realizar un análisis de las posibles campañas *Link Building* y *Link Baiting* que se pueden aplicar en un desarrollo es altamente recomendable porque si se realizan correctamente, repercutirá de forma positiva en el desarrollo.

APLICACIÓN PRÁCTICA

Juan, para posicionar su desarrollo lo antes posible y obtener beneficios ha pensado en realizar una imagen de empresa. ¿Cómo crees que afectará esto a su desarrollo y posicionamiento?

a. **Por muy bien que esté diseñada una imagen de empresa, esta nunca transmitirá los valores del desarrollo a los usuarios, por lo que no afectará al posicionamiento.**
b. **Puede aportar calidad, profesionalidad y valor a los contenidos y transmitir los valores del desarrollo a los usuarios.**
c. **Por medio de una imagen nunca se podrá posicionar.**
d. **Es mejor el texto que la imagen para posicionar en los buscadores.**

Solución

Una imagen de marca personal es algo que aporta calidad, profesionalidad y valor a los contenidos, aparte de identificar al desarrollo con la marca o imagen.

Si la imagen de marca personal está correctamente diseñada y transmite los valores del desarrollo o contenido web, obtendrás más enlaces de los usuarios y de otros sitios webs.

ACTIVIDAD COMPLEMENTARIA

30. En esta actividad deberás obtener al menos dos sitios de internet en los que pueda justificar que no interesa realizar enlaces salientes o entrantes a dichos sitios.

5. ¿Quién debe aplicar las técnicas de posicionamiento?

☞ **HILO CONDUCTOR**

En "SEO Consultores Madrid" a la hora de trabajar se dividen en equipos, de tal forma que cada equipo adopta una determinada responsabilidad dentro del proyecto de posicionamiento web del desarrollo del cliente.

Estos grupos de trabajo están constantemente comunicados para alcanzar el éxito del proyecto.

Dependiendo de por quién se apueste a la hora de realizar el proyecto de posicionamiento y de sus conocimientos sobre el mismo se obtendrán unos resultados u otros. Pero no hay que centrarse solamente en los resultados, hay que pensar en más aspectos.

Si se confía el posicionamiento a un equipo que no tenga los suficientes conocimientos, puede darse el caso de que usen técnicas no deseables para lograr ese posicionamiento y, por lo tanto, a largo plazo se obtendrán penalizaciones SEO.

Es cierto que en un breve periodo de tiempo se obtendrán unos resultados magníficos, ¿pero de qué sirven si en cuestión de nada el sitio será bloqueado de las búsquedas del navegador?

No sería la primera vez que alguna gran multinacional de renombre ha tenido problemas derivados de este tipo.

Quien se encargue del posicionamiento debe ser, en todo caso, un usuario activo en las redes, capaz de aprender y adaptarse a los constantes cambios y tener una gran capacidad de comunicación.

Aun así, si se decide confiar en un **equipo experto,** no se pueden olvidar las constantes **evoluciones y modificaciones que sufre el mundo SEO;** es probable que lo que hoy sea una buena técnica para posicionar, pasado cierto tiempo pueda ser una técnica penalizable.

5.1. Prácticas SEO personalizables

Las principales **prácticas SEO penalizables** son las siguientes:

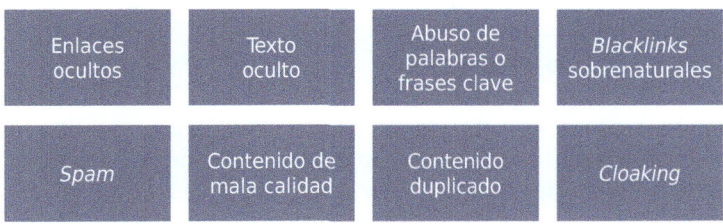

A continuación, se analizarán cada uno de estos conceptos de forma pormenorizada.

Enlaces ocultos

Cuando quieres que un enlace no sea visible en una determinada página o desarrollo web para el usuario, lo normal es hacerlo oculto. Hasta aquí todo bien, pero si se piensa en el dato de que *Google* mediante sus motores de búsqueda analiza los documentos, dichos enlaces que, **de cara al usuario son ocultos,** para *Google* no serán ocultos porque al analizar el código de la página en cuestión podrá verlos.

Google pensará que quieres **"ganar puntos de forma extra"** de cara al posicionamiento y aplicará el efecto contrario: **penalización SEO y bajada en el *ranking* de resultados de búsqueda.**

Texto oculto

Para ganar puntos de cara a un posicionamiento, muchos *websmaster* utilizan una técnica que consiste en generar texto oculto en una página, formado por un conjunto de **palabras o frases clave puestas de forma no natural.** Para ello, a ese texto se le aplica el color de fondo de la página (para pasar inadvertidas a los usuarios del sitio). Actualmente en vez de establecer el mismo color para el texto oculto y el fondo de página, se pueden localizar páginas que en su pie tienen una serie de palabras o frases clave, pero con un tamaño de letra mínimo (muchas veces ilegible).

Dado que los motores de búsqueda de *Google* son capaces de llegar a este texto oculto de la misma forma que en los enlaces ocultos, al abusar de las palabras o frases clave e incluirlas de una forma que no dan sentido (no natural), procederá a penalizar en los resultados SEO.

Abuso de palabras o frases clave

A la hora de trabajar con las palabras o frases clave o secundarias, lo ideal es **encajarlas en el contenido de la página de forma natural,** igual a como se hace en la vida diaria al hablar con alguien.

El abuso de palabras o frases clave no se oculta, es decir, aparece dentro del contenido de la página. Cuando *Google* a través de su motor de búsqueda analice el documento y vea que se compone de 100 palabras, de las cuales 40 veces se repite la misma palabra (palabra clave), etiquetará directamente el contenido como contenido de mala calidad, con lo cual bajará posiciones en el SEO.

Backlinks sobrenaturales

Por *backlinks* se conoce a los **enlaces externos que sirven para llevarte de un sitio web a otro** por medio de una palabra o imagen. Cuanta más cantidad de *backlinks* te referencien, mejor le viene a tu sitio web de cara al posicionamiento SEO: obtienes **relevancia.**

¿De qué forma pueden afectar negativamente al posicionamiento SEO los *backlinks* que te referencien? *Google* rastrea todo, cuando se encuentre con estos *backlinks* que apuntan a tu desarrollo o sitio web, analizará el contenido de los mismos y el contenido de tu sitio para **ver si están en armonía;** que lo están: no sufres penalización, al revés Que no lo están, sufres penalización por mala práctica SEO.

Spam

Cuando se copia y pega el mismo contenido una y otra vez a lo largo de las páginas webs del desarrollo se está cometiendo un error grave, porque el motor de búsqueda de *Google* sobreinterpretará esta información como *spam* y penalizará por **copiar y pegar el mismo contenido.**

Donde mejor se puede apreciar la penalización por *spam* es en los *bloggers,* dado que para contestar se copia y se pega el mensaje al cual se quiere responder. Los *webmaster* de un blog suelen estar muy atentos a esta información para no ser penalizados por los buscadores.

Contenido de mala calidad

Generar contenidos de mala calidad, por norma general, es usar lo que se denomina **cortar y pegar** o bien generar **contenidos que no tienen naturalidad ninguna.** A la hora de crear contenidos es fundamental que se haga expresándose tal y como se haría en la vida cotidiana.

Si quieres solucionar un problema con una persona, lo que haces es escoger las palabras que va a usar, pues en el contenido SEO debes hacer lo mismo, escoger un lenguaje natural y relacionado con las palabras clave que quieres usar en el contenido y sobre todo que sea desarrollado por ti. No es nada recomendable usar un cortar y pegar, dado que a largo plazo *Google* se dará cuenta de esto y penalizará en SEO.

Contenido duplicado

Copiar y pegar contenido o artículos de otros sitios webs, aparte de ser **poco moral,** está penalizado por *Google.* Si quieres usar contenido de otro sitio web distinto al tuyo puedes copiarlo, pero haciendo referencia a él mediante algún enlace; es la forma de evitar que *Google* te penalice y bajes puestos en los ítems de búsqueda.

Cloaking

Es una técnica (mala) usada en el posicionamiento web, que consiste en **decir que eres A cuando en realidad eres B;** para *Google* eres una entidad A (representada por cualquier web) y de cara a los usuarios que te van a visitar eres una entidad B (totalmente distinta de la indicada a *Google).*

¿Y para qué se hace esto? Sabiendo escoger el tema o entidad A puedes hacer que el tema B se posicione rápidamente en las primeras posiciones. Algunos temas muy usados para establecer A son: eventos deportivos, musicales, acontecimientos importantes...

 PARA SABER MÁS

Accede al siguiente enlace en el que podrás consultar un artículo sobre las buenas y malas prácticas en el posicionamiento SEO.

https://redirectoronline.com/adgd211po0501

Usar técnicas SEO que sean penalizables, lo único que causa son consecuencias negativas para un desarrollo, incluso el baneo en los buscadores.

APLICACIÓN PRÁCTICA

Juan, en su tienda de mascotas *online*, a la hora de crear contenido para los productos nuevos de temporada que va a insertar en el desarrollo, prefiere usar el contenido de otro producto similar y adaptarlo muy mínimamente. ¿Qué aconsejarías a Juan acerca de esta práctica?

a. Una de las malas prácticas SEO es crear contenido duplicado o de mala calidad, que es el caso de Juan, por lo que le aconsejaría revisar sus acciones.

b. Mientras que se cree contenido para posicionar no hay por qué preocuparse, lo está haciendo correctamente.

c. Si el contenido que copia posiciona muy bien en los buscadores, es mejor copiarlo y pegarlo sin modificar nada.

d. Lo mejor es copiar y pegar contenido, pero le aconsejaría eliminar el contenido más antiguo del desarrollo.

Solución

Usar malas prácticas SEO llevará a ser penalizados, con lo cual Juan corre el riesgo de que el buscador no incluya su tienda de mascotas en los resultados de búsqueda.

Puede basarse en contenidos creados anteriormente como si fueran una plantilla, pero el producto que añada debe tener un contenido original para que los robots de los buscadores no piensen que es contenido duplicado o de mala calidad y lo penalicen.

- -

ACTIVIDAD COMPLEMENTARIA

31. En esta actividad deberás localizar en internet un desarrollo o sitio web que consideres que no tiene contenido de calidad.

- -

6. ¿Dónde hay que hacerlo?

☞ HILO CONDUCTOR

"SEO Consultores Madrid" ya tiene todo listo y preparado para empezar a aplicar el posicionamiento SEO en su proyecto, principalmente afectará a la elección de palabras clave, al desarrollo en sí mismo, a la estructura de páginas y tanto a los factores internos como externos.

El siguiente aspecto a definir es dónde se aplican. A continuación, vas a ver los **elementos donde se pueden aplicar** las técnicas de posicionamiento SEO.

Las acciones a realizar para determinar las **palabras clave** son las siguientes:

1. Usar las herramientas disponibles para el análisis de las palabras clave más usadas o más competitivas.
2. Usar *Google Trends* y *Google Ads* junto a *Google Search Console*.
3. Preparar contenido para las palabras o frases clave elegidas.

Para **conocer la situación presente** hay que actuar del siguiente modo:

1. Comprobar si se aparece en los buscadores y en qué puesto. Si no es así, hay que indexarse a los mismos. Además, es recomendable introducir el nombre del desarrollo en el contenido de la web y obtener enlaces con las palabras clave.
2. Revisar la posición de las palabras clave en las listas de *ranking,* usando para ello las herramientas de monitorización disponibles en la red.
3. Comprobar el tráfico que generan los buscadores con las palabras o frases clave seleccionadas. Para ello, se dispone de las herramientas de estadísticas y analíticas webs.

Hay que **estructurar las páginas** correctamente. Para ello, se debe realizar lo siguiente:

1. Asegurarse de que los archivos contienen alguna que otra referencia a las palabras o frases clave seleccionadas (y lo más importante, que describan su contenido).
2. Al realizar la estructura, si se van a usar carpetas también es recomendable que hagan referencia, en la medida de lo posible, a las palabras o frases clave seleccionadas anteriormente.

3. Usar frecuentemente el atributo *rel="nofollow"* para no transferir la autoridad hacia otros desarrollos que contienen las palabras o frases clave.
4. Si se pasan parámetros en las direcciones URL de las páginas hay que intentar de forma natural que las palabras o frases clave seleccionadas formen parte de la dirección del enlace URL.

Hay que tener en cuenta los **factores internos:**

1. Revisar el atributo *meta-description;* es posible su ampliación hasta un máximo de dos líneas y por supuesto debe ser único para cada página.
2. Cada página debe llevar un título distinto.
3. Insertar en el código HTML etiquetas <h1> y <h2> en el contenido de las páginas, para así poder ir dividiendo el contenido y quedar más presentable visualmente de cara al usuario que nos visita.
4. Cumplir los estándares de HTML.
5. Dado que es recomendable el uso de imágenes, no se debe olvidar usar los campos *title* y ALT de forma única para cada imagen.
6. Usar palabras o frases clave como nombre en los enlaces.
7. Orientar las páginas, su contenido, al uso de las palabras o frases clave seleccionadas; si es necesario crear más páginas (se pueden crear sin problema).
8. Evitar en la medida de lo posible:

   a. Errores en los enlaces a las páginas.
   b. Páginas no encontradas.
   c. Páginas con errores.
   d. Bases de datos sin información.

Hay que tener en cuenta los **factores externos:**

1. Observar que la indexación se realiza en torno a las palabras o frases clave que se han solicitado para ello. Si no fuera así, hay que intentar cambiar las palabras o frases clave que no sean útiles para el desarrollo.
2. Obtener enlaces desde páginas webs importantes o relevantes.
3. Dar de alta el desarrollo en todos los directorios *online* posibles y, sobre todo, en los de la temática en la que se mueva el desarrollo.
4. Aumentar gradualmente los enlaces a la web, espaciadamente en el tiempo. Es aconsejable dedicar al mes cierto tiempo para revisar que todo está correcto y solucionar los posibles errores o problemas que aparezcan.

7. ¿Cuándo hacerlo?

☞ HILO CONDUCTOR

En "SEO Consultores Madrid" saben que el proceso de posicionamiento debe ser analizado o consultado regularmente cada mes para, en función de los resultados arrojados, realizar una serie o no de mejoras en el mismo; el fin es seguir posicionando óptimamente en los ítems de los resultados de búsqueda de los buscadores.

- -

¿Pero cuándo se debe **consultar/analizar/mantener** el posicionamiento?

Para llevar a cabo esas acciones se puede usar una herramienta proporcionada por *Google* denominada *Google Search Console,* que va a facilitar información muy relevante respecto al posicionamiento del sitio web.

En función del uso que se le dé, será adecuada en diferentes momentos:

Diariamente	Mensualmente	Cuando el contenido cambie
- En el caso de que se produzca alguna situación anómala, se recibirá un correo electrónico indicando la situación exacta de lo que pasa.	- Es la más recomendada, visitar al menos una vez en el mes la web con el *Google Search Console* y asegurarse de que no hay errores y comprobar las caídas que se han sufrido.	- Que puede darse por dos situaciones, bien porque se añade nuevo contenido al sitio web o bien porque se añaden nuevas propiedades al sitio web. Durante la semana después a que se produzca el cambio de contenido sería recomendable acceder diariamente a *Google Search Console* y vigilar la actualización o la inserción de nuevas propiedades.

PARA SABER MÁS

Accede al siguiente enlace en el que podrás ver qué es exactamente la herramienta de *Google Search Console* y cómo utilizarla.

https://redirectoronline.com/adgd211po0502

---

8. Conclusiones

HILO CONDUCTOR

En "SEO Consultores Madrid", cuando acaban con el posicionamiento de un desarrollo, saben de antemano que su labor no acaba ahí. Es decir, ahora toca hacer un seguimiento del posicionamiento para ver cómo se comporta y, sobre todo, qué repercusión tiene en internet para poder obtener unas determinadas conclusiones y en base a ellas, tomar unas determinadas decisiones respecto a los cambios en el desarrollo (o no, en el mejor de los casos).

A la hora de realizar un proyecto de posicionamiento SEO para un determinado desarrollo o sitio web (inexistente o bien ya creado) es importante llevar a cabo un análisis del mismo para **detectar los puntos a explotar.**

Obviamente, no se va a realizar un buen posicionamiento SEO de un día para otro, es un proceso largo en el que intervienen cientos de factores que deben estar en armonía para que, junto con los buscadores, se realice de forma correcta el posicionamiento y que los usuarios puedan encontrar el sitio en internet.

👁 **EJEMPLO**

Dos empresas del sector de la moda han realizado el proceso para posicionar su tienda *online* en los buscadores.

Una de ellas no ha planificado el proceso y ha actuado solo para posicionar rápidamente, por lo que las prácticas que ha utilizado no son buenas y, con el tiempo, lo han notado en el posicionamiento. Sin embargo, la otra ha planificado el proceso, definiendo qué van a hacer, cómo, cuándo y seleccionando el equipo adecuado para ello; pero no han visto el resultado de forma tan inmediata, sino que poco a poco han ido obteniendo más visibilidad y aumentando el número de clientes.

Como se puede ver, no se realiza un buen posicionamiento de un día para otro y es necesario considerar todos los factores y planificar bien el proceso.

9. Contenidos prácticos

A continuación, vas a ver algunos **ejemplos de cómo ciertas empresas trabajan su posicionamiento SEO,** sobre todo cuando lanzan al mercado productos nuevos, los cuales pueden arrojar la peor situación para una empresa: que el producto lanzado no tenga éxito y los usuarios lo rechacen.

Es importante planificar bien las estrategias para conseguir una buena aceptación de los productos o servicios que se ofrecen.

Ante esta situación hay que tomar cartas en el asunto, como verás a continuación.

9.1. Conclusión de estrategias y metodologías más adecuadas para alcanzar un correcto posicionamiento en buscadores

Un ejemplo se puede encontrar en una famosa empresa española de ropa. Está perfectamente posicionada en los buscadores de cara a los clientes, lo cual no evita que se cometan **errores a la hora de crear contenido,** como por ejemplo, el mostrado a continuación:

Contenido creado por una multinacional erróneamente (© Fotografía: gaceta.es)

Tal y como se aprecia en la imagen, en la parte de la izquierda se ve un pijama correspondiente a la etapa Nazi de Alemania frente a la parte derecha, que corresponde con un modelo de pijama para bebés. Tal y como se puede ver, las similitudes son muchas.

A las pocas horas de subir este contenido, las críticas y comentarios negativos de los usuarios de internet a esta multinacional fueron intensos, afectando al posicionamiento, lo cual derivó por parte de la empresa en la eliminación de dicho contenido y producto para la venta.

Como ves, a priori se podría esperar un buen posicionamiento en el caso de esta empresa, pero los errores cometidos tienen sus consecuencias y **no siempre se obtiene lo que se espera.**

Otro ejemplo se puede encontrar en una gran compañía de refrescos. Cuando sacó su producto Zero en España se generó una gran **alarma social** debido a que los edulcorantes que se usaban habían sido prohibidos en EE. UU. por posibles problemas graves para la salud.

Esta compañía optó por **informar a sus usuarios** de que esto no era totalmente cierto a través de internet, dejando a un lado el resto de canales de comunicación (televisión, radio, anuncios en prensa, pancartas...).

Para ello, **diseñó una estrategia** de la mano de *Google,* de tal forma que cuando la gente escribía la marca de la bebida más la palabra clave Zero, el primer resultado de la búsqueda redirigía a una página de la empresa en la que se explicaba que consumir este refresco Zero no es dañino para la salud humana.

 CONSEJO

A la hora de crear contenidos, pueden parecer los mejores del mundo; la realidad puede ser muy contraria a lo que se piensa. Es recomendable tener varios contenidos sobre el mismo tema e ir jugando con ellos para ver cómo se posicionan.

Sin embargo, no todo son fracasos. Un ejemplo de esto es una multinacional dedicada a los muebles y decoración a nivel mundial. Observando todas las campañas de publicidad de esta empresa, se ve cómo **relacionan contenidos con los productos que quieren vender,** generando verdaderas campañas de publicidad y posicionamiento SEO con los usuarios.

A continuación, vas a ver en qué se han basado estas **campañas de publicidad** y cómo las han llevado a cabo. Para obtener un buen posicionamiento SEO, dicha empresa de muebles y decoración se ha basado en un análisis de dos **fases:**

1ª Fase	2ª Fase
- Añadir volumen de búsquedas mediante el nombre de sus productos. Dado que la empresa vende muebles coleccionables con nombres impuestos por ellos, obviamente se ha tenido que replantear cómo llamar a estas colecciones de muebles en otros idiomas que no sea el de origen para obtener más rentabilidad en el posicionamiento.	- Usar lo que un posible cliente de un buscador de internet escribiría en la caja de texto del mismo y aprovecharlo para el posicionamiento SEO de la marca de colección de muebles y no de la marca de la empresa (la gran multinacional).

Aparte de ser una estrategia usada en el *marketing* de un producto, han aprovechado el filón para **aumentar el posicionamiento web** del desarrollo mediante el nombre de sus productos. Actualmente, para mejorar su posicionamiento, la empresa ha optado por poner a sus productos nombres de problemas que los usuarios de internet escriben en los buscadores para buscarles una solución.

Por ejemplo, un producto del catálogo de esta empresa era una cocina a la que llamaban "Cómo gustarle a una chica" *(How to get a girl like you)*. O, por ejemplo, a un perrito de peluche lo etiquetaron como "Mi padre es alérgico a los animales peludos" *(My dad is allergic to furry animals)*.

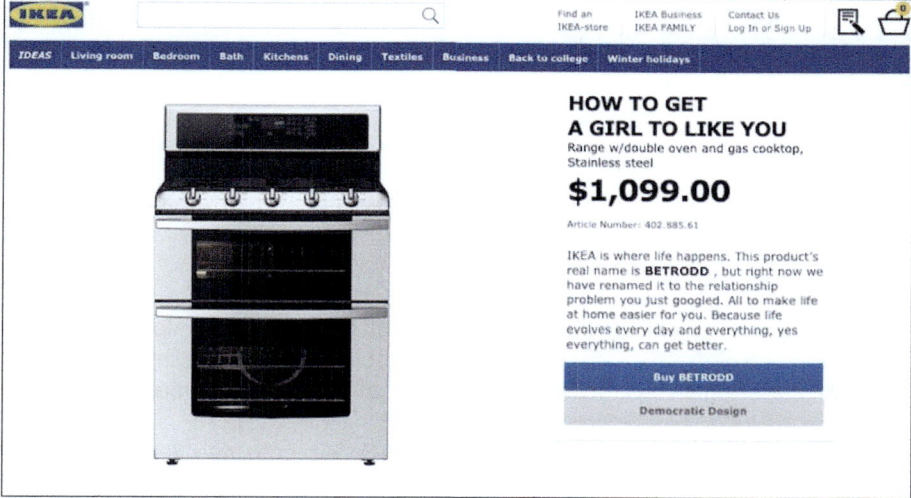

Producto de la empresa de muebles y decoración

Producto de la empresa de muebles y decoración

TAREA 20

Has pensado en realizar un proyecto de desarrollo y posicionamiento web para un blog de electrónica, con el fin de poder subir vídeos y que los usuarios vean cómo se arreglan o cambian piezas de los componentes electrónicos.

En base a esto, realiza un proyecto de posicionamiento web definiendo cada una de las partes del mismo.

10. Resumen

Para realizar un correcto posicionamiento SEO de cualquier desarrollo hay que seguir una serie de pasos estipulados, que son los siguientes:

1. Indexación: en el caso de que el desarrollo no estuviera indexado se procedería a la indexación del mismo en el buscador, en el cual se pretende posicionar.
2. Palabras clave: planificación de las palabras o frases clave con las que se va a localizar el desarrollo en el buscador.

3. Factores *On-Site:* elección de los factores *On-Site* a modificar en el desarrollo web para que todo encaje con naturalidad en base a las palabras o frases clave escogidas.
4. Factores *Off-Site:* elección de los factores *Off-Site* a modificar en el desarrollo web de forma natural, para que esté en armonía con las palabras o frases clave escogidas.
5. Objetivos: planificación de los objetivos SEO.
6. Estrategia y metodología: definición de una estrategia y metodología en el posicionamiento SEO.
7. Seguimiento: análisis de resultados.

Así mismo, hay una serie de pasos preestablecidos a la hora de comenzar un desarrollo de **posicionamiento** que son los siguientes:

Además, no se puede dejar a un lado, al hablar de posicionamiento SEO, los conceptos de *Link Building* y *Link Baiting,* ya que son fundamentales para obtener por medio de ellos **Autoridad** y **Relevancia** para el desarrollo web.

Seguir siempre las **buenas prácticas SEO** es altamente recomendable si no se quiere que los posicionamientos sean vetados en los resultados de búsqueda de los buscadores. Es bueno revisar siempre estas prácticas, dado que son muy dinámicas en el tiempo.

Ejercicios de autoevaluación
Unidad de Aprendizaje 5

1. La elección de palabras clave, se sitúa dentro de:

    a. Factores *Off-Site.*
    b. Factores *On-Site.*
    c. Factores *OnIp.*
    d. Factores *OnHttp.*

2. Las etiquetas de los resultados de búsqueda (título, URL, descripción y fragmentos enriquecidos) se clasifican en:

    a. Factores *On-Server.*
    b. Factores internos.
    c. Factores *On-Page.*
    d. Factores externos.

3. La optimización de contenido se incluye dentro de:

    a. Ip del servidor.
    b. Factores *On-Page.*
    c. Factores *InSitu.*
    d. Factores *On-Server.*

4. *PageRank y TrustRank* se encuentran dentro de:

    a. Factores *On-Server.*
    b. Factores *Off-Site.*
    c. Factores *On-Page.*
    d. Factores *InSitu.*

5. Las estrategias planificadas en un proceso SEO son:

    a. Una: *Link Building.*
    b. Dos: *Link Building y Link Baiting.*
    c. Tres: *Link Building, Link Baiting y PageRank.*
    d. Cuatro: *Link Building, Link Baiting, PageRank y TrustRank.*

6. Cuando se habla de equilibrio *follow y nofollow* se hace referencia a:

    a. *PageRank*
    b. *TrustRank*
    c. *Link Baiting*
    d. *Link Building*

7. Una gran ventaja de usar *Link Baiting* es:

    a. Que es muy económico.
    b. La facilidad en su métrica.
    c. Que no conlleva dependencia humana.
    d. La posibilidad de controlar enlazados.

8. El *cloaking* es considerado:

    a. Una práctica SEO no penalizable.
    b. Una práctica SEO penalizable.
    c. Una técnica de generación de *Link Building*.
    d. Una técnica usada en SEM.

Glosario

Algoritmo
Secuencia ordenada de instrucciones que son ejecutadas en un ordenador para obtener una solución ante un problema informático. No se debe confundir algoritmo con lenguaje de programación.

Analítica Web
Conjunto de técnicas relacionadas con el análisis de datos en torno al tráfico que soporta un sitio o desarrollo web, con el fin de optimizar el mismo.

Autoridad
Más comúnmente conocida como la "popularidad" de la página o sitio web. Cuanta más aceptación tenga un sitio web por parte de los usuarios de internet más valioso es su contenido (la información que se almacena en el sitio web).

BackLinks
Cantidad de enlaces que recibe una página web, es decir, el número total de enlaces que apuntan a dicha página de nuestro desarrollo (estos enlaces que apuntan son los que darán autoridad si son enlaces buenos).

Black Hat SEO
Consiste en mejorar el rendimiento de un sitio o página web mediante técnicas poco éticas o que van en contra de las imposiciones generadas por el motor de búsqueda. Como ejemplo más destacado se puede citar el *spam* en foros y blogs.

Certificado SSL
Documento digital único, el cual garantiza una conexión o vinculación entre una persona o entidad con su clave pública contenida.

Cloaking
Es una técnica (mala) usada en el posicionamiento web que consiste en decir que eres A cuando en realidad eres B; para *Google* eres una entidad A (representada por cualquier web) y de cara a los usuarios que te van a visitar eres una entidad B (totalmente distinta de la indicada a *Google*).

Diseño *Responsive*
Diseño mediante el cual se adapta el contenido del desarrollo web al tamaño de pantalla del dispositivo que está requiriendo su uso.

Enlaces *"folllow"* y *"nofollow"*
Atributos que se pueden encontrar dentro de un enlace (bien sea interno o externo). Por defecto, si no expresamos nada en este atributo, los buscadores toman "follow".

Enlaces externos
Aquellos enlaces que apuntan a otras páginas que no están dentro del desarrollo o sitio web.

Enlaces internos
Aquellos que apuntan directamente a páginas que se encuentran dentro del propio desarrollo o sitio web. Este tipo de enlaces influye directamente en el posicionamiento de las páginas en los resultados de búsqueda.

Etiquetas HTML
HTML es un lenguaje de marcado que usa las etiquetas para componer las páginas HTML. Las etiquetas comienzan con el símbolo < y terminan con el símbolo >. Dependiendo de lo que se quiera realizar en la página se usarán unas etiquetas u otras.

Facebook
Red social que permite conectar con amigos y familiares, aunque también se utiliza para interactuar como red profesional.

Factores *Off-Site*
Son aquellos que se centran fundamentalmente en la consecución de enlaces hacia nuestro sitio web.

Factores en la página *(On-Page)*
Son aquellos existentes dentro de la propia página, y que pueden modificarse para que el sitio web pueda optimizar su posicionamiento en los buscadores, con el fin de que los usuarios lo localicen.

Factores externos

También conocidos con el nombre de SEO *Off-Site,* son aquellos que no se van a poder controlar. Estos factores van a señalar la autoridad de un sitio web (se puede conocer su confianza), el comportamiento de los usuarios, la calidad de los enlaces externos y las redes sociales.

Factores internos

También conocidos como SEO *On-Site,* son los relativos a un sitio web, es decir, aquellos que sí van a poder controlarse. Su misión principal será la de facilitar a los buscadores el acceso al sitio web. Se basan en torno a factores como la calidad del contenido, la arquitectura del sitio web y el código HTML.

Factores *On-Site*

Son aquellos que normalmente tocamos desde nuestro desarrollo o sitio web.

Fragmentos enriquecidos

Ítems de la lista de resultados de búsqueda posicionados de un buscador, que incluyen unos elementos nuevos respecto del resto que suelen ser: imagen y valoración o puntuación.

Google Search Console

Es un servicio que ofrece *Google* a los *webmasters,* desde el cual se puede optimizar la relevancia y visibilidad de una web, así como comprobar su indexación.

Hosting

Servicio web gratuito que sirve para alojar ficheros, acceso FTP, correo electrónico y soporte de ciertas aplicaciones (como por ejemplo PHP).

Indexación

Mecanismo mediante el cual se incluye el contenido de un sitio web en el "índice de internet" (usado por los buscadores para devolver una búsqueda determinada).

Infografía

Representación visual o un diagrama de textos que resume o explica relacionando dicha representación visual o de texto con una determinada marca de empresa o producto. Se pueden detectar elementos gráficos y signos (pictogramas, ideogramas y logogramas) formando descripciones, secuencias expositivas, argumentales o narrativas.

Ip (dirección)

Conjunto de números agrupados de manera lógica y jerárquica que sirven para identificar un determinado equipo conectado a una red basada en el protocolo IP *(Internet Protocol,* Protocolo de Internet).

Link Baiting

Estrategia muy usada actualmente pero de gran complicación, dado que permite obtener una gran cantidad de enlaces a una determinada página del desarrollo, únicamente si su contenido es de calidad (es decir, es consumido por muchos usuarios de la red).

Link Building

Técnica SEO basada en hacer que otras páginas webs enlacen a la página que queremos que los buscadores apunten como relevante y, por tanto, la posicionen en los mejores ítems dentro de sus resultados *(ranking* de resultados de búsqueda).

Marca personal *(Branding)*

En inglés, *personal branding,* es un concepto que trata de definir a las personas como si fueran marcas, distinguiéndolas por lo que hacen. Cada persona posee, por tanto, una identidad única que le hace diferente y le distingue del resto.

Motor de búsqueda

Sistema informático cuya misión es buscar archivos almacenados en los servidores webs a través de las "arañas".

PageRank

Familia de algoritmos registrados por *Google* y que sirven para marcar de forma numérica la importancia de los sitios o páginas webs indexadas mediante el motor de búsqueda de *Google.*

Personal *branding*

O marca personal, es un concepto que trata de definir a las personas como si fueran marcas, distinguiéndolas por lo que hacen. Cada persona posee, por tanto, una identidad única que le hace diferente y le distingue del resto.

Rastreo

Mecanismo mediante el cual el robot de *Google* va buscando, descubriendo y actualizando las páginas al índice de la base de datos de *Google.*

Relevancia

Referida a la relación que hay entre la página o el sitio web a buscar y la búsqueda que el usuario ha introducido en el buscador.

Reputación *online*
Prestigio que posee una persona por el buen uso en la publicación de contenidos que hace en internet.

Resultados orgánicos
Aquellos resultados que *Google* ordena en base a unos algoritmos y en base a unos contenidos, y ofrece cuando se hace una búsqueda.

Resultados patrocinados
Son aquellos resultados que suelen ser pagados y aparecen en posiciones destacadas en una búsqueda.

SITEMAP
Archivo "xml" que contiene las páginas de nuestro desarrollo web, a modo de esquema para que el buscador pueda localizar de forma más rápida las páginas, y de esta forma no se queda sin indexar página alguna. El SITEMAP indicará además la frecuencia con la que se debe actualizar la página, la importancia de la misma y la fecha de la última actualización.

TrustRank
Sistema pensado para separar las páginas webs válidas de las consideradas spam mediante revisiones de forma manual y de forma automática.

URL
Localizador Uniforme de Recursos, compuesto por una secuencia de caracteres, de acuerdo a un determinado formato, y que designan un recurso en la red.

Velocidad de carga
Rapidez con la que las páginas de un desarrollo son abiertas por el navegador.

White Hat SEO
Consiste en mejorar el rendimiento de un sitio o página web mediante técnicas éticas o que van en la línea de las imposiciones marcadas por el motor de búsqueda. Realmente es todo lo contrario al *Black Hat* SEO.

Bibliografía

Monografías

→ AMRAHOV, S.: *Aplicación de técnicas SEO para sitios web dinámicos.* Ediciones Nuestro Conocimiento, 2024.

> Publicación en la que se analizan los factores SEO que se deben cuidar en un sitio web dinámico mediante la implementación de algunas técnicas que ayudan a aumentar el *ranking* del sitio web.

→ DE ANDRÉS, S.: *Posicionamiento y reputación en Google a través de link building ético.* Madrid: Ediciones Anaya Multimedia, 2022.

> Publicación en la que además de trabajar el posicionamiento a través del *Link Building* ético se indican los pasos a seguir para definir y ejecutar una campaña para convertir la empresa en un referente en el sector y en los buscadores.

→ HUMAN Level.: SEO Técnico. *Aprende a optimizar tu web como un profesional.* Madrid: Ediciones Anaya Multimedia, 2024.

> Publicación en la que se muestra la forma de optimizar un sitio web de forma profesional. Se tratan los aspectos técnicos del posicionamiento contado por los profesionales que integran la empresa Human Level.

→ LÓPEZ Benítez, Y: *Posicionamiento en la web para el emprendimiento. COMM061PO.* Antequera: IC Editorial, 2019.

> Publicación en la que se aborda el posicionamiento de las páginas web para las empresas, relacionando estas con las estrategias de *marketing* orientadas a la promoción del negocio.

→ MACIÁ Domene, F.: *SEO Avanzado. Casi todo lo que sé sobre posicionamiento web.* Madrid: Ediciones Anaya Multimedia, 2020.

> Publicación en la que se trabaja el posicionamiento orgánico. Incluye distintos recursos y enlaces en los que se puede profundizar en algunos aspectos tratados en el libro.

→ MACIÁ Domene, F.: *SEO. Técnicas avanzadas.* Madrid: Ediciones Anaya Multimedia, 2015.

> Publicación en la que el autor, establece los conocimientos básicos que debe tener toda persona que se dedique a posicionar un sitio web.

→ MORALES Luque, J. A.: *Procesos y Documentación.* Jaén: Editorial Joaquín Antonio Morales Luque, 2020.

> Publicación en la que se establece una estrategia de posicionamiento SEO centrándose en los requisitos técnicos básicos que deben tener en cuenta para realizar una auditoría técnica del sitio.

Textos electrónicos, bases de datos y programas informáticos

→ Posicionamiento SEO Documentación española. Disponible en: <https://es.squarespace.com/blog/principios-esenciales-de-diseno-web>.

> Artículo sobre los principios que se deben cuidar en el diseño de un sitio web.

→ Posicionamiento SEO Documentación española. Disponible en: <http://brunoramos.es/guia-seo-basico/>.

> Guía de desarrollo sobre el SEO básico, tratando aspecto básicos del mismo así como la optimización de contenido web.

→ Posicionamiento SEO Documentación española. Disponible en: <https://support.google.com/webmasters/answer/70897/?hl=es>.

> Ayuda oficial ofrecida por *Google* sobre el posicionamiento SEO y en concreto explicando cómo funciona la búsqueda del buscador de *Google*.

→ Posicionamiento SEO Documentación española. Disponible en: <https://boluda.com/tutorial/tu-web-como-la-ve-google/>.

> Tutorial en el que se explica cómo ve *Google* a las páginas o sitios web que después muestra en sus propios resultados de búsqueda.

→ Posicionamiento SEO Documentación española. Disponible en: <http://miposicionamientoweb.es/tutorial-google-webmaster-tools/>.

> Tutorial de posicionamiento SEO en concreto dedicado a la herramienta de *Google Search Console*, enfocado a un entorno de principiantes o noveles en posicionamiento SEO.

→ Posicionamiento SEO Documentación española. Disponible en: <http://ninjaseo.es/palabras-clave-keywords-frases-clave-keyword-phrase-intro/>.

> Artículo en el que se explica lo que son las palabras clave y cuál es su funcionamiento dentro del posicionamiento SEO.

→ Posicionamiento SEO Documentación española. Disponible en: <https://ninjaseo.es/seo-on-page-optimizar-consejos/>.

> Publicación *online* sobre Posicionamiento SEO Básico, en el cual se tratan los factores correspondientes con la optimización «On Page» y algunos consejos a la hora de utilizar la misma en nuestros sitios o desarrollos web.

→ Posicionamiento SEO Documentación española. Disponible en: <https://www.ionos.es/digitalguide/paginas-web/creacion-de-paginas-web/escribir-para-la-web/>.

> Artículo web en el que se ofrecen 9 consejos básicos para generar el contenido de un sitio web enfocado al posicionamiento SEO.

→ Posicionamiento SEO Documentación española. Disponible en: <http://www.marketingandweb.es/marketing/estrategias-link-building-natural-2014/>.

> Artículo en el cual se trabaja con 10 estrategias de *Link Building* para intentar obtener enlaces de calidad a nuestro sitio web y posicionar mejor.

→ Posicionamiento SEO Documentación española. Disponible en: <http://www.danielbocardo.com/link-baiting/>.

> Artículo en el cual se explica el funcionamiento del *Link Baiting* para el posicionamiento SEO.

→ Posicionamiento SEO Documentación española. Disponible en: <http://www.marketing-xxi.com/casos-exito.html>.

> Artículo en el que se explican casos reales de posicionamiento SEO realizado por algunas empresas líderes en el sector.

→ Posicionamiento SEO Documentación española. Disponible en: <http://www.bloguismo.com/casos-exito-seo-branding/>.

> Artículo en el que se comentan 3 casos de éxito en el posicionamiento SEO de determinadas empresas.

→ Posicionamiento SEO Documentación española. Disponible en: <http://www.paginaswebempresas.es/fotografa-de-bebes-un-caso-real-de-posicionamiento-seo-bien-hecho/>.

> Artículo que trata sobre la web «Fotógrafa de bebes» y sobre su éxito obtenido en posicionamiento SEO.